D 1200 k

348 BAM

SILVIA MONFORT

LETTRES À PIERRE

1965 – 1991

réunies par
Danielle Netter

préface de
François Nourissier
de l'Académie Goncourt

Jean-Paul Bertrand

Tous droits de traduction, de reproduction et d'adaptation réservés pour tous pays.
© Éditions du Rocher
ISBN 2 268 04552 8

Si nous voulions un jour publier notre
« journal » intime et véridique, il suffirait
de prendre nos lettres. Crois-tu qu'il soit
fréquent qu'une correspondance entre
deux êtres soit semblable à un journal
personnel. O que non.

Silvia Monfort
(Lettre à Pierre Gruneberg du 13 juillet 1965)

UN AMOUR

Pierre avait toujours de la monnaie sur lui. De quoi nourrir les insatiables taxiphones qui, au bas des pistes et au départ des remontées mécaniques, étaient pris d'assaut par des skieurs « déchaussés », impatients de parler. À quoi ? Pierre, on le savait, n'avait en tête qu'un numéro, ou plutôt deux ou trois entre lesquels choisir selon l'heure.

Nous arrivions au pied des Marmottes, des Creux, de la « M », de l'Altiport et déjà on se redressait, on pensait à réussir un joli arrêt devant la terrasse ensoleillée de filles occupées à hâler, l'œil vigilant derrière les lunettes noires. À ce moment-là, Pierre, qui était « notre » moniteur depuis si longtemps et pour encore si longtemps, nous jetait : « Silvia m'attend, je file ! Rendez-vous en bas ! » Et, d'une ruade, il se mettait dans la ligne de plus grande pente ; son style nonchalant se durcissait ; dans cinquante secondes il serait « en bas », où, ses skis abandonnés ici, ses bâtons plantés là, il se précipitait dans une cabine téléphonique : ses poches débordaient de pièces de cinq francs, de dix : personne ne pourrait le ralentir !

Cher lecteur, si tu ne te souviens pas, imagine ! C'était avant les portables, avant les sonneries cachées dans les poches, avant l'euro, avant les écrans miniaturisés, les claviers pour doigts de poupée, avant l'ivresse et la rage de *communiquer*. De ce point de vue, la vie n'avait guère changé en trois quarts de siècle : les amoureux étaient toujours seuls au monde et victimes des grèves, pannes, crises qui affectaient les divers modes de communication, justement ! Quand nous – nous : les amis et « clients » de Pierre – arrivions, il sortait triomphalement d'une cabine et nous criait : « Silvia est en train d'essayer ses robes pour le Claudel, elle vous embrasse... » Et la scène se rejouait deux ou trois fois dans la journée. J'en ai vécu de pareilles de 1963 à 1990 à peu près

J'ai connu Silvia en 1955 : elle avait bien voulu venir à Genève, où je donnais une conférence sur Garcia Lorca : elle l'avait joué dès 1945. Nous passâmes des heures à bavarder. Elle parlait une langue pure, classique, et elle récita magnifiquement des extraits de *Yerma*, de *La Maison de Bernarda*. J'ai rencontré Pierre Gruneberg à Courchevel les premiers jours de 1961. Il était un des moniteurs vedettes de la station : un sourire californien (il n'est pas interdit de citer Robert Redford), polyglotte, inventeur du « ski court », dit évolutif, et d'un « truc » d'apprentissage de la respiration sous l'eau. Prof attitré des plus jolies skieuses, il était irrésistible quand il faisait la démonstration de sa méthode, le nez dans un saladier plein d'eau, au Club Saint Nicolas, chez Jacqueline Vayssière, lieu nocturne que Pierre Kast n'appelait que « le bureau ». Le jour de janvier 1963 où je les vis ensemble – Silvia et Pierre – dans la salle à manger du Carlina, je crois, je ne me doutais pas que j'assistais aux commencements d'une étonnante affaire amoureuse.

Le théâtre, la télévision, les festivals retenaient Silvia loin de Pierre ; la neige, l'eau, le soleil tenaient Pierre prisonnier de ces lieux de bonheur et de luxe où étaient ses gagne-pain – enfin, disons « gagne-brioche » : le Cap Ferrat, Courchevel. À l'un les grands paysages étincelants ; à l'autre les nuits pleines de labeur, de faisceaux de projecteurs, d'applaudissements. Ils avaient sans cesse envie de « raconter à l'autre », de se raconter, de poser des questions. On sait déjà comment faisait Pierre : une sorte de « téléphone rouge » existait entre eux, par la grâce de ces pointes de vitesse qu'il piquait, ou de son art de s'isoler, quelques instants, dans le plus bruyant des restaurants d'altitude.

Pierre : sa méthode, son charme, c'était la voix douce qu'il confiait à des réseaux surchargés. Comment le joindre, lui, sur les pistes ? Je le répète, tout cela se passait dans une haute époque, une société dont les commodités paraîtraient archaïques aux gosses d'aujourd'hui. Alors, Silvia écrivait. Oui, *écrivait* ! Pas des *fax*, des messages par *e-mail*, par ordinateurs ou *internet*, non, de simples et vraies lettres, qu'on relit pour corriger les négligences, qu'on plie, qu'on glisse dans une enveloppe. Après quoi il n'y avait plus qu'à trouver un timbre, une poste (« je me dépêche, c'est l'heure du courrier… ») et à sortir pour jeter la lettre à la boîte : « Je voudrais qu'elle parte aujourd'hui… » Pourquoi le décor de cette histoire d'amour nous paraît-il antédiluvien ? Parce que nous nous sommes habitués à la vie instantanée, immédiate, « en prise directe ». Silvia s'est dépêchée, vingt-huit années durant, pour que ses lettres, mots, billets « partent ce soir ». C'est un vrai Journal qu'elle a ainsi tenu, sans s'en rendre compte. Combien de lettres ? Ou plutôt combien en reste-t-il à Pierre ? Au moins mille sept cents ? les plus belles sont rassemblées dans ce volume.

En quoi l'histoire de Silvia et de Pierre, de Pierre et de Silvia, est-elle exceptionnelle ? Sa durée ? Bien sûr. Mais vingt-huit années auxquelles mettent fin la maladie et la mort, ce n'est pas un « score » tellement exceptionnel. Je pense que l'étonnant est dans la qualité de l'histoire, c'est-à-dire dans la qualité de ses héros. *La* qualité, au singulier, qui n'a pas forcément grand-chose à voir avec *les* qualités de Pierre et de Silvia. Tous deux sont de vrais adultes quand ils se rencontrent. Elle a traversé la Résistance – lui, la persécution des Juifs par les nazis. Elle a connu la clandestinité, la peur – lui aussi. Pierre Gruneberg, Allemand dont les parents avaient fui l'Allemagne de Hitler, s'il était pris, son compte était bon. Une autre étoile que l'ignominieuse étoile jaune semble les avoir protégés. Les Gruneberg – devenus Girard, Gauthier, Gibert – échappent par miracle à leur destin – par miracle et grâce au courage de quelques-uns : Pierre n'a pas oublié, par exemple, la famille Labro – oui, celle de l'écrivain –, son hospitalité, son patriotisme. À l'automne 1944 ils retrouvent les pièces d'or enterrées en 1940 sous un cerisier de leur jardin, au Parc de Sceaux... La mort n'a pas voulu d'eux.

Fils d'un avocat et d'une enseignante, Pierre a la tête bien faite. Il préfère pourtant, aux études, le sport, et plus encore que le sport, sa pédagogie, pour laquelle il est doué. Les langues, la natation, le ski : il conquiert ses grades et le voilà enfin installé dans son double personnage : moniteur national de l'ESF (École de ski française), à Courchevel 1950, une station qu'on « invente » alors de toute pièce, et maître nageur au Grand Hôtel du Cap, à Saint-Jean-Cap-Ferrat, c'est-à-dire qu'il règne sur un des plus beaux ensembles balnéaires de la Côte : il y sera encore cinquante ans plus tard, mais c'est à New York que ses amis, souvent d'anciens « clients américains », fêteront ce jubilé.

Silvia, c'est une tragédienne. Elle a un visage de lionne dans une société où les comédiennes ont un « minois », ou « du chien » ; elle est sculpturale au pays des jolies filles potelées ou mollassonnes. Elle vise haut dans un métier où souvent le succès compte plus que l'ambition comblée. Elle est une dame, dès ses premières apparitions – ah, Édith de Berg dans *L'Aigle à deux têtes* ! La liste de ses rôles « d'avant Pierre » résume toutes les ambitions d'une époque qui, avec le TNP de Vilar, et, de la Huchette aux Noctambules, les petites salles vouées aux aventures un peu folles, a follement aimé le théâtre. Non pas la magie rouge et or des salles à l'italienne, mais les mises en scène dépouillées, les comédiens surgissant de la nuit, les costumes simplifiés et barbares de Gischia et de Prassinos... (Pour *L'Île des chèvres*, ce fut Balthus...) Cocteau, Lorca, Ugo Betti, Maurice Clavel, Calderòn, Racine, Beaumarchais : Silvia se bat sur tous les fronts... J'évoque un peu longuement ces années car, Pierre en étant encore absent, aucune lettre n'est là pour nous les raconter. Qu'on garde ceci à la mémoire : la femme croisée en 1960, revue un peu plus tard, et enfin retrouvée en 1963, était formée, riche de ce passé de quelques années de passion théâtrale. Elle était très belle, intimidante, intelligente, « serrée » : de quoi troubler le moniteur aux yeux rieurs et tendres, de quelques années son cadet...

Car il ne faut pas hésiter à parler *aussi* de Silvia et de Pierre sur un ton de romance, de roman. Silvia, qu'il me semble avoir souvent vue dans une combinaison couleur de violette pâle, épiscopale et féline à la fois (essayez d'imaginer ce mélange-là...) était rayonnante quand nous la retrouvions le matin, et Pierre aussi rayonnait : le calme des hommes d'expérience et la joie sourde de l'homme comblé. Il y avait dans leur aventure, devenue un long moment de deux vies, quelque chose d'une chanson populaire. Tous deux avaient conscience du rôle qu'ils jouaient et de l'absolue nécessité de le jouer bien. Avec humour, sérieux, gaieté, Silvia ne « faisait » pas l'actrice, et Pierre ne frimait pas. Bien sûr on le rencontrait toujours sur les pistes, guidant une beauté célèbre, un homme important, mais il était d'un naturel désarmant de modestie. Le couple classique et improbable de la tragédienne (dame de pique) et comédienne (reine de cœur) amoureuse de cette espèce de valet de cœur Figaro et prince des neiges – vous ne le croiserez pas si souvent sur les pistes. En ces années où Courchevel était une fête, Pierre et Silvia en étaient de beaux acteurs nonchalants. Émile Allais, notre champion du monde à la veille de la guerre, l'homme qui avait dessiné tant de stations à travers le monde, habitait un grand chalet au bas du Jardin alpin. Gilles de La Rocque était le plus élégant des directeurs de station des Alpes. « – On bombe ? demandait-il à Silvia en haut d'un petit mur. – C'est quoi, bomber ? demandait-elle. – C'est ça » disait Gilles en se jetant dans la pente, et Chimène éclatait de rire. Elle n'en conservait pas moins sa digne et lente allure, seule compatible avec son style, elle l'avait bien compris.

Pierre, l'esprit vif, inventif et vigilant, était devenu un vrai amateur de théâtre. À Paris, les jours où Silvia jouait, il allait passer sa soirée au spectacle qu'elle lui conseillait. Si ç'avait été une jolie soirée il était intarissable, à minuit, quand avec Silvia ils allaient dévorer un de ces plats de comédien, que le trac enfin vaincu et les applaudissements aident à digérer.

Ces lettres, vous allez le voir, composent un triple journal : amoureux, professionnel, et une sorte de réflexion de « chef d'entreprise ». Faire vivre une troupe, une salle, nourrir un répertoire, se réserver un rôle qui soit à la fois ingrat et le plus beau, être non seulement la « patronne » mais la meilleure, séduire et commander – quelle aventure ! Pierre le Solitaire, seul à se battre, et pour soi seul, dans son étrange élément – l'eau-neige – où il excellait à donner du bonheur à ses « clients », regardait Silvia jouer son rôle multiple de femme-orchestre, et il l'admirait. Aucun amour ne dure sans un peu d'admiration dans la tendresse et le désir. Silvia admirait l'innocence de Pierre, son équanimité, sa bonté ; Pierre admirait en Silvia la femme composite qu'il lui avait fallu devenir, faible comme « une reine malheureuse », forte comme un chef de PME, souple comme une diplomate. À leur façon un peu déraisonnable, intime et éclatante à la fois, ils firent une espèce de maison de la roulotte de leurs débuts. Pierre fut l'enracinement de Silvia, lui, l'apatride. Il l'aimait, il était aimé d'elle : ces lettres attestent que rien ne paraît plus naturel aux amants que leur amour. En ce temps-là, qui déjà s'éloigne, l'amour *s'écrivait* : profitons-en !

François Nourissier
de l'Académie Goncourt

AVANT-PROPOS

Le 13 juillet 1965, Silvia MONFORT écrivait à celui qui partageait depuis peu sa vie, Pierre GRUNBERG :

« *Si nous voulions un jour publier notre "journal" intime et véridique, il suffirait de prendre nos lettres. Crois-tu qu'il soit fréquent qu'une correspondance entre deux êtres soit semblable à un journal personnel ? O que non. Presque tous les rapports humains sont pollués par l'attitude d'abord, ce paravent, ce miroir déformant, reformant, glorifiant, et par tous les autres mensonges..* »

Elle savait déjà que cet échange de correspondance allait se poursuivre. Pendant vingt-huit ans, éloignés l'un de l'autre par leurs professions, séparés pendant des semaines, voire des mois, ils se sont écrit et téléphoné plusieurs fois par jour. Si peu de lettres de Pierre Gruneberg subsistent, nous en avons près de 1 700 de Silvia Monfort, parfois jusqu'à cinq écrites le même jour. Toutes sont débordantes de la passion qui emplissait sa vie, à la fois pour le théâtre et pour celui qui allait devenir son mari.

Aucun des deux n'a pu se résoudre à renoncer à un métier qui était une vocation. Malgré la distance, leur amour a grandi et a empli leurs existences. Silvia écrivait aussi bien sur les nappes en papier des restaurants que sur les blocs à en-tête des hôtels où les tournées et les festivals l'obligeaient à faire de courtes haltes, et plus tard sur les feuilles directoriales des différents théâtres dont elle fut l'âme.

Comédienne, j'ai eu la chance de faire presque mes débuts à ses côtés, et de ne plus la quitter jusqu'aux derniers jours. J'ai joué dans plusieurs spectacles avec elle ; j'ai été assistante à la mise en scène dans des pièces qu'elle interprétait et dans lesquelles il y avait (ou pas) un rôle pour moi ; lorsqu'elle faisait une mise en scène, elle me demandait presque chaque fois d'être son assistante. Entre-temps, son amitié s'exprimait de mille manières inoubliables. Je l'ai connue avant l'arrivée de Pierre dans sa vie. Plus d'une fois, lorsqu'elle était dans sa loge ou son bureau, soudain, elle me disait : « Maintenant, laisse-moi, je vais appeler Pierre... » comme si brusquement sa vie en dépendait.

Sa disparition nous a laissés longtemps anéantis et, de toutes façons, pour nous, il y aura un « avant » et un « depuis ». Rien ne peut plus être comme « avant ». Mais Silvia était la vie, elle n'aurait pas admis notre désespoir ; elle mettait en pratique la maxime des gens du spectacle après un accident : « *The show must go on* ». Quoi qu'il arrive, le spectacle doit continuer. Elle disait aussi : « Il faut accepter d'un cœur léger ce qu'on ne peut empêcher »...

Peu après qu'elle nous eût quittés en apparence, j'ai réalisé un spectacle en hommage à la grande résistante qu'elle avait été, et à son premier roman, *Il ne m'arrivera rien*, inspiré par son action dans les maquis d'Eure-et-Loir aux côtés de Maurice Clavel. Pierre était dans la salle pour la création, au Théâtre Silvia Monfort de Saint-Brice-sous-Forêt.

Il m'a alors demandé de l'aider à mettre sur pied un PRIX SILVIA MONFORT, destiné à découvrir et à récompenser une jeune tragédienne. C'était une idée de Silvia, qu'elle n'avait pas eu le temps de concrétiser. Nous l'avons fait pour elle et avec elle, avec la collaboration de Régis Santon, qui dirige à présent à Paris le Théâtre Silvia Monfort et nous y accueille. Le premier Prix a été décerné en 1996 et il l'est depuis tous les deux ans. Entre temps, grâce à des partenariats avec des villes, des théâtres, des festivals, je monte une création avec lauréates et finalistes.

Pendant la préparation de la première manifestation, Pierre a déposé chez moi une grande valise et plusieurs gros cartons contenant les lettres de Silvia. Il m'a dit de les lire et de les trier pour les publier. J'ai lu ces pages admirables qui mélangent si intimement les cris d'amour et la relation de ses journées de travail ; beaucoup me rappelaient les répétitions et les représentations que j'avais faites avec elle, confirmaient mes souvenirs, m'apprenaient ou me redisaient ce qu'elle avait pensé de tel acteur ou metteur en scène, homme politique, ou simplement individu rencontré par hasard. Je retrouvais mes joies et mes émotions à l'approche d'un grand auteur.

Nous souhaitons, Pierre et moi, faire partager l'amour et l'amitié que nous avons reçus de Silvia et que nous avons tenté de lui apporter en retour. Pour nous deux, pour des raisons différentes, ce fut une rencontre inoubliable, qui a bouleversé et rempli notre vie. Outre le témoignage d'une grande actrice sur le monde du spectacle de ce dernier demi-siècle, ces lettres sont l'expression passionnée d'une existence tournée vers les autres et perpétuellement en quête de découvertes et d'émerveillements.

Danielle Netter

J'ai respecté la typographie et l'orthographe de Silvia. Les notes rajoutées en bas de page pour expliciter certains noms ou événements ont été rédigées par Pierre Gruneberg et moi-même. Certains « repères » de dates ou de lieux ont pu être retrouvés grâce à la très belle biographie : *Silvia Monfort* de Françoise Piazza, (Éditions Favre 1988), et aussi au concours de Rose-Marie Moudouès, secrétaire général de la Société d'Histoire du Théâtre et fidèle amie de Silvia, et de sa collaboratrice à la Société d'Histoire du Théâtre, Maryline Romain.

QUELQUES QUESTIONS À PIERRE GRUNEBERG

– Pierre, tu as vécu avec Silvia pendant plus de 25 ans, et les lettres quotidiennes que vous avez échangées montrent l'évolution d'un amour qui n'a fait que croître, malgré ou peut-être à cause de vos fréquents éloignements. Où et comment s'est passée votre première rencontre ?

– J'ai rencontré Silvia pour la première fois lorsqu'elle est venue à la piscine du *Grand Hôtel* de Saint-Jean-Cap-Ferrat en ... 1963 ? Elle était en compagnie de Jean-Paul Le Chanois, metteur en scène de cinéma. Elle ne savait pratiquement pas nager... J'avais du mal à croire qu'une femme aussi belle ne soit pas à l'aise dans l'eau. Elle m'a demandé si je pouvais l'aider... et en quelques jours, je lui ai fait faire des progrès considérables. Sur mon livre d'or, elle écrivit d'abord : « Souvenir d'un gros bêta aquatique » ... et peu de temps après : « Souvenir d'une amitié ».

À cette époque, je fréquentais une jeune comédienne anglaise, Patricia. Elle désirait avoir des enfants, mais je ne me sentais pas prêt. J'hésitais beaucoup, ayant peur du mariage, et tout cela me préoccupait beaucoup.

– Pensais-tu revoir Silvia ?

– Je n'osais l'espérer, car je m'étais dit, quand je l'avais vue pour la première fois, qu'elle était trop bien pour moi et que je ne l'aurais jamais ! Et pourtant...

– Alors, parle-moi de la deuxième rencontre.
– La même année, j'ai rencontré Silvia par hasard, à Paris, dans la rue. Elle était seule. J'ai fait quelques pas avec elle et, brusquement, je lui ai dit : « Madame, j'aime une jeune femme anglaise. Pensez-vous que je doive l'épouser ? » Elle m'a répondu : « Si vous me le demandez, il ne faut sans doute pas le faire. » Sa réponse m'a paru intelligente, mais elle n'a sans doute pas été déterminante dans ma décision. Les quelques minutes où je me trouvai avec elle furent étranges... Je me sentais bien, à ma place, naturel et heureux. Je me suis entendu lui dire : « Madame, vous êtes la seule personne avec qui je pourrais vivre... » Elle a souri et nous nous sommes séparés. Je ne pensais pas la revoir.

Bien plus tard, elle m'a raconté qu'elle avait relaté notre rencontre à Jean-Paul Le Chanois... qui lui avait répondu : « Ça m'étonne qu'il veuille se marier, car il est sûrement homosexuel. » « Je ne crois pas... » lui a-t-elle répondu en souriant.

– Alors, il y a eu la troisième rencontre, décisive.
– Une année plus tard, au milieu de l'été... Silvia revint à la piscine... Elle était tombée en panne avec sa voiture à Nice. Elle avait téléphoné à Alain Decaux, qui avait loué une villa à côté de la piscine du *Grand Hôtel*. Il lui avait proposé de l'héberger et elle avait accepté. L'après-midi, elle est venue se baigner dans « ma » piscine. « Alors ? Marié ? » m'a-t'elle demandé. « Non, j'ai écouté vos conseils !... » Elle a souri, et j'ai enchaîné : « Comment va Jean-Paul ? » « Nous nous sommes séparés... Il était devenu mon papa... »

Après plus d'une heure d'hésitation, j'ai osé lui demander : « Madame, puis-je vous inviter à dîner ? » Elle m'a répondu : « Avec plaisir. » Je n'osais pas le croire ! Cette grande dame du théâtre acceptait de dîner avec un maître-nageur... Un moment après, j'allai lui demander timidement : « Ça tient toujours ? » « Bien sûr. » et nous avons convenu d'un rendez-vous, à 20 h, devant la villa d'Alain Decaux. Le « ça tient toujours ? » est resté dans notre vocabulaire amoureux toute notre vie...

Le soir donc, nous sommes allés dîner, et pendant le repas, j'éprouvai la même sensation que dans la rue à Paris : un immense bonheur d'être avec quelqu'un d'exceptionnel, de merveilleux, d'extra-ordinaire ! Nous nous sommes promenés, et nous avons échangé nos âmes et nos corps ! À 4 heures du matin, j'ai aidé Silvia à faire le mur pour rentrer chez Alain Decaux...

À 7 heures du matin, avant d'aller travailler, j'ai écrit à ma mère (inquiète de voir son fils perturbé par son amie anglaise) : « Maman, j'ai trouvé la femme jusqu'à la fin de ma vie ! »... ce fut en tout cas jusqu'à la fin de la sienne...

> – Tout le monde sait que Silvia était comédienne. Certains ignorent qu'elle était aussi romancière. Quant à toi, quel est ce métier aux multiples formes que tu exerces, et qui est aussi une vocation ?

– Silvia avait à la fois une vocation théâtrale et un talent inné de l'écriture. Elle parvenait à mener de front ces deux activités.

Pour ma part, j'ai été toute ma vie un pédagogue sportif. Après des études de kinésithérapeute, j'ai accompagné l'équipe française aux Jeux Olympiques de Melbourne. J'ai ensuite enseigné toute ma vie, en hiver le ski à Courchevel, en été la natation au Cap Ferrat. En 1950, j'ai commencé à enseigner la natation en utilisant un saladier rempli d'eau pour initier mes élèves à la respiration. En 1966, j'ai introduit en France le ski évolutif, qui permettait aux élèves de faire des progrès rapides en utilisant des skis très courts au début. Ma vocation a toujours été de simplifier au maximum la pédagogie, et de faire partager les joies de mes deux sports préférés au maximum d'élèves, et surtout à ceux qui se sentent « pas doués ».

> – Au début de votre liaison, avez-vous envisagé l'un ou l'autre, ou l'un et l'autre, d'abandonner votre profession pour avoir la possibilité de vivre totalement ensemble, de ne pas vous quitter ?

– Oui. Au début de notre liaison, nous avons envisagé l'un et l'autre d'abandonner notre profession : je voulais quitter la mer et la montagne pour m'installer à Paris. Silvia voulait quitter Paris pour me suivre à la mer et à la montagne. Nous étions perplexes, déchirés, ne sachant comment concilier amour et vocation. Au bout de 3 ans, Silvia a subitement eu la révélation : il fallait que chacun suive sa voie tracée... et que nous nous aimions en plus... Une partie de notre amour était dûe à l'admiration que nous avions de la vocation de l'autre !

Nous n'avons donc pas vécu totalement ensemble, mais nous nous sommes aimés totalement. Lorsque j'étais à Paris (4 mois par an), j'étais 24 heures sur 24 avec Silvia et, lorsque nous étions séparés, nous nous écrivions tous les jours... d'où ces lettres !

Septembre 2001

1965

Papier sans enveloppe ni date

Cœur de mon cœur
Je pars le cœur
aussi déchiré
que lorsque je te quittai
pour la 1re fois
à St Jean.
À tout de suite.
S

**Paris, 30 mai 1965, 17 h 30,
adressée à Saint-Jean-Cap-Ferrat.**

Tu es accouru à chacun de mes appels, et tout seul tu t'es occupé pour moi d'une voiture. Cette gentillesse qui ne t'a pas quitté depuis deux ans. Cette gentillesse que tu étends à tous et dont l'ampleur m'a toujours saisie d'admiration. C'est ta façon à toi d'avoir du caractère.

O je t'ai blessé avec cette absence de caractère !

Pardonne-moi tout le mal que j'ai pu te faire et souviens-toi du bien, du tendre, de l'ineffable.

Souviens-toi que je t'ai dit que tu avais fait de moi une femme heureuse, et qu'il n'est pas de meilleur don que je puisse te faire que cet aveu. Dans ton bilan, ajoute cela. Crois-moi, mon cœur, beaucoup d'êtres ont aimé, ont été aimés, mais bien peu peuvent se vanter avec certitude d'avoir rendu heureux un être. O oui, souviens-toi de ce que je te disais à St Jean, à mes heures de doute, « tu seras un merveilleux mari », et là-dessus je revenais avec des bouteilles d'Évian fruité et un maillot de bain tout neuf que tu admirais « en bon mari ». Puissé-je, moi aussi, t'avoir rendu heureux, t'avoir parfois comblé.

Mon cher cœur, par la pensée de l'adresse où je vais envoyer cette lettre, je revois St Jean, ta volonté, ta bonne volonté, cet accident de Menton[1]. Souviens-toi de ta tendresse infinie à mon égard, de la glace sur mon ventre, de tes mots matinaux, de tes sourires lorsque je descendais à la piscine, un chapitre de plus écrit[2]. Toute cette joie, simple et difficile, toute cette candide ferveur que nous échangions, elle est restée dans nos cœurs, dans nos sangs ; comme un organe de plus dans notre corps. Plus jamais tu ne vivras « sans l'idée de mon amour ». C'est comme si tu avais acheté une belle maison où tu n'aurais pas le temps d'aller. Je t'embrasse le cœur, à pleine bouche – ô je t'ai déjà écrit cela, mon âme, aïe, voilà que je me suis pincé le cœur dans cette porte déjà ouverte et refermée. À bientôt.

S

J'ai travaillé. Il est maintenant 3 heures du matin. Tu te lèveras à 6. Et tu partiras. Via Courchevel. Une sorte de rétrospective. Puis cette lettre t'accueillera à St Jean, où tu retrouveras la mer. Sois heureux mon cœur. Nous sommes si peu de chose que notre seule justification sur terre est peut-être d'être heureux (donc de rendre heureux, et tu m'as rendue heureuse). Tu n'auras pas perdu tout ton temps.

S

---

1. Silvia avait fait une fausse couche.
2. Silvia était aussi romancière et avait déjà publié 4 romans. Elle écrivait le 5ᵉ : *Les ânes rouges*.

**Paris, rue du Louvre, 5 juin 1965, 17 h 45,
adressée au Cap Ferrat.**
vendredi à samedi, 2 h du matin

Mon mignon, mon mignon, ce matin, tandis que je partais pour la Télévision, j'avais ma lettre, mon pain, mon eau quotidiens. Pour les feux rouges, et les encombrements. Je la lisais, la relisais, la parcourais, la reposais. Ainsi, tu rencontres des gens déçus par les gens de théâtre ! eux-mêmes sans nul doute décevants...

Baste, laissons cela. Ce matin, j'ai passé des heures à chercher une perruque d'ange [1] dans les caves de la Télévision où mon ami Schmidt [2] m'avait envoyée. Et je l'ai trouvée.

Cette après-midi, dans le Grenier de Vitaly [3], j'ai enregistré un flash de scène pour le journal télévisé – habillée en ange ! Guette le journal télévisé ces jours prochains.

J'ai répété, ensuite. Et ensuite j'ai joué *Les Ennemis* [4], retransmis (enregistrés) par la Radio. Demain, à l'aube, je pars pour le Studio des Champs Élysées où nous recommençons l'enregistrement de la *Surprise* [5] inaudible depuis Nanterre à cause des camions (elle passera jeudi à la radio, et *Les Ennemis*

---

1. Silvia répétait le rôle de l'Ange Azarias dans *Tobie et Sara* de Paul Claudel, mise en scène de Georges Vitaly (assistante Danielle Netter), avec Alice Sapritch et Denis Manuel.
2. Jacques Schmidt, (1933-1996) costumier de *Tobie et Sara* et de nombreux autres spectacles, notamment avec le metteur en scène Georges Vitaly. Homme de grand talent.
3. George Vitals, comédien et metteur en scène, dirigea d'abord le Théâtre de la Huchette. Il découvrit de nombreux auteurs contemporains, notamment Jacques Audiberti, dont il monta toutes les premières pièces. Il dirigea ensuite le Théâtre La Bruyère qu'il quitta pour la Maison de la Culture de Nantes. Rentré dans la capitale, mais sans théâtre, il continua à faire les mises en scène. Il est également peintre.
4. « Les Ennemis », pièce de Maxime Gorki, mise en scène par Pierre Debauche au Théâtre des Amandiers de Nanterre, alors sous chapiteau.
5. *La surprise de l'amour* de Marivaux, que Silvia jouait aussi à Nanterre, également dans une mise en scène de Pierre Debauche.

samedi) Puis répétition, puis *Les Ennemis*, demain. Dimanche, je couronne la Rosière, et pars pour Dijon le soir. Je répète lundi (soir et nuit, et jour – et, mardi, nous créons *Tobie* à Dijon. O mon cœur, c'est un plongeon de haut vol. C'est hallucinant, que cette création inpréparée. Je n'aime pas cela.

... Ta vie calme de St Jean, comme je l'imagine. Comme je t'imagine – j'en ai tant pris l'habitude que cela me semble tissé dans ma vie, dans mon cœur et dans ce pauvre cerveau tant éprouvé vraiment. Oui ta vie calme. Hasardeuse aussi, sans nul doute, comme tu me l'écris : il faut vivre. Et tu te plonges, et tu nages avec les poissons (que moi, j'évoque dans *Tobie*) et, le soir, tu te promènes – Mon chéri, vis bien. Vis haut. Aussi haut que tu peux, je t'en prie. O, cela me va bien, de te donner des conseils, alors que je fais, moi, des sauts d'obstacle sans préparation ! Mais je les fais, emportée par un pur sang que je ne peux retenir, cette ferveur insensée, cette foi indestructible – unique peut-être sous ce ciel ; ou du moins sur cette terre où les fois sont denrées périssables et les paroles sans valeur.

Paris, gare PLM [1], 6 juin 1965, 19 h 30, adressée au Cap Ferrat.
dimanche

Cher chéri,
Je suis venue faire mes valises et je pars pour Dijon. Je sais mon texte (par quel miracle) – mais il s'agit de le jouer. Et ce temps !
Vitaly est déjà là-bas. Danielle Netter m'attendra à la gare. Je joue <u>mardi</u> soir. Encore un obstacle à sauter... Le spectacle sera beau, je crois...

---

1. Paris Lyon Méditerranée. Actuelle gare de Lyon.

Dijon gare, 9 juin 1965, 1 h, adressée au Cap Ferrat.
mardi

... Je fais le saut de l'Ange. Vitaly m'offre champagne sur champagne d'émotion, de promesse, et de reconnaissance.

Danielle Netter s'étonne de ton absence, ô la fine mouche, fine mouche comme le sont ceux qui aiment, j'ai beau protester de ton regret de ne pas venir, la chère fille sait sans aucun doute que nous ne nous aimons plus. (elle m'écrit des poèmes d'anniversaire...)

Cher chéri, je repars pour aller créer l'Ange – Ensuite Paris, et après-demain Sens (*Tobie* encore) 2 jours de suite. Puis Paris de nouveau, où j'attaque mon *Électre*[1] tout en jouant *Les Ennemis*. Après 2 jours ici j'ai l'impression d'être en vacances ne travaillant plus que sur une seule œuvre. Et pourtant tard la nuit. Et pourtant dans le froid. J'ai la plus jolie chambre, sur de vieux toits et dans le silence, que j'aie jamais occupée dans un hôtel, où que ce soit... Même toi, je crois, insensible aux lieux, t'y mettrais à genoux au pied du lit

O il fait de plus en plus beau sur mes toits : tu m'as envoyé ton soleil.
S

Tu sais, cela me pince au cœur chaque fois que je lis au bas de tes lettres « je t'embrasse » j'étais si fort habituée à une autre formule que parfois je crois la lire...

A bientôt mon doux ami. Au lit je vais – pour 5 heures.
A bientôt, mon doux aimé.
S

---

1. « Électre » de Sophocle, dans la poétique adaptation de Maurice Clavel et André Tubeuf, fut créée par Silvia en 1951 aux Mardis de l'Œuvre et reprise au Théâtre des Noctambules. Silvia la reprit en 1965 au Festival d'Annecy, dans la mise en scène d'Henri Doublier, puis en fit la mise en scène l'année suivante pour les Tréteaux de France.

**Paris, rue Singer, 10 juin 1965, 17 h 45,
adressée au Cap Ferrat.**
mercredi soir

Mon doux chéri, je suis rentrée ce matin de Dijon, cette après-midi j'ai joué à Nanterre. Je suis à la maison, maintenant, exténuée. Mais j'ai trouvé 4 lettres, et 1 télégramme, et 1 gros paquet, semblable à ces poupées russes qui, dans le ventre, en contiennent une autre, et encore une autre...

Hier soir, donc, on a joué dehors ! je savais mon rôle, et je l'ai même joué mieux que je ne l'aurais espéré. A Sens, il y aura peut-être des critiques (rassure-toi, Netter a fait assez de photos de moi pour que je t'envoie mon portrait d'Ange !)

Ma pensée t'accompagne, vois : j'étais repassée hier à l'hôtel de Dijon pour t'écrire, et je t'ai entendu ! Oui ma pensée te suit dans le Mistral et parmi les lauriers-roses, et tant qu'elle te sera utile, sache-la présente, et constante. Ensuite elle s'en ira flotter chez les Anges, et ton Azarias à toi te la rapportera sur ces gros poissons que l'on prend aux ouïes pour les tuer ! Le peuple de dessous l'eau ! O j'ai pensé à toi en disant cela hier.

S

Paris, 12 juin 1965
vendredi nuit

Après la représentation.
O il faut quand même bien que je te raconte – comment pourrais-je ne pas te raconter ?

Et moi, je m'étais battue cette après-midi pour faire l'apparition de l'Ange en haut d'une tour, et j'avais obtenu les clés d'une porte fermée depuis 30 ans...

Et ce soir, j'ai eu le vertige, à cause des lumières, et des applaudissements... et j'ai bien cru que j'allais mourir. Au pied d'une Cathédrale, comprends-moi, ça me faisait mal !

Bref, je ne suis pas tombée. Et je te l'écris aussitôt, comme si tu avais pu avoir peur, comme si tu avais besoin d'être rassuré, comme si tu pouvais recevoir ma lettre aussitôt.

samedi nuit

3ᵉ donc, et dernière représentation de l'Ange (je t'envoie une petite photo faite dans le Grenier, le jour de la télévision, que tu n'as pas vue…)

Je suis contente que cette pièce soit finie. Les odeurs et musiques de messe m'accablaient.

A Sens, il fait un temps incroyablement beau. À croire que le Ciel… Mais je ne crois pas.

Je vais dormir ici, prendre la route demain matin, mon chéri, dans le ciel glorieux, après le sommeil réparateur. Quelle fatigue. Mais tout s'est bien passé. Tous les Claudel me portaient en triomphe ! Enfin, c'est fait et contre ta volonté. Pourtant tu m'y as escortée de ta pensée, et de tes mots. Merci.

Demain dimanche je joue Marivaux en matinée.

Mais je répète *Électre*, et rejoue un peu d'*Ennemis*.

Voilà tout ce qui me mène d'un jour à l'autre, bornes d'une course harassante.

Je rêve d'eau, de soleil. Je t'imagine en tout cela.

S

**Paris, rue Singer, 16 juin 1965, 13 h 30,
adressée au Cap Ferrat.**
lundi nuit

Cher chéri chérissant, je viens de jouer *les Ennemis* à Nanterre… Le train avait amené beaucoup de parisiens. Le chapiteau était plein, trop chaud – ce qui n'était rien à côté de la matinée de Dimanche où j'ai cru suffoquer sous la toile chauffée à blanc…

Bref les parisiens se dérangent ayant lu la presse et Nanterre et son peuple aussi. Ce soir nous jouons encore *les Ennemis*, pour la dernière fois. Puis je pars demain pour être à Angers le soir.

Nous jouons dans un merveilleux château (de Mongeoffroy – chez le Marquis et la Marquise, qui nous invitent à souper ! après Nanterre, cela secoue). J'habiterai, paraît-il, à l'hôtel de *la Boule* d'Or, à Baugé. J'y joue le 18... et le 22. Mon projet est d'aller jusqu'à l'océan du 19 au 21. O le beau sac de plage qui va s'emplir de bonnets mouillés, ô mes jambes et mes bras, et mes seins dans l'eau salée, fût-elle froide, et fussé-je transie. Sur les rochers j'apprendrai Électre (que je répète mais je sais plus) et je penserai à toutes les mers que nous avons embrasées ensemble.

Voilà mes projets, semblables à ceux qui vivent dans un cachot, emmurés sous terre.

Pour mon passé, il y a ces lettres trouvées ce matin, 2 en 1, avant et après *les Ennemis*. Ces chaleureuses lettres, pleines de cœur et de douce violence

Oui tes lettres étaient chaudes et je m'émerveillais, en roulant, de pouvoir être réchauffée par des mots. Et je répondais à Gorki « des mots vivants, il y en a »

Merci pour ces mots vivants. Pour ces flots de mots. Pour ces vagues qui me recouvrent et qui, en s'en allant, me laissent couvertes du meilleur sel de la vie.

S

Montreuil-Bellay, 22 juin 1965, 18 h 30, adressée au Cap Ferrat.
nuit du 1er jour de l'été

L'eau, la terre, le feu du ciel, je te dis tout.

J'ai convaincu Danet[1] de programmer pour septembre une série de représentations de *la Putain*[2] et de *l'Été*[3] – sous chapi-

---

1. Jean Danet, comédien et metteur en scène, directeur-fondateur des Tréteaux de France, chapiteau itinérant permettant de jouer dans n'importe quelle ville ne possédant aucun lieu de spectacle. Extraordinaire outil de théâtre qui nous a donné l'occasion de présenter Sophocle et autres poètes dramatiques devant les locataires des HLM, et d'entendre un soir une spectatrice, à l'issue d'« Électre », déclarer à Silvia : « C'est aussi beau qu'un western ! », ce qui combla de joie notre tragédienne.
2. *La putain respectueuse* de Jean-Paul Sartre.
3. *Soudain l'été dernier* de Tennessee Williams.

teau autour de Paris (ainsi les directeurs malencontreux de la rentrée pourront venir l'y cueillir s'il se doit). Ouf j'aurai fait ce que j'aurai pu. En rentrant à Paris, je verrai cela avec son administrateur de plus près. À bientôt. Je joue tout à l'heure à Montgeoffroy. *La Surprise,* je crois.

**Paris, rue Singer, 24 juin 1965, 13 h 30,
adressée au Cap Ferrat.**
jeudi

Pour *Électre* j'ai souffert mille morts. Ève Francis, qui créa tous les Claudel (et fut dit-on sa maîtresse) est une actrice de 80 ans, intelligente, sensible... mais de là à lui confier le rôle unique du chœur ! J'ai failli mourir d'angoisse, j'avais envie de hurler. Ensuite j'ai dit à Doublier [1], impossible. Et puis il m'a demandé de la faire travailler. Elle écoutait comme une petite fille. Cela m'a épuisée jusqu'à minuit. Et elle, est peut-être morte dans la nuit.

Je ne suis pas encore optimiste.

Le reste de la distribution... passera. O ma trop chère Électre... et le temps d'après.

Je pars. Je répète à 11 heures, jusqu'à minuit. Il ne me suffisait plus de remettre en scène derrière mes animateurs, il faut à présent que je donne la becquée aux plus anciennes actrices ! O dieux de ma race, où êtes-vous ?

Mon chéri.
S

---

1. Henri Doublier, metteur en scène au Festival d'Annecy d'*Électre* de Sophocle, dans l'adaptation de Maurice Clavel.

**Paris, rue Singer, 26 juin 1965, 17 h 45,
adressée au Cap Ferrat.**
samedi matin

Alors voilà : 18 heures par jour je <u>les</u> fais travailler ; m'oubliant moi-même, alors que j'aurais tant besoin de redécouvrir, intact, le personnage si cher.

Le 29 et le 30, on enregistre le disque, Doublier étant de ces activistes qui mettent char de gloire avant bœufs de travail. Tu te doutes combien ce disque laissera à désirer ! Si, au moins, j'avais pu l'enregistrer à une voix ![1]

Et le 30 au soir, le croiras-tu ? Doublier part pour Vichy faire 2 mises en scène en 8 jours. Nous nous retrouverons tous le 11 à Annecy et nous passons, en générale, le 15. Puis nous jouons le 16 et le 17, aussi. Sans doute vais-je rester, moi, à les faire travailler quelques jours. Puis je prendrai la route (ô te souviens-tu de mes quelques jours avant l'Annecy de l'an passé ?) Et j'errerai sous quelque soleil à apprendre Électre que je ne sais plus. Peut-être en montagne.. ? je ne sais. Pour l'instant mes journées sont occupées par l'unique souci de faire jouer juste et grand cette actrice de 80 ans – si charmante. Mon Oreste[2] très jeune et il y croit si fort qu'il sera émouvant. Le reste peut aller.

Je pars essayer mon costume (dès l'aube) et ensuite répétition.

J'embrasse ton nez de carton rose.
S

---

1. Silvia enregistrera un disque de lecture à une voix d'« Électre ».
2. Dominique Leverd.

Postée à Paris mais non oblitérée, cachet de la poste du Cap Ferrat du 26 juin 1965.
samedi soir tard

Après une rude journée (qui commença par cette lettre à toi puis un essayage) je rentre épuisée. Électre suffirait à m'épuiser. Les autres personnages (à diriger) m'achèvent. J'ai presque eu un étourdissement chez Doublier.

Dis-moi, comment vis-tu ? Ose me parler de ton cœur, de ton corps, si non le long et fidèle courrier que nous échangeons est une imposture. Comment vis-tu ? Où trouves-tu ta joie ? et quelle joie est-ce ? de quelle sorte, de quelle suite, de quelle résonance, de quel émoi ? que fais-tu pour ce que tu éprouves, et qu'éprouves-tu ? Nous ne sommes point des filleuls de guerre, et mes lettres ne t'atteignent pas sur une ligne de mort. Donc, dis-moi quelle est ta vie.

La mienne, suprêmement solitaire n'a rien à t'avouer que tu ne saches. Elle s'appelle Marivaux, Gorki, Claudel, Sophocle, Angers, Baugé, Royan, Paris – sinon – sinon je te parlerais comme je te parle de tous ces hommages de rue, de plage qui me touchent en ma profession. O cette après-midi encore, une dame m'a saisi les mains (tandis que j'allais changer le disque de ma voiture) et m'a dit « merci pour ce que vous faites ». Voilà pour mon monde sensible. Tu sais, les cellules amoureuses ne se renouvellent pas aussi vite qu'on pourrait parfois l'espérer. Je me fais parfois penser à une souveraine qui se dit « mon peuple m'aime ». Et c'est miracle, en vérité que jamais – jamais – l'ardeur populaire n'ait été si vive à mon égard. C'est comme si une puissance végétale, ou minérale était venue suppléer à la défaillance humaine. Oui, c'est miracle.

Sais-tu que la dernière fois où nous nous sommes aimés, c'était le jour de l'Ascension. Pour moi, un mois.

Je t'embrasse.
S

**Paris, rue du Louvre, 28 juin 1965, 1 h,
adressée au Cap Ferrat.**
dimanche

J'ai reçu le dernier livre d'Audiberti[1], écrit dans ses cliniques. Il y parle de moi entre autres. C'est un livre bouleversant. C'est le livre d'un mort debout, le journal d'un mort parmi les vivants, d'un homme mutilé en sa dignité virile, ô quel livre émouvant. Je te l'enverrai. Je l'ai lu cette nuit. Parcouru, plutôt. Car je ne parviens pas à prendre honnêtement le temps de lire quand je ne sais pas un rôle que je répète. Mais enfin, je l'ai <u>bien</u> parcouru. Je me suis aperçue, aussi, que ma vue baissait. Je ne peux plus lire si aisément dans la pénombre. Cela tire ma tête. Je porterai un jour des lunettes. Cela m'a fait rire. À moins que ce ne soit cette provisoire fatigue qui m'est retombée dessus.

Je t'embrasse, en ce dimanche parisien dont je pense qu'en une autre époque j'aurais tenté d'en faire un dimanche St Jean. Songe ! J'étais libre de samedi 23 heures à dimanche 20 heures. O sûr, j'aurais trouvé un avion de nuit qui m'aurait ramenée à temps pour la répétition du soir. Il n'est encore que 17 heures et je vais aller apprendre pendant 3 heures.

**Paris, rue Singer, 30 juin 1965, 13 h 30,
adressée au Cap Ferrat.**
la nuit

hou hou. Ces premières 2 heures du disque d'*Électre* m'ont épuisée. L'enregistrer, c'est déjà beaucoup, mais servir de chef d'orchestre ! Je suis heureuse du résultat car j'ai pu, grâce à

---

1. Jacques Audiberti, auteur dramatique (1899-1965), fut découvert par Georges Vitaly qui dirigeait le Théâtre de la Huchette et créa la plupart de ses pièces. Le dernier livre de Jacques Audiberti est *Dimanche m'attend*.

cette épreuve, pourtant importante, leur faire faire un gros progrès.

Je t'écrirai plus longuement. Je vais au lit car le marchand de sable me talonne.

Paris, rue Saint-Romain, 30 juin 1965, 20 h 30, adressée au Cap Ferrat.

C'est une étrange aptitude humaine que de pouvoir ainsi séparer chair et âme. Je m'y refuserai aussi longtemps que j'en aurai la force, la conviction, l'espoir que nous ne fûmes pas créés ainsi. La chasteté n'est rien en regard de cet avachissement des accords profonds de soi-même. Et pourtant, certaines nuits, ça brûle. Mais les matins sont aérés.

Cœur, mon cœur, j'aurais tant aimé te mener – puisque mon chemin ne fut pas le tien et que nous n'y pouvons rien – jusqu'à cette orée d'une nouvelle joie vraie. Par la main. Sans que tu te rendes compte de l'horrible déchirure qu'est la fin d'un amour. Je craignais tant que tu souffres de ne plus m'aimer. J'espérais tant que ton cœur, une fois attendri par l'amour que j'y avais porté, se rénoverait d'un coup, violemment, totalement...

O que tu aimes ! vite et bien. Que tu sois heureux. Que tu rendes heureux. Que je puisse me dire que l'amour que j'ai fait naître en toi, sa grandeur, sa vérité, n'aura pas été inutile. Qu'il aura affermi ton terrain, qu'il l'aura exalté, et qu'en toi, tout est prêt pour une destinée humaine très haute.

Voilà ce que je souhaite. Une âme noble ne craint pas le bonheur d'autrui même si elle fut impuissante à le lui donner. Je n'ai pas pu. Pardonne. J'ai fait ce que j'ai pu.

O sois heureux mon cœur, je t'en prie.

S

t'embrasse doucement. O toi à qui j'aime tout raconter.

Mon toi, disais-je.

S

Rouen, 3 juillet 1965, adressée au Cap Ferrat.
La Falaise [1], samedi soir après le turbin...

Je dois reculer mon départ. Jeunes et vieux me supplient de les faire travailler. « Depuis le départ de D[oublier], enfin on travaille, ô merci ! » Comment résisterais-je à tant d'ardeur lorsqu'il s'agit d'Électre !

Je suis venue respirer, apprendre. J'ai quitté Paris à 7 heures. Il est 10 heures, j'ai allumé un feu, torrent de flammes et de vie, j'y ai grillé un rognon. Et j'aperçois, de mes fenêtres, la plage basse qui cache ses grottes cailloueuses et secrètes.

O que j'aime les jours longs, les jours qui n'en finissent plus.

Ainsi tu m'écris une lettre triste. Si triste, dis-tu ; que « je t'y appelais ». Te faut-il être si triste pour m'appeler ? Te faut-il être si honteux de l'avoir fait que tu déchires ta lettre ? O mon cœur, c'est mon cœur même que tu déchires ;

ne sois jamais triste, puisque je suis là, à portée de plume et de pensée, et de cœur.

Pourquoi te faut-il être si triste lorsque tu évoques ta venue en moi.

Tu sais bien que je suis là, besognante et constamment empressée à te raconter mes besognes et mes joies. Cette nuit, j'ai soupé avec l'administrateur de Danet, cet horrible homme à tête ronde. Avant, j'avais subi 3/4 d'heure de Danet. Mais la rentrée se fera telle que je l'ai prévue. (Bien sûr, là aussi, je dois m'occuper de tout.)

Tu vois ; chaque pas que je fais, pénible, ou heureux comme mes pas dans la mer, aussitôt je te les transmets. Alors pourquoi es-tu triste en m'évoquant ? Je suis si proche de toi. Claudel dit que, là où deux enfants dialoguent ensemble Dieu est parmi eux. C'est une belle confiance dans la parole humaine. Et je te parle, je te parle sans cesse. Alors ?

---

1. Maison située au bord d'une falaise, à Varengeville, que Silvia possédait avec son précédent mari, le cinéaste Jean-Paul Le Chanois. Quelques années plus tard, la Falaise s'est effondrée dans la mer.

J'embrasse ton pauvre cou comme ta pauvre gorge et ta pauvre voix – que j'entends. Mieux encore lorsqu'elle est triste.
S

**Paris, rue Singer, 7 juillet 1965, 19 h 30,
adressée au Cap Ferrat.**

Mon cher chéri, de retour en Paris, après avoir appris et dormi 2 jours (impossible de me baigner – mais quel silence) je me suis remise à les faire travailler (quels progrès !). Et, aussi, m'est retombée dessus l'affaire des Tréteaux – ô quels incapables. Tandis que Danet me téléphone de sa tournée que tout va pour le mieux, son administrateur, à Paris, déclare déficit et lendemains improbables ! J'en suis à tenter de faire jouer *Électre* et le spectacle *Putain* et *Soudain l'été dernier* en alternance, et selon les demandes de rentrée... Il m'arrive de téléphoner moi-même à des théâtres de province – sur mon propre crédit

Ma tête cogne toujours. Je vais voir un médecin – J'ai hâte de quitter Paris. Mais je tarde à cause, aussi, des Tréteaux... Tout faire, toujours, partout.

Tu es, toi, chaque jour félicité, loué, et je sais qu'ils ont raison car tu fais bien ce que tu dois faire. Quoi qu'il en soit je serai dimanche à Annecy à l'Impérial Palace, et cela me réconforte en ces épreuves languissantes – Et puis il y a roman, ensuite, source toujours puisque création personnelle, seule épreuve que je consente à assumer d'un cœur joyeux –

Il grisaille, il pleuvote sur Paris. Je préfère.
Je t'embrasse frileusement.
S

**Paris, gare Montparnasse, 9 juillet 1965, 20 h,
adressée au Cap Ferrat.**
vendredi

je viens de tout régler avec Danet par téléphone

mon pauvre amour

j'ai dû aller voir un oto-rhino, depuis 8 jours, ma tête, mes mâchoires, mes sinus me laissaient sans repos.

Son diagnostic me semble exact :

cloisons trop étroites (comme mes bronches), ce qui justifie que mes névralgies ont commencé dès mon jeune âge. Pas de sinusite ! (ce qu'une ponction imbécile, il y a quelques années m'avait déjà affirmé) les muqueuses perpétuellement éprouvées. Il m'a brûlé les muqueuses, bourrée de drogues, et promise au mieux.

mon pauvre cerveau

qui devrait se concentrer sur Électre. Par force et par droit, à partir de dimanche, je ne penserai qu'à elle.

O Électre, ma sœur.

Lorsqu'elle parle de l'improbable retour d'Oreste qu'elle attend depuis dix ans, son seul espoir, elle dit :

Debout,

vierge,

éponge de larmes,

seule au monde

je tiens mon sort, il est à moi pour toujours

je l'attends !

Aucun homme ne s'est levé pour ma défense !

Voilà, cœur, pour que tu entendes tout, pour que je te raconte tout, ces nouvelles en vrac.

Porte-toi bien. Ame à âme nous nous tiendrons jusqu'à la mort, et ce n'est déjà pas si mal.

S

**Genève, 11 juillet 1965, adressée au Cap Ferrat
(écrit dans un restaurant).**

Voilà, ça y est, on s'attendrit : on me donne du papier (et je cesse d'être heureuse, solitaire, mortelle...) je deviens immortelle. En Suisse ! La servante m'embrasse la main en me tendant un papier à signer. Un anglais, de la table voisine, me cite une réplique de Victor Hugo (dans mon rôle des *Misérables*) et son amie belge m'offre des roses, proposées par une pauvre vieille femme – je les accepte, contente pour elle. Et dire qu'à peine avais-je posé ma voiture, par hasard, dans la vieille ville, 2 algériens étudiants ici m'escortaient jusqu'au restaurant et que

je me disais : « Quel hasard malencontreux ». Et me voici reprise. Mais qu'a donc ma tête. Les douaniers (suisses !) m'ont parlé de *Phèdre* (à la télé, en 1960 ! [1] – et monsieur Contamine [2], directeur actuel, ose dire : « Racine ? qui cela intéresse-t-il ? »

Quel chaos. Quelle bêtise !
je suis saoûle
je n'ai pas d'hôtel
j'ai envie de reprendre la voiture
Où vais-je dormir – sans toi.
S

Annecy, 13 juillet 1965, 21 h, adressée au Cap Ferrat.
Par pli spécial

L'appartement. Il faut que je te parle de cet appartement qui va me faire revenir à Paris dare-dare. Par peur de le perdre une fois encore.

Pourtant, j'ai toutes les garanties, et paroles des C... (! de ces gens-là – <u>tu vois</u>, dirait Lizzie [3]). J'ai versé un chèque – qu'ils ne toucheront pas, car ils veulent des espèces sonnantes –

---

1. *Phèdre*, dans la mise en scène de Jean-Paul Le Chanois, a été jouée à Paris au Vieux-Colombier, et en tournée en France, Belgique, Luxembourg, Espagne, etc. La pièce a été enregistrée en studio par la RTB (Radio-télévision belge) à Bruxelles pendant cette tournée et diffusée en direct. La télévision française refusa l'émission. C'est dans ce spectacle que Danielle Netter joua pour la première fois avec Silvia.

2. Claude Contamine, directeur de la télévision à l'ORTF.

3. Nom du personnage de la prostituée incarnée par Silvia dans *La putain respectueuse*.

Mais enfin, je me dis qu'ils sont capables pour 50 000 F de plus, de le donner à quelque autre poire. Poire, non. Car il grandit à mes yeux sans cesse. Il m'obsède. Il est ce que je cherche depuis toujours. Le voilà *(croquis)*. Le silence est absolu (petite rue dans le boulevard Exelmans, à deux pas de la Porte d'Auteuil et de l'avenue de Versailles [1]). Le soleil est constant, d'un côté et de l'autre. Le standing est moyen, le pittoresque compense.

Lumière. Soleil. Solitude absolue. Silence.

Enfin cette paix de l'esprit où je serai. Pouvoir refuser les mauvaises pièces sans me dire : et mon loyer. J'ai envoyé ma lettre de démission à mon propriétaire. Je serai donc à la rue le 9 août – ou chez moi ! Si le malheur voulait que je sois à la rue, crois-tu que je pourrais porter mes vêtements chez toi jusqu'à mon retour à Paris (car je voudrais prendre au moins 15 jours de vacances en août). Puisque les dernières décisions prises avec Danet sont les suivantes :

Sept : <u>reprise T. Williams Sartre</u> (avec l'espoir de trouver un théâtre).

Puis 15 jours de grands ensembles (les mêmes qu'au printemps) avec *l'Otage* de Claudel que je dois apprendre et travailler.

Si l'appartement me filait sous le nez, hop, je quitte Paris et m'installe au retour dans un petit hôtel en attendant de trouver autre chose –

Et le 15, je joue Électre –

Électre. Notre Électre.

Je t'embrasse.

Annecy, 13 juillet 1965, 21 h, adressée au Cap Ferrat.
Mardi

O doux, doux, doux, tendre, attentif, aimé

---

[1]. Rue de Civry.

Au réveil, ta lettre sur Audiberti.

Lorsque je te parlais de son livre, hier, j'ignorais encore sa mort.

J'ai eu beaucoup de peine. Beaucoup de peine aussi de n'avoir pu lui montrer la Pucelle [1] avant. Et puis cette peine de savoir avec certitude que jamais plus on n'entendra ce qu'il pense, ce qu'il voit, ce qu'il déclare ou invente. Cette forme de la mort – la seule qui dépouille les survivants. Puisqu'on ne sait même pas si l'être devient poussière ou joie et qu'on ne peut donc ni le plaindre ni pleurer pour lui. Cette forme de la mort qui en pleine vie est insupportable à l'esprit, au cœur : vois – pouvons-nous nous-mêmes, un seul jour, cesser de nous dire comment nous voyons, sentons, ressentons de l'autre ? Alors ! Merci d'avoir pensé à me dire la peine que tu en avais ressenti. Cela me fait très chaud.

Tu travailles beaucoup, cœur, et je vais bientôt avoir honte, donc, de faire du tourisme sur l'eau tandis que pour toi l'eau est labeur et peine.

Il est vrai que, le soir, je me donne – moi avec un tel bonheur

O si je peux transmettre la joie que j'éprouve, si totale, si haute, à jouer Électre, alors vrai, les spectateurs seront gâtés.

O comme j'aime ta conclusion : « si tu est grande dans Électre, alors tu seras heureuse »

O cette connaissance sans cesse accrue dont je te disais un jour qu'elle est la meilleure relation humaine.

Si nous voulions un jour publier notre « journal » intime et véridique, il suffirait de prendre nos lettres. Crois-tu qu'il soit si fréquent qu'une correspondance entre deux êtres soit semblable à un journal personnel

O que non.

---

1. *Pucelle* de Jacques Audiberti avait été créée au Théâtre de la Huchette, dans une mise en scène de Georges Vitaly. Silvia devait la jouer en 1970.

Presque tous les rapports humains sont pollués par l'attitude, d'abord, ce paravent, ce miroir déformant, reformant, glorifiant – et par tous les autres mensonges.

Oui, tes lettres me comblent.

S

Annecy, 17 juillet 1965, 21 h, adressée au Cap Ferrat.
17 juillet

Ceci écrit hier, dans l'angoisse de cette journée mouillée.

Le soir... Je quitte l'hôtel à 8 h 1/2, orage. Je monte tout de suite à la Visitation, je rencontre des bandes religieuses à pied sans parapluie... Enfin, l'heure arrive, et nous jouons, moi, pieds nus dans l'eau, et le corps sans cesse projeté sur le sol mouillé. Et au retour d'Oreste, je me fends le bras à son bijou, et le sang saigne, saigne sans cesse...

Ils étaient nombreux dans la salle ! Émus, touchés, expansifs...

Moi j'attends ce soir, pour le rejouer. Cela s'est passé hier, seulement comme un saut d'obstacle. Ensuite, avec tous (y compris Lemarchand[1] qui l'avait vu 22 fois du temps des Noctambules) et Netter – ô achète *Paris-Théâtre* de ce mois, tu seras content d'elle : 4 pages et 7 photos sont consacrées à nos 3 derniers mois ! (*Paris-Théâtre*)

Retour à l'hôtel.

Et là, ma main du bras blessé, violette... Je réveille Doublier... clinique... on pense que ce n'est pas grave...

Ce matin, ça a l'air d'aller mieux mais je n'ouvre pas le pansement.

Je suis fatiguée. Mais c'est fait. Et j'ai tes bonnes lettres.

Frère et sœur... sœur et frère... ô jamais je ne sentis à quel point combien tu étais mon frère, celui qui m'offre son lit, sa

---

1. Jacques Lemarchand, (1908-1974), grand critique dramatique et fidèle ami de Silvia.

chambre, avec une générosité sans cesse accrue et pourtant égale. Une sérénité sans impatience et sans heurt. Ce doit être cela la fraternité.

Ta vie est-elle heureuse, dis-moi, cœur ?

Je t'embrasse partout où tu souffres – et ailleurs.

S

Paris, rue Singer, 26 juillet 1965, adressée au Cap Ferrat.
dimanche

Eh bien me voilà dans l'Yonne, dans un château, à cheval, à pied, au billard...

J'ai apporté Romanet[1]. J'ai déplacé un chapitre et relu l'ensemble. Je pense au mot de Valéry disant à un jeune poète : « j'ai relu 2 fois votre recueil, vous auriez dû en faire autant ! » Moi, je l'aurai beaucoup relu. Il faudrait que je le reprenne en mains. Mais ces vacances bâclées ne me permettent guère une bonne continuité du travail.

Je t'embrasse au grand air.

S

Tours, 29 juillet 1965, 12 h, adressée au Cap Ferrat (lettre de 4 grandes pages au feutre marron).
jeudi matin

Cher mignon

En traversant l'Eure-et-Loir, j'ai pris de l'essence. Une pompiste de 20 ans m'a dit : « O ma dame Silvia, prenez cette rose, vous avez tant fait pour nous. » (C'est en Eure-et-Loir que je faisais de la Résistance, et c'est à croire qu'on se raconte l'histoire à la veillée ! O que j'avais hâte de te dire les larmes aux yeux que cela m'avait émue.

---

1. Roman que Silvia était en train d'écrire et qui sera publié en 1966 chez Julliard sous le titre : *Les ânes rouges*.

Tu sais, c'est surtout pour Électre que je vais voir Danet. Tout de suite introduire ce projet dans son cerveau et dans son programme. (A Paris, son administrateur avait encore fait des bêtises que je dois réparer !) Ah la la.
S

Sainte-Marie-de-Ré (Charente-Maritime), 31 juillet 1965, 20 h, adressée au Cap Ferrat.
Ile de Ré, samedi

Qu'il est bébête. Qu'il est gros. Qu'il manque de talent. Mais que le chapiteau est beau !
Et qu'il pleut –
O cœur, mon cœur, depuis mon arrivée, le vent, la pluie. Quel dommage car je ne connaissais pas l'Ile de Ré et j'avais si soif de la mer – Impossible. J'espérais oublier mes histoires d'appartement. Impossible. J'espérais être dans le bonheur à l'idée de retravailler sous les Tréteaux : pas tout à fait possible.
Et pourtant : J'ai obtenu ce que je voulais : nous reprendrons *Électre*, et dès le mois d'Octobre. Pour peu de représentations, mais ce sera fort, ce sera au programme. Et nous pourrons l'amener en Israël. Et non l'*Otage* de Claudel ! (qu'en échange je vais me taper sous les Tréteaux à la rentrée. Rôle interminable de la plus catholique pièce de Claudel. A vraiment je m'immole à Électre.
Ce ne fut pas très simple de faire programmer *Électre*. Il avait lu les critiques. Il a bien vu que la pièce c'était le rôle, et cela ne lui fait pas tellement plaisir. Mais j'ai gagné. J'avais travaillé l'administrateur avant de quitter Paris, et ici j'ai mené la lutte (entre 2 mollesses de sa part, entre 1 montage difficile du chapiteau, qui l'occupait, dans le vent, et toutes les banalités qu'il me fallut entendre – Et *Caligula* que je dus voir. Médiocre. O médiocre
BUT j'ai vu 2 fois le spectacle (de toutes les places), et je demeure convaincue qu'il n'est pas de meilleur théâtre au monde en ce moment. *Électre*, là – O cœur, c'est fait.

Dans le chapiteau, j'étais toi. J'allais m'asseoir dans les angles où je t'avais vu de la scène, et je fermais les yeux (c'est d'ailleurs ce qu'il y avait de mieux à faire). Et puis, j'ai aussi comme l'impression d'être public, d'oser à peine aller dans les loges, toutes choses qui me sont extrêmement nécessaires, pour mon roman. Je n'aurai pas perdu mon temps. Mais qu'il est bebête, qu'il est gros, qu'il manque de talent. O il est brave... et encore...

O ma paix, rends-la moi. Je n'en puis plus.

S

**Paris, rue Singer, 2 août 1965, 17 h 45,
adressée au Cap Ferrat.**
dimanche

O cœur, cœur chéri, bien sûr que tout s'est arrangé un peu, le temps d'abord – je me suis baignée dans l'océan (plus chaud que l'air) j'ai fait un peu de cheval – ô ce gros paquet de Danet, aucun sport ! mais je n'étais pas là pour ça mais pour le convaincre, le contraindre – J'ai dû revoir *Caligula*, et cela aussi m'a paru plus supportable, on s'habitue... enfin, ce soir, vient dîner chez nos hôtes l'attaché culturel d'Israël : pur miracle. Danet me délègue, car il est parti pour un autre continent – la France – poursuivre sa tournée ? Et je vais, tout à l'heure, passer la soirée avec cet attaché culturel qui mettra au point peut-être la tournée envisagée. Voilà. Je retarde donc mon départ jusqu'à demain matin. Et je roulerai demain 7 heures pour arriver à Paris et apprendre (quoi ?) le dernier recours à mon appartement. Ensuite caisses et déménagement quoi qu'il arrive. Puis, puis, puis... ô soleil.

Je vais trouver des lettres de toi à Paris. Cela me tarde. Toi ma force et ma confiance si étrange que cela te paraisse. Toi ma pérennité

Je t'embrasse.

S

Paris, rue Singer, 7 août 1965, 17 h 45, adressée au Cap Ferrat.
vendredi

Cœur, cœur chéri, cœur aimé, oui, il me fallait t'entendre, et te dire

au sortir d'un si grand tunnel d'angoisse, de suspens, de découragement, de lutte pour une aussi absurde – mais nécessaire – bataille.

C'est la plus grande victoire remportée de ma vie. Sur la médiocrité, les trafics honteux, l'imposture – et je suis logée le jour même de mon expulsion volontaire d'ici. Cela est déjà une économie.

C'est Bloch-Morange [1] chez qui j'avais passé un week-end à cheval pour parler de ses émissions qui a fait tout dénouer. Je vais l'appeler. Mais c'était toi d'abord –

Bientôt je vais rentrer rue de Civry n° 10

Et je m'étendrai sur ma terrasse, sur mon matelas, en attendant le lit – comme en ce St Jean du 1er soir –

Cela m'émeut, cette coïncidence à 2 ans d'intervalle. Bientôt je verrai des caisses prêtes à être défaites, bientôt je ne rêverai plus que de vacances. Le pire est passé.

Les nerfs comme tu vois sont à dure épreuve, <u>mais</u> les Tréteaux commencent à s'organiser (distribution, etc.) <u>mais</u> j'ai un appartement <u>mais</u> j'ai entendu ta voix retrouvée, ô <u>délice</u>

Heureux mois d'août

Je t'embrasse de toute ma constance.

S

Paris, rue Singer, 11 août 1965, 19 h 30, adressée au Cap Ferrat.
mercredi 11

Cher aimé, ô quelle nuit importante ! je l'ai passée rue de Civry – à la japonaise ! et je m'étais fait une très jolie chambre : 2 sièges, 1 candélabre, et je me disais : « Qu'ai-je à faire de plus ? »

---

1. Homme politique, ami de Silvia.

Le silence. Une horloge lointaine. Un bon matelas. O merveille.

Et ce matin, ta lettre sous ma porte (c'est ça, les concierges !) Je pars vendredi, quoi qu'il arrive.

Oui, je crains de venir à St Jean. Si exclue par tout ce qui t'entoure – O cœur, dis leur un jour, quand même, que ton hospitalité, si généreuse à eux tous est un peu trop mal reconnue : ils arrivent à en profiter tout en t'interdisant ce qui est cher ! un témoin objectif ne le croirait pas. Moi je le crois. Pour la simple raison que je connais ta générosité et l'exploitation qu'ils en font. Mais, vrai, cela coupe le souffle. Je vais donc partir pour Vauvenargues (la mer à 50 kms...) le silence, l'amitié vraie et simple. Barbarin[1] me le proposa, hier, de la part de sa femme, au cours d'un entretien que j'avais organisé entre l'homme d'Israël (de passage) et lui (de passage). Tout va bien : les Tréteaux iront en Israël.

Voilà, cœur, les nouvelles. Peut-être pousserai-je un jour jusqu'à Nice, si le cœur ne me manque pas avant – de toute manière mon courrier suivra et nous ne serons pas coupés l'un de l'autre. Cela compte, n'est-ce pas ? Tes paroles me sont une continuité si douce, si simple et en laquelle la société ne peut mettre œil ni nez.

Courage pour ces journées trop chaudes. Trop emplies d'imbéciles. Tiens bon, cœur. C'est toi qui gagneras car ils ne sont rien, que pauvres produits d'une société. Toi, tu es toi.

Je pense à toi. Je t'embrasse.
S

Marseille, 17 août 1965, 17 h 30, adressée au Cap Ferrat.
lundi

O cœur mon cœur je ne sais plus où nous sommes.

---

[1]. Ami de Silvia et parent de Gaston Defferre. Il habitait à Vauvenargues, près d'Aix.

D'abord je suis fière de toi, je t'aime pour ton courage, (ta témérité, même, puisque tu sais les dangers, que parfois tu as peur, et que tu les surmontes). Oui je t'admire. Oui ma pensée t'accompagne sans cesse. Oui je te respecte et t'aime pour ce que tu es.

Qu'est-ce qu'une séparation lorsqu'elle laisse deux êtres aussi reliés que nous le fûmes pendant ces dures semaines passées ?

Tu sais que je t'aime. Tel que tu es. Tu sais que l'un par l'autre, l'un sauvant l'autre, l'un entraînant l'autre, l'un retenant l'autre tour à tour, nous avons suivi une vraie route nôtre et que nous sommes à présent sur cette terre admirable de la connaissance. Et que nous nous estimons. Et que je n'ai pu rien faire de vrai de ma vie tant que je voulais qu'elle demeure liée à l'espérance de nous. Avec acharnement je l'ai gardée sur la plus haute branche. Mais il est bien certain que la solitude exalte et dessèche tout ensemble.

Mais si nous devons échanger nos fois sache que je mettrai la même ardeur à ne plus la reprendre que je mets d'ardeur à servir mon métier. Jamais nous ne fûmes plus libres de nous-mêmes. Et si tu veux que ta vie soit mienne alors vive la vie.

A bientôt mon cœur.
S
(Non je n'ai pas d'amant à Aix, et n'en veux point avoir)
En un mot, dois-je continuer à t'attendre
oui ou non

Marseille, 18 août 1965, 19 h 30, adressée au Cap Ferrat.

O – j'aurais dû te télégraphier hier, mais le téléphone est dans la chambre de nos hôtes – c'est difficile. Ils ne comprendraient pas pourquoi je te télégraphie « mon amour je vais bien », et pourquoi j'accepte leur hospitalité.

O mon cœur j'ai oublié de te dire tant de choses, et ces choses me remontent au cœur de ne pas t'avoir été dites. Par exemple, dans les dernières heures de Paris, où l'action recouvra tout – j'ai acheté des fleurs pour la terrasse aux quais aux fleurs, que j'ai montées à mon 8ᵉ, et 3 sacs de terre de 6 kgs, et j'ai planté pour me préparer un retour fleuri.

20 heures : tu m'as appelée. Je tremblais de tout mon corps. Je n'osais parler.

**Aix-en-Provence, 20 août 1965, 14 h 30,
adressée au Cap Ferrat.**

Cœur ô mon cœur que j'ai entendu. Longuement. Lentement. Avec ta bonne voix retrouvée. Ta voix émue. O comme il monte à tes lèvres, ton cœur et que je t'aime de cela ! Quel chemin parcouru depuis 2 ans où je n'osais t'appeler à la piscine tant je savais ne pouvoir t'y entendre pour de vrai. À présent les cornes de l'escargot osent sortir, même en public. Tu oses être toi-même.

O comme cela m'émeut, en plus.

Je suis heureuse que Jean-Paul [1] t'ait de nouveau écrit, et cette fois pour te parler de toi. Il doit prendre beaucoup sur lui, t'imaginant à mon côté. Mais c'est un ami très attentif et ce petit signe d'admiration ne m'étonne pas plus que ne m'étonne l'acte par lequel tu conquis cette admiration.

O cœur, je pense tant à toi. Je vis avec toi. Je vis de toi. Je t'espère, je te rêve, je t'aime.

S

**Aix-en-Provence, 27 août 1965, 14 h 30,
adressée au Cap Ferrat.**
mercredi nuit

Je vais dormir, épuisée de vent et d'écriture. Ma santé se rétablit. C'est beaucoup. Mais combien tu me soucies. Oui j'aime TOI et je

---

1. Jean-Paul Le Chanois, (1909-1985), réalisateur de films, partagea la vie de Silvia pendant plusieurs années, avant qu'elle rencontre Pierre. Pour elle, il devint metteur en scène de théâtre et la dirigea dans *Phèdre*. Après leur séparation, ils conservèrent d'excellentes relations. Jean-Paul Le Chanois se remaria.

ferai de mon mieux pour t'imposer à toi-même de lutter pour ton bonheur contre les bêtes entraves où tu te laisses ligoter. Ton excès de travail et tes relations « mondainement professionnelles » suffiraient pourtant sans qu'on t'accable encore de niaiseries.

O cœur lutte pour toi-même. Je crois en toi. Tu es le meilleur, le plus grand ; le plus humble. Fais-toi triompher !

Je t'embrasse doucement. Que puis-je dire d'autre, dis-moi ?
S

Oui cœur, mon cœur je pleure de te savoir malheureux et d'être ici, impuissante à te consoler.

Ne t'inflige pas, en plus, une chasteté qui ne sert à personne, à rien. O sois heureux. Vrai, ce soir, c'est tout ce que je souhaite. O cœur, voilà que je pleure.

Sois heureux je t'en conjure, cela seul compte. Et, d'une certaine manière, cela me comblera. Être comblée EN TOI, c'est déjà beaucoup.

**Aix-en-Provence, 1ᵉʳ septembre 1965, 19 h 30,
adressée au Cap Ferrat.**
dimanche, 0 h 35

Chéri, je reviens du dîner avec le directeur du centre d'Aix. Il m'a bien traitée. Il m'a fait visiter le futur théâtre qu'il construit dans une ancienne remise de coches, ce sera très très beau. J'ai bu, mangé, parlé. Parlé et écouté beaucoup
   parce que ma peau m'était arrachée du corps
   parce que je savais que tu ne serais pas là au retour
   ni demain
   ni après-demain
   parce que je savais que je n'aurais pas ton bras qui me couperait douloureusement la nuque comme cette nuit
   ni ton corps amical, familier, retrouvé dès la piscine seconde
   ton corps à moi
   dont je peux faire et défaire chaque mouvement au gré des nôtres
   ton corps mien-tien
   ou tien-mien

ni les larmes de tes yeux
tandis que ta bouche se tord en un désespoir désespérément enfantin
ni tes paroles qui ne sont rien d'autre que celles que je veux entendre à toute heure
oui, ma peau m'était arrachée, mon sang vidé
une atroce angoisse de tout l'être
la sensation d'une injustice inimaginable
et dont j'étais l'inimaginée victime.
ô cœur, je te sens, je te vois, je t'aime
aime-moi
S
ou dis-moi qu'il ne faut plus t'aimer !

Aix-en-Provence, 1er septembre 1965, 19 h 30, adressée au Cap Ferrat.
mardi nuit

O amour, comme en 36 heures nous avons rechargé nos batteries. Nous voici avec mille complicités nouvelles.

Je vais rentrer à Paris dans une maison que tu ne hantes pas, je vais rentrer travailler beaucoup, me donner du mal tandis que tu poursuis, aussi, ta vie et ton travail.

Peut-être (je ne sais) te laisserai-je sans nouvelle quotidienne car il se peut que mon quotidien ne puisse s'épancher en toi.

Tu as toujours fait ce que tu as pu, de toute ta candide bonne volonté et c'est pourquoi je t'aime. Bon an mal an je fus heureuse de toi comme on rêve de l'être. Tu as exalté en moi le meilleur et c'est pourquoi je t'aime. Il fait froid, c'est l'hiver déjà, c'est Paris déjà et que ton épaule était douce à ma tête !

Je t'ai dit, récemment, que l'impudeur de tes proches me gênait. Puisse-t'elle, un jour, te gêner à ton tour. Alors seulement tu auras acquis ta peau d'homme, cette grotte personnelle où tu seras enfin chez toi. Si tu y parviens un jour mon passage dans ta vie aura été bénéfique au delà du bonheur que nous nous sommes donné.

Cette quarantaine à laquelle je m'étais astreinte en venant ici, oserai-je te dire sans te faire de mal que j'espérais qu'elle déboucherait sur nous ? Oui, c'était mon espoir au delà de toute fatigue. Mais sois sans regret : mon passage ici fut heureux, mieux : fructueux, j'y ai écrit les meilleures pages.

Continue à bien travailler, cœur, à faire de toute chose à ta portée le meilleur usage possible.

Et crois à mon indéfectible présence lorsqu'elle te sera nécessaire
j'embrasse ton cœur.
S
je pense à cette devise d'Apollinaire
« TOUT TERRIBLEMENT »
j'aurais pu la faire mienne

Orly aérogare, ? septembre 1965, adressée au Cap Ferrat.
9 h 30

Le temps est gris, froid, nous ne nous endormirons pas sur nos routes séparées.

J'ai ton corps tout au long de moi, là, là, partout. Et je fais l'amour avec ta cheville, et je fais l'amour avec ta joue, et je fais l'amour avec ta fesse contre mon ventre.

Oui, je t'aime inéluctablement, et les 2 morceaux de moi réunis – le reste en moi n'est que poussière
je t'embrasse l'épaule si chérie de mes rêves
S

Paris, rue des Abbesses, 9 septembre 1965, 16 h 15, adressée au Cap Ferrat.

Cette pièce – ô cette pièce de T. Williams [1], reprise avec de nouveaux interprètes, approfondie de nouveau, et qui

---

1. *Soudain l'été dernier.*

provoque des comparaisons vivantes. ô cette pièce me procure actuellement un grand malaise. Que les poètes sont violents en leurs effets (ô cher cœur qui découvre Rimbaud, et les autres, comme je suis contente de cela) « comme la vie est lente – et comme l'espérance est violente ! » dit un poète.

Cette pièce m'est pénible. Je regrette de l'avoir reprise. Elle brouille ton image.

Travaille bien dans ton beau soleil. Pour moi je fuirai terminer mon roman fin septembre – au soleil.

Ou je voyagerai un peu peut-être. Je te dirai.

Je t'embrasse, et te souhaite la joie.

S

Le soleil n'est guère vif. Moi non plus. Hier soir, première sortie mondano-théâtrale : une générale de Vitaly où je fus avec Danet ! puis dîner chez Lipp

La pièce de Vitaly est une œuvre flamande sur le Greco.[1] Scolaire et assez envoûtante. Reçue avec des grimaces : ils ont peur qu'on la leur fasse sur Greco !

Le ciel se couvre – je ne sais plus un mot de Williams, mais Netter va venir...

Je t'embrasse

S

Je t'écris avec le stylo 4 couleurs oublié par mon menuisier !

Saint-Quay-Portrieux (Côtes du Nord), cachet illisible.

Mon chéri,

Bientôt je vais être à Paris (avec ce que cela comporte de chocs, le deuxième jeu d'épreuves qui m'attend, le retour, l'imprévu, l'imprévisible...) et au bout de cette longue route ce

---

1. *El Greco* de Luc Vilsen, fut créé au Théâtre du Vieux-Colombier, dans une adaptation de Jean Laugier. La mise en scène était de Georges Vitaly. Danielle Netter était son assistante.

n'est pas encore toi que je retrouverai. Fausse (ou vraie) vie de moi qu'il me faudra réendosser avant de te retrouver toi avec ton visage, tes espoirs, tes sourires qui, dans l'absolu semblent être part absolue des miens. Oui ce retour m'effraie. Ce gros manteau de Danet laissé soudain sur la route, ces deux rôles, ressort de mon existence, abandonnés ou plutôt m'abandonnant. Et cette Capitale, ma ville, à accepter.

Peut-être est-ce cette chambre froide d'où je t'écris à l'heure <u>sans toi</u> qui me glace à l'avance les os. Et si l'eau, chaque jour, de la mer, est une vue supportable, l'air frais du rivage l'est moins. Aujourd'hui j'ai senti l'automne cœur de mon cœur qui se désole après une ombre. O cœur te dirai-je j'aimais mon émotion lorsque je te vois seul, et volontairement, et désespérément seul en appelant l'amour. Comme nous sommes loin, et pourtant je disais qu'il me serait impossible de vivre, je crois, si l'on me supprimait le quotidien récit de ton existence. Pourrais-je supporter de ne pas savoir si tu es fatigué, surmené ou simplement heureux d'exercer ton métier ? Vrai, je ne le crois pas.

Cœur, mon cœur, il est certain que nous nous verrons bientôt, et ce moment me semble tantôt l'unique but vers lequel je tends, et tantôt une minute d'extase durant laquelle nous nous croiserons : Peut-être l'homme est-il essentiellement solitaire et peut-être est-ce miracle, déjà, que deux solitudes si rivées l'une à l'autre qu'elle peuvent envisager de devenir fusion à la première occasion.

Quoi qu'il en soit je t'aime.
je t'aime, Pierre
S

Paris, rue du Louvre, 9 décembre 1965, 17 h 45, adressée à Courchevel.

O je suis bien désemparée, mon cœur. La vie sans toi, j'en cherche le sens. Et je ne le trouve, sais-tu, qu'en pensant que nos vies séparées ne sont pas vies solitaires.

Mais d'abord il faut franchir cette petite barrière de l'évidente séparation. Des mains qui ne peuvent se toucher, des regards qui ne peuvent s'accrocher, des marches qui montent montent vers une maison vide.

Oui, c'est ma première rentrée.

En partant, j'ai « touché » ta première lettre – ô cœur, tu dis vrai : ce soir tu jouais la Putain et moi je montais vers Courchevel dans ta neige et vers la découverte de ta maison.

Est-ce l'amour dis-moi qui, à cette heure, vide mes veines ? est-ce l'amour qui y a fait reculer du sang rouge dès la minute où tu as sonné à la rue de Civry dont tu ne voulais pas franchir le seuil (par crainte peut-être qui sait du jour où tu devrais quitter la maison – peur sacrée qui nous fait verser des larmes à l'instant même où nous attaquons le bonheur – O mon manteau étendu à l'aube sur les marches en pleurs. O vision d'enfer. O je t'aime. Il est tard. Je vais tenter d'aller dormir. Sans toi. Mesures-tu bien ce que cela représente ?

Paris, rue Saint-Romain, 10 décembre 1965, 17 h 45, adressée à Courchevel.

Amour chéri, cette nuit fut instructrice : j'ai rencontré Mme Baur[1] chez Lipp ! J'y allais manger – seule – elle y était avec son amant. Ils m'ont appelée à leur table et j'ai parlé d'*Électre*. Elle veut *Électre*, elle admire *Électre*. Et j'ai découvert mille petits mensonges de Danet – quelle tristesse.

J'avais faim. Ce soir, il y avait eu J.-J. Gautier[2] (eh oui) et Sandier[3] de *Arts* (l'homme qui écrit que je le fascine (*Les Ennemis*). Ce dernier est venu me voir pour me dire que j'étais

---

1. Rika Radifé Baur, veuve de l'acteur Harry Baur, directrice du Théâtre des Mathurins. Décédée.
2. Jean-Jacques Gautier, (1908-1986), critique dramatique du *Figaro*, dont les jugements furent pendant de nombreuses années redoutés par tous les acteurs, metteurs en scène, auteurs et directeurs de théâtre.
3. Gilles Sandier, (1924-1982) critique dramatique.

sublime dans *la Putain*. Lui dont j'aurais juré qu'il aimait Williams ! Les critiques sont des paradoxes de basse-cour.

Et sur Poirot [1], j'en ai appris ! Ionesco dit de lui « comment peut-on lui reprocher de mal juger, alors que c'est simplement un garçon sans jugement ».

Il passe pour un Don Juan ! [...]

O cœur, tous ces potins, que j'aimerais te raconter yeux d'huître dans yeux d'huître.

Je crois que je vais bien dormir (ayant bu et mangé aux frais de Madame Mathurins. Et puis j'ai si peu dormi.

O je t'aime. J'ai parlé de toi. Je vais dormir avec toi-moi.

A demain

S

vendredi matin

Fréquents réveils cette nuit. Je cherchais tes membres. Ce matin, activité énorme sur *Électre* (distribution, convocation de la décoratrice, etc.) Puisque tu VEUX *Électre*

O cœur. Vent et pluie.

Par la radio j'apprends qu'il y a des avalanches partout.

Prends bien garde à moi-toi.

je t'aime

S

Paris, gare Saint-Lazare, 12 décembre 1965, 16 h, adressée à Courchevel.

Amour, mon amour, j'essaie encore de t'appeler – toujours en vain. As-tu déjà quitté Courchevel ?

---

1. Bertrand Poirot-Delpech, romancier et critique dramatique. Académicien.

Hier, ma décoratrice[1] m'a apporté des suggestions pour le décor d'*Électre* – excellentes !

Et puis la soirée fut bonne, bourrée d'étudiants (malgré les discours Mitterand-De Gaulle !) Et puis, et puis... et puis ce matin je me suis réveillée en te cherchant

Et je ne t'ai pas entendu, et je repars pour le théâtre.

Vite, vite, que soit renoué le grand fil.

je ne sais plus où tu es, ce que tu fais

je t'embrasse

S

Paris, rue Littré, 13 décembre 1965, 18 h, aux bons soins de monsieur FAVARCA, directeur de la station, Val-d'Isère.
dimanche nuit

Cher chéri, épuisée, anéantie par les 2 représentations – il y avait du monde – et, entretemps, répétition avec nouveau noir[2], plus la lecture à haute voix de la moitié d'*Électre* pour Claude Génia (qui, à la fin de la lecture, m'a accordé son concours.)

Ce sera une merveilleuse Clytemnestre et, de plus, elle est maîtresse de Lazareff et directrice de l'Édouard VII. J'ai annoncé ma victoire à Danet et à madame Baur qui, aussitôt m'ont dit : « bon, alors, il faut lui demander 1 photo dans *France-Soir*. » Ce réflexe, trop rapide, m'a dégoûtée.

Dégoût, dégoût profond aussi pour cette curée contre de Gaulle. Il n'est point une personne qui n'accuse actuellement son régime des maux de dents qu'il a connu depuis 7 ans.

Mais va, ne m'écoute pas trop. Cela vient d'un peu de fatigue, et d'une cruelle séparation de toi.

O mes éveils, cœur ! Sans doute qu'au dernier moment j'attends ton corps, et ces dernières minutes de nuit doivent être

---

1. La comédienne et décoratrice Odile Mallet, qui fit un magnifique dispositif scénique.
2. Interprète du rôle du noir dans *La putain respectueuse*.

terrain d'érotisme. Toujours est-il que, depuis 3 matins, je m'éveille après avoir rêvé que tu faisais l'amour à une autre. Parfois sous mes yeux. Parfois par récit.

Alors je me retourne, j'empoigne petit oreiller bis, je le frotte contre mes seins, et je m'agite m'agite, m'agite – jusqu'à brûlure. Et tu viens… et toutes mes boucles se contractent, se mouillent, se détendent, se crispent de nouveau. Et je me lève d'un bond et parcours l'appartement.

Voilà le rite.

Pauvre cher amour que j'aime

S

Paris, rue Cler, 14 décembre 1965, 17 h 45, monsieur FAVARCA, (pour remettre, s'il vous plaît à monsieur P. Gruneberg) Val-d'Isère.
lundi nuit

Amour, amour, je viens d'aller voir à l'Œuvre, *le Repos du 7ᵉ jour* (œuvre de jeunesse de Claudel, théologique et informe, on pense à dormir (ce que j'ai fait), Ledoux, Casarès, Jandeline, Aminel[1], quel gâchis ! Nous étions 10 (dont 8 non payants) Et un plateau de TNP de luxe !

J'ai longuement parlé de toi avec Marthe[2], de notre vie – elle a conclu que ce n'en était pas une et que nous aimant comme nous nous aimons (!) nous devrions trouver une solution. Car il paraît que nous nous aimons, vois-tu. O cœur, je n'ai pas envie de plaisanter, j'ai peur. Dis-moi que tu respires et que tu es heureux. (Comment peut-on, si l'on aime, dire « je la préférerais morte qu'à un autre ». O cœur, cœur je te préfèrerais à mille autres plutôt que blessé.

je t'aime

S

---

1. Fernand Ledoux (1897-1993), Maria Casarès (1922-1996), Jandeline (Aline Jeannerot,1911-1998), comédienne, femme du comédien Jean Mercure (1909-1998), Georges Aminel, comédiens à l'indiscutable talent.
2. Probablement femme de ménage.

Paris, rue La Boétie, 16 décembre 1965, 17 h 45, adressée à Courchevel.
mercredi nuit

j'étais bien lasse, Danet me tourmente. Avec le praticable d'*Électre*, accordé, repris, repromis – et Michaud[1] qui ne sera sans doute pas libre. Et Danet qui a fini par comprendre ton départ, et qui s'exaspère. (En scène[2] il devient si violent que je suis obligée de tenir serré mon peignoir rouge – parfois en vain !)

Je suis bien seule, mon cœur, avec ma pauvre hauteur de Don Quichotte femelle, et ma lutte contre les moulins à vent.

Je me réveille avec des tourments d'Électre même après que mon corps se soit assoupi de t'avoir trop longtemps désiré. Ta main, ta confiance, ô que cela me manque ! Et pourtant je les sais là à toute heure. Je t'aime.

S[3]

---

1. Jean Michaud, qui joua le rôle du Pédagogue dans *Électre*.
2. Jean Danet jouait le rôle du sénateur dans *La putain respectueuse*.
3. Coupure de journal jointe : ARTS. *Je n'avais point vu en son temps le spectacle des Mathurins. Mais il n'est pas trop tard pour dire le plaisir que j'ai pris à « La Putain respectueuse »...* Et Sylvia Montfort donne à la putain une justesse insolite : le mélange, dans le jeu de cette femme d'intelligence ardente, de sensualité et d'instinct animal, me comble toujours, sans compter sa beauté dure, et dense, qui aide la pièce à trouver sa vraie dureté ; la réplique que lui donne Jean Danet *(qui joue l'Américain, le Blanc, le « salaud ») et le rythme brutal qu'il a donné à la mise en scène, tout cela est excellent. Quant à la pièce de Tennessee Williams, « Soudain l'été dernier », cette version pédérastique du mythe d'Orphée déchiré par les Bacchantes (ici de jeunes voyous affamés), malgré sa fausseté « littéraire », son lyrisme factice, n'est pas sans charme et on le laisse emmener. J'aimais mieux le film de Mankiewicz, qui gommait la mièvrerie fin de siècle, mais Jeannine Crispin (la mère dévoratrice du poète trop raffiné), nous conduit à la trique, et* Sylvia Montfort met sur la scène un certain mystère poétique, qu'elle semble abdiquer avec un plaisir sadique (qui est aussi le nôtre), après l'entracte, quand elle joue la putain.

**Paris, rue du Louvre, 19 décembre 1965, 18 h,
adressée à Courchevel.**
vendredi nuit

Chéri, chéri, chéri, je rentre et, sous la porte une lettre de toi... je t'aime.

Cette après-midi j'ai fait travailler Claude Génia (elle sera merveilleuse [1], et je l'aime de cette honteuse exploitation que Danet en voulait faire – dire qu'elle ne saura jamais que je me suis battue pour elle, en Don Quichotte !)

Au reste, je n'ai pas encore pardonné à Danet ce réflexe si vil. Il ne sait que faire pour rentrer en grâce.

Grâce, grâce grâce je te voudrais là. Là. À côté. Toi aussi tu dis « merde, je vais aller au lit sans toi ! » O oui, merde. Et je retarde, retarde cet instant. Et c'est bête puisque le matin non plus je ne dors pas, te cherchant sans fin dans mon réveil.

Oui je suis sûre que tout le monde est fier de toi. Tu es si bon, si inspiré, si joyeux d'être toi. O cœur. Mais nous vaincrons. Par la joie.

Paris, rue Littré, 29 décembre 1965, 13 h, adressée à Courchevel.

Hier soir, mardi, salle comble ! ? Et tu me dis qu'*Elle* a dit du bien – c'est peut-être la raison – car ce n'étaient ni groupes ni étudiants. Des bons payants.

J'ai vu mon médecin hier – lui toujours docteur tant-mieux, m'a trouvée pâle, pâle. Il me fait faire des analyses, et me donne des fortifiants, en attendant. Il m'a demandé si je mangeais

---

1. Elle le fut. Dans *Électre* de Sophocle, mise en scène par Silvia, dans la poétique adaptation de Maurice Clavel et Antoine Tubeuf, le décor était d'Odile Mallet et les costumes de Léon Gischia. Danielle Netter était assistante à la mise en scène et jouait dans le chœur. Nous avons eu 4 Clytemnestre, selon les salles et les dates : Claude Génia, Hélène Duc, Odile Mallet et Claude Nollier.

assez, et je me suis aperçue qu'en effet je ne mangeais plus assez, n'ayant pas de quoi aller 2 fois par jour dans un restaurant à chateaubriand. Du coup Danet m'a emmenée aux Halles en manger 1. Et je suis rentrée épuisée. J'ai failli me coucher sans me laver. O cœur seul le lit vide m'a retenue au bord de cette dégradation. J'ai encore préféré aller au lavabo que d'entrer dans cette imposture qu'est cet immense pavé de solitude. Puis, couchée, je me suis mise à pousser des petits cris de détresse.

(l'autre nuit j'ai relu Romanet, ivre de solitude – et chaque chapitre me rappelait une époque précise de nous. Quel bon truc. J'en userai plus souvent. Il est bon que ce roman se soit étiré sur des mois et des mois de notre vie)

je pars pour « *le Prestige du Théâtre* » (t'ai-je dit qu'il est maintenu, et peut-être à cause de moi ?)

je te quitte étant en retard. Mais surtout, ô cœur, est-ce crédible ? surtout parce que mon bras est soudain fatigué par l'écriture de ces quelques pages, et que cela me fait mal jusqu'à la tête, et me donne même une certaine nausée.

je t'aime, cœur, cœur, cœur, le seul être au monde que j'aime et que j'aie sans doute jamais aimé – tel que tu es – toi
S

1966

Paris, rue Singer, 1ᵉʳ janvier 1966, 12 h, adressée à Courchevel.

Demain, à cette heure-ci ce sera 66
66 sans toi
    Cœur, c'est en 66 que tu recevras cette lettre. O que j'aurais aimé, aimé, t'embrasser entre 65 et 66.

Eh bien, je t'embrasse, t'embrasse, t'embrasse.

Où que tu sois, demain, à minuit, j'y serai avec toi comme à toute autre heure. Je t'aime.
S

31 au matin
Chaque fois je vois cette année se dérouler mon épaule contre la tienne, ma main sur ta poitrine, mes yeux tournés vers toi. Oui, ce sera notre année, qui enjambera la troisième pour se couler sur la quatrième, nouvel an de grâce et de certitude. Je t'aime
S

Paris, rue Singer, 3 janvier 1966, adressée à Courchevel.
dimanche

O te souviens-tu, cœur, ô te souviens-tu

qu'après Alarica [1]
l'opinion publique m'était si favorable
que j'ai dit :
eh bien voilà, j'arrête là.
Pourquoi ne le ferais-je pas après *Électre* ? hein, pourquoi ?
O je te veux
S

**Paris, rue La Boétie, 7 janvier 1966, 17 h 45,
adressée à Courchevel.**
mercredi nuit

Amour chéri, bien que je sois rentrée tout droit, il est tard. Le spectacle se termine tard. Et puis les gens, et puis le garage, et puis l'escalier, et puis la porte.

j'ai pris aujourd'hui une très grande décision : je change Oreste. Je reprends celui d'Annecy. Les Mathurins, c'est presque la Télévision, la foi profonde, seule, passe. Et l'Oreste que tu as vu devient pédérastique... bref, bref, bref, les tourments, les responsabilités, à porter seule contre tous. Mais c'est ton *Électre*. Et j'ai dans l'oreille ta voix : « je n'ai rien vu de plus beau au monde »...

tu étais en bas de la roulotte, après *Électre*. O cœur, âme, vie. Je voudrais être rivée à nous. Quand je suis séparée de toi c'est la moitié de mon sang, c'est la moitié de mon cœur et de mon cerveau. Je suis amputée (même lorsque je ne m'en rends pas un compte précis). C'est étrange : jamais je n'ai si bien accepté l'idée de notre obligatoire et provisoire séparation, et jamais je n'en ai si profondément souffert.

je t'aime.
S

---

1. Personnage principal de la pièce *Le mal court* de Jacques Audiberti, créée par Suzanne Flon et reprise par Silvia, chaque fois dans une mise en scène de Georges Vitaly.

**Paris, rue La Boétie, 8 janvier 1966, 17 h 45,
adressée à Courchevel.**

Répétition (sans déjeuner) et, pour la 1ᵉ fois j'ai cru possible Électre aux Mathurins. Mieux, je suis montée sur le plateau jouer mon propre rôle, ce que je n'avais pas encore osé – tant ce théâtre se refusait à Électre.

Maintenant j'ai <u>confiance</u>

A 5 heures est arrivé un journaliste du *Figaro littéraire* et un photographe.

Ils sont restés jusqu'à 7 heures – subjugués.

Le journaliste a même vu le spectacle le soir, dans une salle vide. Puis Danet navrant d'apathie après ce spectacle (très bien écouté) mais désert.

Le journaliste lui a dit : cela devrait vous réjouir, puisque vous avez choisi un <u>autre</u> théâtre.

Petit petit Danet.

Et me revoici, seule avec toi, confiante en <u>ton</u> *Électre*. Défatiguée soudain, comme par miracle.

Et puis j'imagine ton beau temps, ta neige déserte comme ton Mathurin, et sur laquelle nous glisserons.

Mon cœur je t'aime, et vais au lit la conscience paisible... jusqu'à demain

ô oui je t'aime

S

**Paris, rue La Boétie, 12 janvier 1966, 19 h 30,
adressée à Courchevel.**
mercredi matin

mon ange mon âme

Docteur sort de chez moi. Il est très mécontent des analyses, et voulait me donner pour ordonnance : « Arrêt total du travail ». C'est une chose étrange que de ne pouvoir obéir à une si douce obligation : partir vers toi, partir à toi. Hélas, *Électre* commence lundi.

Je vais prendre tous mes médicaments pour arriver en pleine santé à Courchevel.

Il fait beau sur la neige et je t'aime
S

**Paris, Saint-Romain, 14 janvier 1966, 17 h 45,
adressée à Courchevel.**

Le croiras-tu, cher cœur, est-ce crédible ? peut-on le croire ?

Ce matin, Danet m'appelait pour me dire que Mme Baur voulait arrêter *Électre* dès la générale !

J'ignore leurs étranges relations faites de flagorneries et d'épate mutuelle – tout ce que je sais c'est qu'elle est devenue hargneuse, grossière, inimaginable, et que Danet, pour *Électre*, ne lui avait fait signer aucun papier ! L'amateurisme.

Allez donc travailler dans ces conditions là. Alors que mon sang est pourri, que mes nerfs sont fatigués, que ma solitude est atroce – et qu'il y a des minutes où, regardant et écoutant *Électre* je me dis que c'est privilège que d'être spectateur d'une telle œuvre ! Alors...

Quelle misère que le genre humain lorsqu'il se comporte misérablement.

Je rêve de tes sommets, des nôtres, de toi mon amour. Mon refuge, ma neige, mon intouchable-intouchant

Je t'aime. Je travaille. On verra bien. O je t'aime
S

**Paris, rue Singer, 25 janvier 1966, 12 h,
adressée à Courchevel.**

Je suis épuisée.

Hier samedi, la matinée fut superbe. Bien mieux que le lundi où tu l'as vue. Surtout moi. O que n'était-ce la Générale ! Depuis, je n'ai plus de force. Mais demain soir, j'en aurai.

J'ai joué toute la journée piano-pianissimo (la voix fatiguée) – j'ai doublé ma ration de vitamine B dans le derrière. On verra bien.

Et puis j'ai parlé 1/2 heure avec Danet. Il est tout à fait d'accord : à moins d'un succès exceptionnel nous arrêterons bientôt les 2 spectacles. Se crever ne sert plus à rien. Pour qui ? pour 50 bourgeois qui viennent voir mes seins. Pourquoi ? pour ne rien gagner. Nous aurons présenté 2 spectacles à Paris – mission terminée.

Et tandis qu'il partira pour sa mer, je partirai pour mon tout.

je t'aime et je vais dormir
S

Paris, rue Singer, 26 janvier 1966, adressée à Courchevel.

Cœur de ma vie, j'ai vécu l'apocalypse, la fin d'un monde

j'ai touché du talon le fond de la détresse humaine, comment te dire ? je n'ai pas même pu t'appeler cette nuit !

générale ! une salle comble. Mais aussi le second balcon loué à ce club de théâtre qui méprise les Tréteaux et qui fut recruté par des vaudevilles. Mal placés, payants, assis sur des marches en râlant

bref dès le premier chœur en chœur ils ont chahuté.

Sur la scène, merveilleuse réaction, une représentation sublime, mais dans la salle, non pas le silence sacré que requiert une grande œuvre. Et encore ! ils entendaient, paraît-il moins que nous le chahut du balcon. Et j'avais <u>défendu</u> de faire venir ce club, et la sorcière des Mathurins l'a fait pour quoi, pour 30.000 f peut-être... et encore.

O cœur, sais-tu ce que peut être ma joie brisée, mon jouet entre des mains impies, ma détresse totale, ma tendresse infinie pour les 3 femmes qui se sont battues comme des lionnes.

Après la représentation <u>ils</u> sont venus. Pleins de condoléances et d'admiration vraie. Je les ai chassés. Je suis restée debout, dans ma loge, prête à tuer la sorcière. Puis j'ai fini par partir, la voiture emplie de fleurs portées par mon habilleuse charmante et Netter[1], et G. Chateau[2], et Gisèle Boyer[3] – Danet parlait bêtement. Et je suis partie toute seule. Et je souhaitais que la terre s'ouvre.

Et Clavel[4] m'a appelée pour me dire que Dutourd[5] aimait. Puis on a sonné à ma porte. Danielle avait raccompagné G. Chateau qui lui avait recommandé de ne pas me laisser seule. Et nous avons parlé 2 heures, et j'ai radoté, radoté, et elle m'a écoutée. Et au matin j'ai reçu un pneu bouleversant de Thomas[6]. Et la critique de Dutourd est bonne. Et celle de Poirot aussi bête que prévue. Parlant des rires et disant que Sophocle les justifiait !

Et puis j'ai fait de la radio tout le jour. Et me revoici, à la maison, ne sachant pas encore si j'irai jouer ce soir – pour la punir et par épuisement.

O j'irai, va.

Peut-être est-ce contre Danet – complice de Mme Baur je le sais (lui pour 15.000 f) et par bêtise, que je suis le plus triste, lui qui m'aime et qui n'a même pas su qu'il ne fallait hier me laisser seule !

Gilbert Chateau a demandé à Danielle[7] si tu étais à Paris, et c'est alors qu'il lui a conseillé de venir me voir.

O cœur, cœur. Et j'ai ta lettre, me disant que tu penseras à moi. O j'ai bien joué. Crois-moi. Mieux que jamais. Mais c'est trop bête. Car les cons auraient été sans argument sans ces rires de yéyé (car à la fin les mêmes battaient des mains comme au TNP)

O cœur. Cœur. Mon cœur. Je t'aime
S

---

1. Danielle Netter.
2. Journaliste au *Progrès de Lyon*, assurant la critique dramatique depuis Paris, comédien amateur, passionné de théâtre, ami de Silvia Monfort et de Danielle Netter. Disparu peu après Silvia.
3. Épouse de Jean Danet.
4. Maurice Clavel.
5. Jean Dutourd, écrivain et critique.
6. Henri Thomas, écrivain et poète français (1912-1993).
7. Danielle Netter.

Paris, rue Singer, 27 janvier 1966 ? 1 h, adressée à Courchevel.

Le coup de la générale d'*Électre* m'a atteinte en plein cœur. Un poignard que la bêtise et la malveillance de Madame Baur m'a planté entre les omoplates. Je tiendrai bon encore quelque temps pour ne pas paraître capituler. Mais je suis si fatiguée, si fatiguée.

J'ai enregistré du Strindberg tout l'après-midi, puis je suis repassée par ici pour me souvenir mieux à mon aise de ton appel de ce matin. O ma chère voix. Peut-être, sans ta main, aurais-je quitté ce monde absurde, cette terre trop dure et trop molle tout ensemble. Une fois déjà, ô cœur, ta parole seule m'a tirée du désespoir. Après cela, ai-je besoin de te dire que je t'aime
je t'aime
S

Paris, rue du Louvre, 28 janvier 1966, 13 h 30, adressée à Courchevel.
jeudi

La vie continue. J'émerge. Je joue très bien tous les soirs, et cela m'aide. Danet fut, dans l'aventure, extrêmement bien. Venant, la nuit, accrocher sur ma porte des petits billets « tu es la plus grande ». Alors qu'il s'agissait d'un spectacle des Tréteaux il n'a pas eu le moindre cillement de regret ou de reproche. De sa part à lui c'est très bien. Car il est si faible, si enfantinement vaniteux. C'est vraiment bien.

Et puis il y a le travail à continuer. La femme du chœur à faire répéter, des radios, etc.

O mon immuable amour je t'aime

Paris, gare d'Austerlitz, 30 janvier 1966, 18 h, adressée à Courchevel.
samedi matin

Je me prépare pour la matinée d'*Électre*. Mon Électre. Cet enfant sur lequel des sorcières se sont penchées le 24 janvier

dimanche

Aimé. Si tu savais. Quelle réponse ! Quelle matinée. D'abord beaucoup de monde (payant) et puis un accueil durant la pièce et une émotion après, qui me resteront aussi doucement dans le corps que douloureusement le coup de couteau du 24.

J'ai pleuré au salut. Et je suis sortie en coulisses et suis tombée dans les bras (c'était Danet) et j'ai pleuré des minutes entières. Ces larmes qui se refusaient. Ces larmes que j'avais tant voulues depuis 8 jours – ô combien de fois me suis-je mise « en position de pleurer », ces larmes que la joie me donnait enfin ! Mais voilà que je pleure en t'écrivant. Puis tu télégrammes ! Puis Radio Bruxelles dans ma loge puis choisi une fille pour remplacer Tainsy[1]. Puis la faire répéter (car celle que j'avais en remplacement a lâché et les jours passent) Puis l'autre spectacle. Il paraît que j'ai eu un malaise pendant la *Putain*, qu'on a baissé le rideau. Je ne me souviens de rien de tel. O cœur, ce soir aussi je suis acclamée. Sais-tu que certains spectateurs de l'après-midi avaient attendu la soirée...

O cœur, nous savons à présent qu'il s'agissait d'une cabale... 3 ou 4 personnes placées là pour emboîter et qui ont cassé l'atmosphère. (Doublier le catholique, ou quelque autre ennemi des Tréteaux de Clavel ou de moi...)

Et je repensais que la cabale de *Phèdre* avait empêché Racine d'écrire pendant 20 ans. 20 ans. De 36 à 56 ans ! et je me disais que moi ils ne m'auraient pas !

Mon cœur, mon doux cœur, je repars jouer, lettre en poche. O je t'aime

---

[1]. Andrée Tainsy, comédienne, était déjà dans *Électre* à la création. Elle avait accepté de jouer à nouveau dans le chœur, mais avait dû quitter la pièce pour d'autres rôles.

**Paris, rue Cler, 31 janvier 1966, 19 h 30,
adressée à Courchevel.**
lundi matin

O cœur mon cœur, sous la porte, deux lettres de toi ! Pleines de la peine, et dépassées dis-tu. Sais-tu qu'elles m'ont fait pleurer de tendresse, avec la même explosion que j'eus samedi après le triomphe d'*Électre*. La joie, la joie, je ne sais pleurer que de joie.

Je suis exténuée. Hier soir je n'en pouvais plus. Le samedi est moins dur parce qu'*Électre* m'exalte. Mais ce long dimanche !

Vais-je aller dans les grands bois ? Netter m'empêche aujourd'hui de venir faire répéter le chœur : elle s'en charge. Il fait humide et doux. Je vais essayer d'aller une heure au bois, oui. Voilà lundi. Je serais allée à la Falaise si je n'avais demain la Télé d'*Électre* (tu verras cela dimanche prochain, avec interview de moi. Je vais travailler l'interview.)

O cœur, cœur, tout laisser tomber et venir contre toi. Allons courage.

Mais bientôt mon amour, bientôt
S

**Paris, place Victor Hugo, 2 février 1966, 18 h,
adressée à Courchevel.**

Mon cœur – quel bonheur, cœur. Pouvoir t'envoyer un article-écho de chaque représentation. Oui, c'est cela que j'entends de chaque spectateur chaque fois qu'on joue *Électre*. Mais les critiques (sauf ceux-là) ont refusé l'émotion qui éclate à chaque représentation. Et pourtant ceux-là aussi étaient à la générale. Mais il faut croire qu'ils ont pu s'abstraire de la cabale de ce soir-là.

Quel bonheur de te réchauffer mon cœur d'Électre.

O ma vie mienne qui recommence à couler dans mes veines. J'arrive. Je viens. Je t'aime. Je t'aime. Je t'aime.
S

**Paris, avenue de Wagram, 4 février 1966, 20 h,
adressée à Courchevel.**
jeudi nuit

Cœur aimé, ô ces lettres de toi, la nuit, en rentrant. Ivre de fatigue je me jette dessus comme sur une bouteille d'Hépar. Et tu me parles de neige, et d'air, et de bonheur de vivre, moi qui maintenant vis en bonheur d'attendre !

Le mois de février n'a que 28 jours. Sais-tu cela ?

Des étudiants de Soissons étaient venus en car voir *Électre*. Et cela m'a émue. Et puis j'ai fait répéter *Électre*. (pour remplacer A. Tainsy) et puis j'ai reçu un journaliste de *Combat* qui va faire un grand papier dans *Combat* – disant que c'était la plus belle vision théâtrale qu'on puisse imaginer...

Quelle histoire que cette *Électre* ! Avec cette cabale de la générale, puis ces ferveurs incessantes à chaque représentation. Quelle histoire. Mais je ne regrette pas (malgré la générale). C'est comme si l'on regrettait d'avoir vécu un amour parce qu'il vous blessa un jour jusqu'au tréfonds du cœur.

Je t'envoie un petit papier de *Aux Écoutes*, journal bête et méchant qui pourtant, là, met bas les armes. A qui se fier. [1]

---

1. Article de journal joint : *SILVIA MONFORT, tragédienne en cage*
Comme tous les grands fauves, elle se déchaîne, essaie de rugir, et, à bout de souffle, se roule par terre. Je l'observe, des coulisses des Mathurins, défaillante et transportée d'une noble fureur, je voudrais lui dire qu'elle ressemble à une lionne. Elle joue ÉLECTRE de Sophocle, mais, avec ses pommettes saillantes, son regard oblique, sa belle crinière en désordre, elle ressemble à un félin du désert.

Le jeune public de ce Jeudi classique est positivement terrorisé. La tragédie des Atrides devient un fait divers se déroulant dans une ménagerie !

Maurice Clavel, qui a adapté le grand auteur grec et a réduit le texte au minimum, n'a pas freiné l'exaltation de son interprète favorite, qui est devenue metteur en scène.

Donc, sur un escalier, où Claude Génia se dresse immobile et impressionnante, ce ne sont que variations vocales entre une ou deux notes, gémissements, cris de rage.

Ah mon cœur, lorsque nous parlerons de tous ces critiques en haut de la Loze, ils ressembleront tous à des asticots dans une poubelle.

Je t'aime mon constant amour... Regarde moi dimanche à 7 heures, page théâtrale. Je joue une scène et j'ai une interview. Regarde moi avec les yeux de l'amour, ce sont les seuls vrais.
S

Paris, gare d'Austerlitz, 6 février 1966, 18 h, adressée à Courchevel.
dimanche

Amour ma vie mon redoux

ô prends bien garde aux avalanches surtout mon doux redoux

sais-tu que le mois Mathurins s'arrête le 27 février (un dimanche). C'est pour *Électre* que nous allons jusque là, tant chaque représentation est une réponse fulgurante.

(Suite de la note n° 1, page 74.)

On ne peut résister à l'autorité d'une pareille pleureuse. Silvia Monfort est en état second ; elle a la foi des apôtres.

« C'est beau, la pauvreté ! » répétait-elle obstinément un jour, à une femme de lettres terrorisée, qui passait pour commanditer les pièces qu'elle faisait jouer. Quel luxe pourtant d'être, à notre époque, une tragédienne ! Infatigable, elle incarne souvent les reines martyres à la T.V., elle donne une résonance pathétique à la demi-folle de SOUDAIN L'ÉTÉ DERNIER de Tennessee Williams, qu'elle joue, chaque soir, aux Mathurins. Elle clame son indignation quand on veut, pour étouffer le scandale d'un assassinat, lui faire dire qu'il s'agit d'un suicide. Mme Monfort communique aussi sa brutalité à la P... RESPECTEUSE, qui termine le spectacle, et fait du pamphlet de Sartre un hymne de revendication.

Visionnaire, insoumise, elle ne badine pas avec la tragédie. Son cas lui vaut des fans : bien plus que certaines tragédiennes, dont le seul talent consiste... à faire partie de la Comédie-Française !

André RIVOLLET

Hier encore ! un metteur en scène grec (qui va m'amener I. Papas [1] l'héroïne du film) et qui pense que ma vision – ni transposée ni reconstituée – est la seule possible actuellement. A Athènes, il en voit 2 par an ! Et à Épidaure, donc !

Lemarchand était là, paraît-il. Mais ce n'est pas un redresseur de torts. J'aurai, je crains, juste droit à un P.S.

Et sais-tu que l'après-midi terminée, je refais répéter mon chœur. Puis c'est la soirée.

Cette nuit je vais partir pour la Falaise. Sinon Courchevel me saisirait à l'extrême. Tout à l'heure tu vas me voir. Moi, j'irai me voir chez les Danet. Pourvu, ô pourvu que ce soit convaincant et bon. Pourvu que cela TE plaise.

Je tenterai de t'appeler de la Falaise.

Je vais y emporter 2 énormes valises de papiers et manuscrits que J.-P.[2] a déposées au théâtre. Je les jetterai à la mer, je les brûlerai, je les classerai.

O mon cœur, j'arrive. Songe donc ! À peine plus de 15 jours. Est-ce crédible ? Je vais bientôt aller retenir ma couchette (tous risques ou touriste), car il faut que j'arrive en bonne forme, et hop ! sur mes skis. Ski de printemps. Non, je pense qu'il fera froid au contraire. Et ce sera mieux encore. Tout sera bien. Tout sera mieux. Les verts près de la moquette. La chambre, le lit, les draps… ô cœur.

Car ne crois pas que mon sexe soit éteint. Outre la fatigue, le désir me réveille. Aigu,

lancinant,

labourant.

Cœur, je danse, je danse, je danse

je t'aime

Paris, rue Singer, 16 février 1966, 12 h, adressée à Courchevel.

Cœur de mon cœur, je suis venue à la Falaise, mais mon téléphone est coupé par le vent !

---

1. Irène Papas, célèbre comédienne grecque.
2. Jean-Paul Le Chanois.

La falaise s'éboule (sauf la maison)
j'ai marché sur la plage, vers les grottes, rêvé, pensé,
déjà l'oxygène m'est moins insupportable que lundi dernier.
Tu vois, je me <u>prépare</u>
>   à nous.
> Nous.
> Toi.
> Ma vie.
>   S

Paris, place Victor Hugo, 17 février 1966, 18 h, adressée à Courchevel.

Mon âme, j'ai déjeuné avec un journaliste politique tellement épris d'*Électre* qu'il va tenter de le faire programmer au festival du Marais (très important). Nous avons parlé du théâtre – pour lui je suis LE théâtre depuis toujours. Et il m'a dit : « je ne pense pas qu'un homme qui vous aime puisse vous séparer de cela… si, les sots ». Et je pensais à toi, qui par un instinct aussi fort que l'amour n'a jamais pu envisager de me considérer <u>autre</u> (ô je t'aime)

Paris, rue Singer, 19 février 1966, 1 h, adressée à Courchevel.
vendredi

O ma douceur, ma tendresse, j'ai travaillé à la maison, et j'ai vu Marthe. Marthe m'a dit « vous mourez de son absence »… chère Marthe.
Dimanche approche. Et quel dimanche. Le dimanche 6 mars. Inexorablement. J'ai contrat suisse en poche. Sans lui je serais sûrement restée à Paris… Williams et Sartre marchent à fond, *Électre* aussi… ce contrat, maintenant, me permet de ne même plus pouvoir hésiter. O j'hésitais à peine. Mais les cris d'indignation de Mme Baur – ô la voilà, la vengeance – et les comédiens qui disent « c'est trop bête », et *Électre* en régulier… NON. <u>Pierre</u> en

régulier. Mon régulier. Mon amour. O oui tu es mon régulier. C'est ainsi que je te présenterai désormais. Tu es ma règle. Et je t'aime. Et je viens. Pour t'aimer. Ma règle d'or. Mon nombre d'or.

S

Cachet illisible, probablement 20 février 1966.

Nuit de samedi à dimanche. Sacrée journée, ma chère âme. Qui commença ce matin

avec des enregistrements de Guy de Maupassant. Pour Sipriot [1]. Tu te souviens ? Sipriot qui m'aimait tant et avec qui j'ai déjeuné (à ses frais). Les orages calmés, nous avons parlé d'amour. Et je lui ai (re)dit combien je t'aimais. Et cette fois il a accepté. Il m'a seulement dit « diable, pourquoi vous laisse-t-il ainsi ? à toute disposition ? » Alors je lui ai parlé de ta vocation, aussi inextricable que la mienne. Et il n'a pas été convaincu. Mais j'ai bien mangé.

Puis *Électre*. O cœur. *Électre* comble. Alors qu'il n'y a pas une affiche, et que c'est annoncé le jeudi et le lundi dans les journaux ! quelle histoire, cette *Électre*. À défier les pronostics, les critiques, le bon sens. Plein, tu comprends ? un samedi après-midi et sans avertissement. Plein de public. De public délirant. Ah dieux de ma race, vous aurez fait cela.

Et Tubeuf (co-traducteur avec Clavel) était venu de Strasbourg et après lui qui l'a vue tant de fois naguère m'a dit « c'est la première fois que je la vois ! »

Et ce soir j'ai joué aussi. Beaucoup de monde. Il paraît que Mme Baur crève de fureur. Jamais elle n'a vu tant de monde

ET JE PARS

Du coup, j'ai dit à Claude Génia (Clytemnestre) qui veut maintenant reprendre *Électre* à l'Édouard VII

NON JE PARS,

et je vais retrouver mon fiancé...

---

1. Pierre Sipriot, écrivain, essayiste, travaillait à la radio. Décédé.

O cœur, tant que je vivrai je ferai triompher cette *Électre* aussi indestructible que moi

O cœur. Ton *Électre*.

Puis je suis rentrée vite à la maison, et, sur la lancée de cette journée, j'ai achevé de poser les petits carreaux de la salle de bains. Elle est achevée. Pour peu de sous (j'en ai si peu en travaillant tant) Elle est belle. Et je viens à toi avant d'aller dormir. A toi je viens parce que tu es le seul bon pour moi, le seul fait pour moi, le seul que je veuille. Ils commencent à le croire, mieux, à le sentir.

Oui, je t'aime

**Paris, rue La Boétie, 26 février 1966, 17 h,
adressée à Courchevel.**

Mon Ange ! À croire que les Atrides sont sortis de leur tombe pour me persécuter.

Sais-tu qu'avec une salle comble nous avons failli ne pas jouer : pas de Pédagogue ! Michaud en Suisse, et l'autre déclarant ne plus être libre.

48 heures d'affres. Enfin Michaud revint de Suisse. Après mille appels avec le syndicat et la

radio suisses...

Il est dans le train.

Tandis que je t'écris de ma petite table nocturne.

Demain dernière d'*Électre* ! avec un directeur de la Télé. Peut-être... ? Peut être un jour *Électre* à la Télé.

Nous avons aussi vu Vitaly.[1] Car, sous le chapiteau, nous jouerons plus tard *Le Mal Court*...

---

1. Georges Vitaly, comédien et metteur en scène, dirigea d'abord le Théâtre de la Huchette. Il découvrit de nombreux auteurs contemporains, notamment Jacques Audiberti, dont il créa toutes les premières pièces. Il anima pendant plusieurs années le Festival des Nuits de Bourgogne et fut très longtemps directeur du Théâtre La Bruyère à Paris, puis de la Maison de la Culture de Nantes. De retour dans la capitale, mais sans théâtre, il fit de nombreuses mises en scène.

Plus tard. Plus tard. Plus tard, je viens, j'arrive, je suis en route...
S

Paris, rue Singer, 1ᵉʳ mars 1966, 1 h, adressée à Courchevel.
lundi

Amour – ô mon cœur, qu'il me faudrait de temps pour tout te dire, et le temps vient, il accourt, à pas de géant.
Cette nuit j'ai ramené tout ce qui restait encore dans ma loge, et les fauteuils, et la coquille. Netter a voulu venir. Et cela a duré longtemps. Et cela m'a rappelé la soirée de la générale d'*Électre* – où je n'avais même pas pu t'appeler, tant j'avais mal. Et je supportais Netter parce que je me disais que cette autre nuit là, peut-être sans elle je me serais tuée. O ce coup dans le ventre comme je n'en avais <u>jamais</u> connu. L'amour bafoué, trahi, vilipendé, la gigantesque injustice... ô cœur, et toi à qui je ne pouvais le dire, c'était cela le pire. Comment aurais-je pu t'expliquer ! Toi qui avais vu *Électre* et entendu les autres salles...
O c'est fini. Le bilan est positif. *Électre* a triomphé ! L'opinion publique la consacre. Nous la passerons à la Télévision et en quelques représentations elle m'a apporté plus de joie que les 150 de l'autre spectacle.

Paris, boulevard Haussmann, 18 avril 1966, 17 h 45, adressée à Courchevel.
lundi matin

O mon âme, je t'aime. Et si profondément que tu es tissé dans le meilleur de moi. Et si bonnement que je t'appelle mon ange. Et si visiblement que dans des lettres (qu'il a empêché de faire suivre) Le Chanois me dit : « Au moins je suis heureux que ce soit Pierre, qui est tant plein de qualités dont tu as besoin, et qui – par surcroît – est beau ! »

Mon bel amour gardé de Toussaint. O comme ta beauté est ailleurs.

J'ai dit à ta mère que tu l'attendais aussi avec impatience
Je t'aime
S

**Paris, rue Duc, 25 avril 1966, 17 h 45,
adressée à Courchevel.**
dimanche soir

Aujourd'hui petit lapin vert a juste été poster la lettre de Pousson

Le reste du temps il a travaillé. Il est abruti. Il a eu de bonnes idées. Le régisseur qui s'appelait Pommier (ce qui était mauvais à cause de Lernier et de Ravier) s'appelle Georges Pousson [1]. Et le roman s'appelle

    Les ânes rouges.

Superbe titre. Les 2 autres étaient mauvais.

Petit lapin vert a fait une grande découverte, il s'est aperçu que c'est le célibat qui tue. Le célibataire travaille sans cesse. Rien ne l'appelle au lit. Rien ne le distrait dans la journée. Rien ne le force à passer à table. Le célibataire use deux fois plus de vie.

Petit lapin vert a aussi raccourci des robes (au-dessus des genoux, n'ayant plus de rideau à se mettre sous l'aiguille).

Petit lapin vert va se coucher, abruti.

Petit lapin vert aimerait frotter son poil.

Cela ne le dérangerait pas du tout du tout.

**Paris, rue Duc, 26 avril 1966, 17 h 45,
adressée à Courchevel.**
mercredi soir

Cœur de mon cœur, centre de moi, je rentre après une longue répétition où je fus assez odieuse avec Vitaly – lâche devant

---

1. Personnages des *Ânes rouges*.

Danet, comme le chien devant le maître qui le nourrit – alors que j'estimais tant plus l'un que l'autre, fatiguée, énervée de son insuffisance relative à Audiberti. Quoi ! il a une nouvelle interprétation, ne devrait-il pas empoigner l'œuvre au lieu de relire ses vieilles notes avec difficulté ! O tout cela, mon cœur, pour te dire que je trouve ta lettre sur la table, à côté de romanet et que tu as retrouvé les ânes rouges – et copié, copié, et que je t'en aime, et que je te remercie d'être exactement comme je t'aime – moi l'exigeante, la difficile, qui dit, dans Alarica, quand sa gouvernante l'accuse d'avoir le cœur dur

« Dur ? Non, pur. Je veux qu'il soit pur »

et que tous les cœurs soient purs ! Et je n'en ai rencontré aucun, mon cœur, semblable au tien. Si tant profondément semblable à tout ce que je suis capable d'aimer. Et que j'aime.

Voilà

Je t'aime

S

1967

**Paris, rue Singer, 25 janvier 1967, 18 h,
adressée à Courchevel.**

J'ai été voir... Samy Frey [1].

C'est une belle pièce que la pièce de Pirandello que le problème de la comédienne. Je me demandais sans cesse ce que tu aurais ressenti en l'écoutant. Il conclut finalement (cela s'appelle *Se trouver*) en déclarant qu'on ne se trouve qu'à travers la création.

Samy Frey apporte un romantisme, une poésie <u>vrais</u> dans des passages précisément dangereux par l'emphase...

J'ai été dans les coulisses. Par dessus les autres têtes nous parlions de notre neige à nous. Il dit qu'il est trop épuisant pour lui d'y aller chaque semaine. Et cela m'a fait plaisir car parfois je me reproche de ne pas venir te voir pour 24 heures !

Je l'aurais fait demain (malgré des rendez-vous) mais les trains, mardi, s'arrêtent à minuit et je dois être à Nantes le lendemain.

J'ai même parlé de Mini-ski et Noiret [2] fut intéressé. Mais Samy et moi les craignons dangereux pour ses 120 kilos.

O cœur, quel instant de grâce que de parler de toi sans même te nommer.

---

1. Sami Frey, comédien.
2. Philippe Noiret, comédien.

Puis j'ai mangé un morceau avec Rochefort et Marielle [1]. Et me voici, de retour vers ton ombre si chère que parfois elle me comble un instant.

Adieu, je vais dormir (après un dernier coup d'œil sur mes papiers.)

Je t'aime
S

Paris, maison de l'ORTF, 21 février 1967, 16 h 15, adressée à Courchevel.
vendredi

Ma vertu, ma douceur, ma tendresse, ma force
mon bouclier et mon armure

Ce matin, le ciel est tout bleu, et les fenêtres ouvertes, et je range, classe, nettoie (Marthe est absente depuis 10 jours...)

Après l'harassante journée d'hier, dont je te griffonerai le récit cette nuit

je t'aime

je m'occupe des livres

<u>Sans</u> changer de manteau, je suis repartie chez Alexandre (très grand coiffeur pour coiffure Cassandre [2]) On m'y traînait, et je fus séduite. Je le consulterai pour Phèdre, etc. Un homme inspiré. La boutique, le chiqué, là n'est pas pour lui l'essentiel. Sympathie, quoi.

Puis on m'emmena chez Karinska [3] pour le costume (toujours sans avoir pris de bain) Ma robe sera belle.

Puis j'allai à la Télévision.

J'avais trouvé, au courrier, un mot de Michel Bernard m'invitant à un cocktail, ce soir, chez Bourgois [4]... Et là, là – à 8 heures

---

1. Jean Rochefort et Jean-Pierre Marielle, comédiens
2. Personnage interprété par Silvia dans *La guerre de Troie n'aura pas lieu* de Jean Giraudoux, réalisée à la télévision par Marcel Cravenne.
3. Célèbre costumière.
4. Michel Bernard, écrivain. Christian Bourgois, éditeur.

du soir, là, que de singes ! Et tant de singes (dont, le croiras-tu ?) Jean d'Ormesson, qui m'a dit : « J'ai lu votre livre, c'est votre meilleur de beaucoup. À qui l'avez-vous dédié ? » – « À Pierre » – « Quel Pierre ? » et j'ai parlé de toi longuement, puis tout à coup j'ai éclaté de rire : il te connaît !

Eh bien non, il ne t'a pas reconnu.

Alors ça !

En descendant les escaliers, en revanche, il m'a fait d'insensées déclarations auxquelles je répondais : « j'aime Pierre . »

Le jour où il réalisera, il sentira le sol de la piscine chavirer et les pistes de neige tournoyer.

O oui je t'aime
et je reviens à toi par ce papier
cœur dessiné
S
Tu es ma grandeur, ma force et mon allégeance

Paris, rue Duc, 3 mars 1967, 24 h, adressée à Courchevel.
pour le 5, et le 6 et 7, et 8...

Mon amour, mon chéri, bon anniversaire ; et pour l'année entière.

Je t'aime.

J'aurais volé à 300 à l'heure pour te voir un instant le 6. Hélas, le 6, je répète. De 5 à 8. Alors, je partirai demain après la répétition pour aller jeter un coup d'œil sur l'état de la maison [1].

Sans doute Papa [2] y sera (en famille) mais je dois voir hélas ! et prendre des décisions, hélas !

Et je ne pourrai donc pas t'appeler en cette nuit de ton anniversaire, le téléphone étant dans la chambre du bas.

---

1. La Falaise.
2. Jean-Paul Le Chanois.

Mais le samedi d'après, ce sera encore ton anniversaire, n'est-ce pas ? et celui-là nous le fêterons ron ron, à pied, en ski, en eau et en feu.

je t'aime. Je suis là.
S

Paris, rue Duc, 8 mars 1967, 24 h, adressée à Courchevel.

Cœur de mon cœur

Si tu savais les journées harassantes que je vis. Une coiffure qui m'arrache la tête, une robe qui me meurtrit mais l'image est belle et, petit à petit, une Cassandre naît, une Cassandre de télévision qui, telle un puzzle, devient un personnage.

Tout le monde, il est content de moi, et moi j'ai sauté l'obstacle d'une difficulté : donner corps à une fiction un peu littéraire.

Pourvu que mon premier paquet de jours de tournage s'achève vendredi soir, sans même aller à la projection en couleurs (la 1e) : pour l'instant on le voit en noir, je sauterai dans un train sans soleil, puisque le soleil m'est interdit.

Voilà pour moi.

Pour toi, je t'ai trouvé bien étranger au téléphone. Qu'y a-t-il ? S'il y a pour toi quelque inquiétude, pourquoi ne me parles-tu pas ? Et sinon, pourquoi me tourmenter ?

Vienne samedi
si j'y viens
je t'aime
S

**Paris, rue Dufour, 15 mars 1967, 16 h 15,
adressée à Courchevel.**

Harassante journée, mais la conférence s'est bien passée, et Danet est venu me présenter le metteur en scène de *Phèdre*[1] dont je suis très contente – Nous verrons...

---

1. Jean-Pierre Dougnac.

O cœur, j'ai atteint la limite extrême de la corde tendue
je viens demain
S
Le matin : grand soleil sur les tapis, les draps, sur le monde –
Pour que ton ciel ne soit pas gris, je donnerais le mien !

**Paris, rue des Abbesses, 7 avril 1967, 16 h 15,
adressée à Courchevel.**

Pour moi, charmante entrevue chez Julliard. (Ça y est, ils ont adopté LA RAÏA [1] – j'aime assez, et cela doit te faire plaisir)

On en tire 5 000 du premier coup – et nouveau tirage des Anes (malgré les retours). Tout cela est en marche. Et, aussi, ils vont s'occuper de la traduction anglaise, etc.

je t'aime
S

**Liège, 11 avril 1967, adressée à Courchevel,
papier et enveloppe Grand Hôtel Moderne, Liège.**
mardi

Aujourd'hui, travail de 9h à 19 heures. Bon travail. Et si plaisant dans ces studios tranquilles où tous et chacun sont charmants.

Et je pars entendre un concert de cythare – dans la salle où je créai Phèdre, il y a 7 ans ! [2]

Et je me réjouis de ton soleil, de ta neige, de ta vie.

Les roses vivent encore, là, sur ma table – malgré l'interminable voyage qu'elles durent subir.

Vivent les roses, ou meurent les roses. Il en poussera tant d'autres. Je t'aime
S

---

1. Julliard avait édité en 1959 le quatrième roman de Silvia, *Les mains pleines de doigts*. Il sera réédité sous le titre *La Raïa*.
2. Le théâtre de La Louvière où Silvia avait créé *Phèdre* en 1960.

**Paris, rue Saint-Romain, 18 avril 1967, 12 h,
adressée à Courchevel.**
Ce lundi

Moi *Phèdre* après-midi et soir. Ça commence. Et ça m'ennuie. J'ai envie de créer des pièces neuves. Les rétrospectives que me fait faire Danet commencent à me lasser, le Mal Court, Phèdre… Vite une création.

Toutefois je dois me battre les flancs pour la réussir. Je la réussirai, pour toi sur les gradins, n'est-ce pas ?

J'ai du mal à reprendre Paris. Je t'aime.

Je pars à l'aube pour des essayages de coiffure Phèdre. Adieu, cœur, Dieu est si proche. Dieu nous attend.

S

Lettre sans enveloppe ni date.

Je t'écrirai. Je t'écrirai sur tout ceci, sur tout cela – je penserai à nous, comme toujours et un peu autrement. Mais je sais qu'il n'y a rien que de bon dans la connaissance. A l'aveu de ta pensée et de ta connaissance. De toute manière, je ne suis jamais surprise par une découverte de toi, je te pressens, je te ressens, et même il m'arrive de te dépeindre non pas tel que je te sais, mais tel que tu es vraiment (et parfois je contrôle cela des années plus tard

(A moins qu'entre temps, justement, tu ne sois devenu ainsi… ?)

Je t'aime. Je t'aime parce que tu es pour moi tout ce qu'il y a de bon et que personne moi non plus me semble-t'il, ne m'a aimée moi. (Souviens-toi de la carte de Jean-Paul [1] que tu as découverte à propos du Sphynx et qui, après des années de vie commune, m'appelait une énigme !) Tu me connais et pourtant tu m'aimes. Et c'est cela sans doute qui me permet le mieux de vivre

S

---
1. Le Chanois.

**Paris, gare Saint-Lazare, 10 décembre 1967,
adressée à Courchevel.**
après Chartres

O cœur, mon cœur, il est si tard

Il y eut la signature, libraire cynique, grande boutique, investissant sans cesse, et jamais, cependant, préoccupé par le LIVRE.

libraire qui me dit : « Ah, si j'avais envoyé des invitations… mais cela coûte… »

Alors, 12 livres vendus. MAIS (bref) sursaut : « J'irai vous vendre, après la représentation »..

+ invitation à dîner + j'ai des remords (+ 25 livres, après la représentation)

puis : *Le Mal Court*

je l'ai bien joué.

Puis, 25 livres, âme, puis, Danet que je ramène à Paris –

O le pôvre.

Il a tout entendu

et a dit :

« Mais tu es les Tréteaux, mais tu n'as jamais compris : les Tréteaux sont à nous, mais, moi, moi, j'ai besoin de toi !

En gros : il ne nommera jamais un directeur au 2e (ou ce sera moi) il m'écoutera en tout, il compte sur Decaux [1], sur Thomas [2], sur MOI

Merde merde merde

Et puis je lui ai dit le ménisque. [3]

Attendrissement. Bouleversement.

« Ma » Silvia, (Il ignore que tu as quitté Paris, Dieu soit loué)

---

1. Alain Decaux, historien, écrivain, homme de radio et de télévision, devenu académicien.
2. Henri Thomas.
3. En 1961, en se rendant en voiture au Festival de Narbonne où elle devait jouer *Hélène*, Silvia eut un accident de voiture. Malgré ses deux genoux éclatés, elle joua le lendemain. Plusieurs années après, souffrant toujours, elle consentit à se faire opérer des ménisques dans une clinique de Pantin.

Soyez aux Halles :
« Envoie-moi ta sociologue ».
Retour à la maison
j'ai la nausée.
Où est la vérité ? où est l'art ? où est ce que JE vais faire ?
je n'en sais rien.
Je t'aime.
Il va être 5 heures, tant j'ai traîné.
Mais j'ai reçu ton télégramme
Et je t'aime.
Vite, vite, le penthotal de Pantin
avant le petit jour sans toi
Vite Courchevel qui me réveillera
   S

matin
j'ai très peu dormi.
N'importe, je vais si bientôt dormir.
je t'aime
   S

**Paris, rue Jean Richepin, 11 décembre 1967, 12 h,
adressée à Courchevel.**
dimanche

J'ai relu *La Mort de Pompée* (mais, là encore, je me demande QUI cela concerne, de nos jours, un grand Corneille qui n'est pas au programme scolaire.) Alors, toujours cette lancinante question, l'art pour qui ?
Je t'aime. N'aie pas froid, jamais, je t'aime
S.

**Paris, Tribunal de Commerce, 14 décembre 1967, 16 h 15,
adressée à Courchevel.**

Mon chéri des neiges très hautes, inaccessibles aux pauvres mortels – et c'est bien ainsi.

Mon chéri des neiges ensoleillées, je viens de boire (et de trinquer avec toutes les infirmières convoquées par moi pour cet événement) mon 1er verre de Bordeaux.

O Dieu. Que la vigne est belle et bonne.

On m'a changé les pansements des chevilles, j'ai vu les cicatrices, très saines. Mais il faut attendre.

Danielle arrive, je continue mais cette fois, elles seront parties plus vite (avec l'Hillmann !)

O je voudrais te voir, là, sur la neige, et tenir ton bras jusqu'au coude.

Un auteur m'appelle. Me supplie de le jouer. « Vous qui avez du talent à revendre, qui remplissez une salle, qui avez une si belle cote... » Ça fait plaisir d'entendre ça après 2 ans 1/2 de Danet !

O cœur, cœur, il est bien qu'il n'y ait pas de neige. Pour moi. Puisque ce serait peut-être imprudent.

Je t'aime
S

Paris, boulevard Murat, 18 décembre 1967, 18 h, adressée à Courchevel.
nuit de dimanche

J'ai longtemps traîné avec Decaux (Netter m'a apporté mon courrier où j'ai trouvé Decaux et ses nouveaux dossiers). Je pâlis un peu à l'idée de mes Rosenberg [1]. Hélas il ne vole guère haut. Au secours, Michelet !

Je sors tout à l'heure de la clinique.

PETITE DÉPRESSION, je te quitte. Je t'aime.
S

---

1. Alain Decaux écrivit une pièce de théâtre, *Les Rosenberg ne doivent pas mourir*, que Silvia créa aux Tréteaux de France. Une reprise eut lieu à Paris, au Théâtre de la Porte Saint-Martin.

1968

**Paris, rue Jean Richepin, 10 janvier 1968,
adressée à Courchevel.**
mercredi

O cœur, je passe mes jours à illustrer la maxime fameuse qu'il n'est pas nécessaire d'espérer pour entreprendre, ni de réussir pour persévérer.

Hier encore. J'allai donc voir Wilson [1], ma *Pucelle* sous le bras. Réception très chaleureuse. Incroyable exposé, d'abord, amer, calomnieux pour tous – collaborateurs et autres – puis il saisit la pièce et me dit : « eh bien voilà, Vilar me demande demain une pièce pour Avignon qui ne soit pas un classique, qui soit française... je ne savais quoi lui proposer. Je relis *La Pucelle* cette nuit. Serais-tu libre quelques jours début juillet, pourrais-tu la reprendre au cours de la saison prochaine ? »

Ce soir, c'était la dernière répétition de *La Mère* de Gorki, montée par notre cher Rossner [2] (que tu as vu dans ma loge de Chaillot après la *Putain*). Il m'invite à y assister. C'est peu Gorki et beaucoup Brecht, un peu Brecht des années 32 qui voulait attirer des adhésions au Parti. C'est laborieux, primaire, ennuyeux très souvent.

---

1. Georges Wilson, comédien et metteur en scène, successeur de Jean Vilar à la direction du T.N.P.
2. Jacques Rossner, metteur en scène.

En sortant nous allâmes manger un morceau en face.

L'esplanade du Trocadéro était la lande du roi Lear. Le froid et la tempête retombaient sur Paris. Impossible d'ouvrir ma portière gelée. Je suçai la clé, nous chauffâmes la serrure. Rossner m'aidait en se moquant. Quant à lui, il ne put l'ouvrir du tout, et je le raccompagnai chez lui (avec sa jeune femme qu'il me présenta).

Quand je rentrai, 14 appels. Étais-tu là ? Et ce matin, à 10 h juste, un appel – mais j'avais oublié de remettre l'appareil...

Me voici coupée de toi. Et j'hésite à partir cette nuit, avec Wilson, tout cela en suspens...

Quant à Danet, il veut ce que je veux quand je le veux. Il part voir le reste...

O mon âme, peut-être partirai-je demain, de jour, par le Mistral, pour arriver le soir...

Je suis sur un arbre au grand vent, ou, plus exactement, je suis sur un si grand nombre de branches que je me sens assez peu équilibrée. Mais de toute manière
S
Je t'aime

Paris, rue Saint-Romain, 1ᵉʳ février 1968, 24 h, adressée à Courchevel.

Mon amour, je vais partir, ou plutôt venir.

Je quitte Clavel[1] à l'instant, et cela m'a donné quelque mélancolie. Je l'ai trouvé si vieilli, si fatigué, si accablé nerveusement. O comme il a changé –

---

1. Maurice Clavel, philosophe, rencontra Silvia âgée de 20 ans, pendant la guerre. Engagés ensemble dans la Résistance, ils participèrent à la libération de Chartres et de l'Eure-et-Loir, ce qui valut à Silvia la croix de guerre de la main du général de Gaulle et la Brown Star Medal de la main du général Patton. Maurice Clavel évoqua ses souvenirs de cette époque dans *Le temps de Chartres,* et Silvia dans son premier roman, *Il ne m'arrivera rien*. La vie les réunit intimement pendant quelques années, et leur amitié ne se démentit jamais après que leurs chemins aient divergé.

je t'aime
S

Nîmes, 28 février 1968, 20 h 30, adressée à Courchevel, papier de l'Hôtel Imperator à Nîmes.

Cœur de mon cœur, mon injuste cœur – j'ai essayé de t'appeler, le 1er soir, crevée par un difficile voyage (dans un Viscount qui mettait 1 h 40 ! exceptionnellement le samedi !) et depuis, il y a eu la maison de Barbarin, d'où je pouvais appeler. Mais que j'ai parlé de Courchevel !

O cœur, cœur, à présent qu'à Nîmes j'ai retrouvé tes lettres, tes articles de journaux et enfin ta voix, tout va.

Oui, je vais écourter au maximum. Je le fais travailler à un train d'enfer. Je rectifie, je corrige, je cherche des places – alors qu'il se promène... en demandant des subventions. Rien d'autre. O j'en apprends ! et j'ai honte.

Tout à l'heure, chez Defferre [1], je l'ai empêché d'ouvrir la bouche, et j'ai obtenu qu'on aille jouer dans les quartiers pauvres... culturellement. Même Barbarin doutait que je l'obtienne. Danet a juste parlé (avec flagornerie) d'une émission de télé – qui l'a mis en colère.

J'ai l'impression de traîner un fils de patron demeuré. Heureusement, le soir il est crevé (en plus !) et ne songe qu'à rentrer dans son hôtel. Je suis passée à la radio de Marseille, à la télé, vu les journalistes de Toulon, la place de Tarascon... choisi le parc où nous jouerons à Aix... Les municipalités disent : Monfort et ses collègues ! Je ris. Le pauvre Guilliet [2] prend des notes.

---

1. Gaston Defferre, homme politique, époux de l'écrivain Edmonde Charles-Roux. Fut maire de Marseille. Décédé.
2. Jean-François Guilliet, comédien et collaborateur de Jean Danet. Il devint par la suite administrateur du Théâtre 14, à Paris, sous la direction d'Emmanuel Dechartre.

et moi je t'aime sur les cimes de St Martin éventées, enneigées, dans pluie incessante, dans nos mimosas,
  oui je t'aime
infiniment.
  O sache le bien, mon âme
S

**Paris, gare d'Austerlitz, 3 mars 1968, 16 h,
adressée à Courchevel.**
dimanche

O j'ai envie, j'ai besoin j'ai besoin j'ai envie
de toi
matin dominical
où je saute du lit
vers toi
où es-tu, loup ?
que fais-tu ?
je retrouve ma table de travail
ô j'ai besoin de pougner, de te sauter
dessus
de te voir
de te dire que tu es bête
que tu es beau
que tu vas être en retard, que tu es bien trop en avance...
qu'il ne fait pas beau
qu'on s'en fout
etc, etc.
Hier, merveilleuse séance des jeunes filles françaises à Vitry. Le député du Val-de-Marne que je rencontrai naguère avec Maurice Thorez. Qui acheta mon livre, bien sûr, bouleversé de me trouver là. « O c'est bien, c'est bien ». Pendant le verre, nous parlâmes. Et nous en vînmes à décider que les Rosenberg se créeraient à Vitry (100 000 habitants, et communistes, Rosenberg eut aimé) devant Aragon, etc.
  Pauvre peau de Decaux que j'ai peut-être trop bien vendue !

O je tremble. C'est tout à l'heure, c'est tout de suite...
Mon député me dit : « O, <u>vous</u> en ferez quelque chose de cette pièce... c'est une si bonne idée ».
Il trouve l'idée admirable.
J'ai dormi 9 heures et suis dispose. Il est 9 heures et je t'aime
J'arrive, quoi !
S
Misère : il est 12 h 30. Je dois partir en courant vers Le Vésinet[1]. J'ai travaillé comme une déesse ! Je pense au gymkana
Et je tremble pour les Rosenberg.

Paris, rue Jean Richepin, 18 mars 1968, 20 h 30, adressée à Courchevel.
samedi soir

Une grande lassitude, ô cœur, une grande grande lassitude après cette journée commencée par l'arrivée de Danet portant un rosier – mais Danet, de nouveau, pressant. J'ai dû partir, de chez moi, en claquant la porte.
Puis nous allâmes chez Decaux. Et ce déjeuner traîna avec les vanités de Danet « ô moi, le *Figaro*, je n'ai qu'un mot à dire » et la faiblesse d'Alain – « o, bien sûr, il faut attendre la distribution pour décider de l'avocat. Danet a raison... » Et aussi « Silvia, au secours, récitez-moi la scène... »
Eh bien j'en ai marre.
Récrire la pièce de l'un pour servir la gloire de l'autre, j'en ai marre. Le souvenir de la *Judith* d'Hebbel[2], et *Lady Godiva*[3] que j'ai récrit, et soudain que j'ai, par la bande, mise en scène
j'en ai marre quoi.

---

1. Ville où habitait alors Alain Decaux.
2. La pièce fut mise en scène par Pierre Debauche... sans Silvia.
3. Pièce de Jean Canolle qui fut mise en scène par Michel de Ré (1925-1979).

Alors j'ai dit « bon, je repars, quand vous aurez la distribution, appelez-moi » (ô comme je suis tentée de prendre le train tout à l'heure !)

Et Decaux de me retenir : vous ne devez pas partir Silvia ! Pardi, il attend de moi tout le boulot, plus les basses besognes.

O mon cœur, la vérité est que je n'ai pas même envie d'aller dîner sans toi

pas même envie d'avoir envie d'aller au théâtre
sans toi

pas même le courage de porter la brochure à Terzieff ce soir (j'ai eu la Boysson[1], elle lui dira de m'appeler demain bien que l'enfant soit grippé et joue courageusement *Tête d'Or* quand même)

pas même envie d'écrire
sans toi.

J'ai même éteint la télé.

Et si j'envoyais tout bouler et que nous partions vers les îles
je t'aime, quoi
S

Paris, rue Jean Richepin, 18 mars 1968, 20 h 30, adressée à Courchevel.
lundi

Mon bien, ma vie, cette nuit j'ai dû te rater de peu – j'ai été voir notre cher Audiberti (*Quoat-Quoat*)[2] au La Bruyère. Soirée superbe, généreuse. O cher cher poète.

Pour les Rosenberg, coup de théâtre ! Vitold[3] ne peut la monter ne me voyant pas dans Éthel[4].

---

1. Laurent Terzieff, comédien et metteur en scène. Pascale de Boysson, (1923-2002), comédienne.
2. Pièce mise en scène par Georges Vitaly.
3. Michel Vitold, (1915-1994), comédien et metteur en scène d'origine slave.
4. Éthel Rosenberg, principal personnage féminin de la pièce d'Alain Decaux, « Les Rosenberg ne doivent pas mourir ».

Ceci transmis hier par Danet qui avait repris un tel poil de la bête (c'est le cas de le dire) que j'ai failli rompre à jamais.

Ce matin, Decaux a eu Vitold, plus nuancé. Il est sûr que je serais admirable, <u>mais</u> il conserve chez lui les portraits des Rosenberg et a une idée très définie : des pauvres bougres entourés de colosses.

Cela confirme hélas mon jugement sur Danet dans l'avocat : impossible, car pour moi, Decaux et moi savons que je peux paraître paumée (affaire de génie, dirait Mauriac)

Bref on a fait appel à Raymond Gérôme [1], et on attend.

A dieux !

Decaux bouleversé encore par ta lettre, et parfait dans ses relations.

Moi je t'aime, par temps gris et sale
donc il fait beau
là-bas !
je t'aime
S

Orly, 31 mars 1968, 23 h, adressée à Courchevel, serviette en papier et enveloppe Air France.

Avion
Je t'aime de m'écouter
je t'aime de me parler
je t'aime du croque-monsieur
dont tu eus envie
et du retard qu'on mit
à te l'apporter
je t'aime d'Avoriaz
aimé-mal aimé, adoré critiqué
je t'aime des crêtes

---

1. Raymond Gérôme, (1920-2002), comédien et metteur en scène d'origine belge.

je t'aime du foin
que tu te refusais à ôter de ton dos
je t'aime de ne pouvoir ne pas venir à toi
je t'aime de m'accueillir de même
je t'aime des grandes plaques de chocolat que je t'ai achetées –
tandis que je te savais m'attendant contre tout espoir.
je t'aime des km de descente, et des pas de montée
des petits skis
et des grands
je t'aime de ne pouvoir imaginer qu'il t'arrive le moindre mal, la moindre peine
sans hurler de mon côté à toutes forces.
je t'aime de tant de départs et de tant d'arrivées
des gares et des aérodromes, des voitures et des visages
je t'aime de tout
et c'est pourquoi
je t'aime
S

Paris, rue Jean Richepin, 4 avril 1968, 17 h 45, adressée à Courchevel.

Mon cœur, mon cœur

Tout semble aller : ce soir, nous avons engagé le Julius [1] – tous contre Danet, qui le trouve un Gary Cooper ! ce qu'il n'est pas (je crois qu'il est jaloux et pense qu'il aurait pu jouer, aussi, Julius). Decaux et l'assistante pleuraient en nous entendant...

Le reste de la distribution se forme, à une très haute qualité.

Vrai, Decaux pourrait m'élever un piédestal.

Mais nous allons répéter dimanche, à n'en pas douter – privée de toi, voilà leur dernière trouvaille.

---

1. Julius Rosenberg, principal personnage masculin, époux d'Éthel, que Silvia interpréta. Le rôle de Julius fut joué par Bernard Rousselet.

O va, je trouverai bien 1 jour prochain – rien qu'un jour...

Je t'aime, tu sais. Tu es mon mât, ma belle certitude, mon avenir et ma joie.

Une seule tristesse : je n'arrive plus à écrire trois mots de « Ce plaisir qu'on appelle, à la légère, physique » – car, je l'ai décidé, il s'appellera ainsi

je t'aime
S

**Paris, rue Jean Richepin, 6 avril 1968, 17 h 45,
adressée à Courchevel.**
vendredi

Si *L'Étrangère* de Robbe-Grillet passe au cinéma, va voir les premières minutes. Il paraît que P. Vaneck tient un livre (qu'il recommande) et qu'on peut lire le titre de *La Raïa* et mon nom... ?

Plusieurs personnes me l'ont dit.

Mais moi je t'aime, et je ne vais pas venir dimanche, et je suis malheureuse de te savoir dans le mauvais froid. Mais ça va passer.

Je t'aime
S

**Paris, gare d'Austerlitz, 28 avril 1968, 15 h 15,
adressée au cap Ferrat, enveloppe et papier Air France.**
vendredi nuit

O cœur, si tu savais ! au cours de la répétition de cette après-midi, le poignard dans le ventre – hémorragie (dans la loge de Danet !) douleurs aussi atroces que le soir où j'arrivai à St Jean.

La petite assistante me fit acheter un médicament miracle et ce soir j'ai pu répéter.

Il y a tant et tant à faire !

Donc il est mort, mais c'était bien lui !

Dès ton retour, nous irons voir ton grand gynécologue
Cette nuit cela va mieux
et je t'aime
à en mourir

Canet-Plage (Pyrénées-Orientales) 29 juillet 1968, 16 h 45, adressée au Cap Ferrat.
Samedi nuit

Amour, mon cœur, ma vie, nuit chaude à Narbonne-plage qui, contrairement à cet horrible Valras, fut très accueillant : 18 livres, et beaucoup de monde au spectacle. Plus la visite du co-directeur de Bourges, Monnet [1] (Jacques Cœur) est en clinique pour la vésicule biliaire, et ils ont les pires ennuis avec la République dont ils étaient le très beau fleuron et qui ne leur pardonne pas d'être, eux aussi, révolutionnaires.

O mon chéri, vers quelle répression courons-nous à grands pas. Mais cet esprit même les mènera au suicide. On ne gouverne pas en punissant.

Quand il fait chaud comme aujourd'hui, je pense à toi de façon plus douloureuse. Ménage-toi, je t'en prie.

Pour moi, grosse blanche décapotable est toute révisée et me mène très sûrement d'un point à l'autre.

Je vais quitter Alarica bientôt, cependant l'homme et la femme ne se rencontrent qu'une fois.

je t'ai rencontré
S

---

1. Gabriel Monnet, comédien et metteur en scène, directeur de la Maison de la Culture de Bourges créée par André Malraux, d'où l'allusion à Jacques Cœur.

Pézenas, 6 août 1968, 18 h 45, adressée au Cap Ferrat.
la nuit

Eh bien oui, mon chéri, j'ai le côté de l'œil (la patte d'oie) ouvert. En rentrant dans ma voiture, Danet me tenant la porte – insuffisamment – je me suis cognée sur la vitre. Heureusement, cela a saigné. Un docteur américain était là, anti-américain et qui avait vu les Rosenberg ! Il m'a lavé la plaie au savon. Voilà tout, a-t-il dit. Mais maintenant, j'ai, en plus, un coquard.

Les représentations de la *Putain* vont bien, beaucoup de monde, et je m'y retrouve. O que j'ai hâte de le jouer à Beaulieu. J'aurai le cœur battant à cent.

Devant toi, tes amis, tes relations, ô bien aimé.

Tant aimé
S

Le Lavandou (Var), 13 août 1968, 18 h,
adressée au Cap Ferrat, enveloppe avion pas ouverte.
13 août

Cher cœur,

Lorsque tu recevras cette lettre (que je mettrai assez tard pour que tu ne la reçoives pas demain) je serai de nouveau, et très provisoirement éloignée. Mais pour si peu.

Mais le 15 août sera passé. Le 15 août qui scelle les 5 années de notre union, notre accord, notre vie. Oui, je t'aime depuis 5 ans. Et pouvoir te le dire à l'oreille, bientôt, m'emplit d'une joie si profonde que je pardonnerais tout à tous au nom de ce privilège.

Il fait un peu gris. Et je médite mieux, face à cette baie de Toulon, près de ce balcon d'où je t'envoyai, à Courchevel, un brin de mimosa. Les mimosas sont morts. Des géraniums les remplacent. Ainsi de suite, à l'infini de nous.

je t'aime
mon Pierre
S

**Boulogne-Billancourt, 6 septembre 1968, 9 h 15,
adressée au Cap Ferrat.**
vendredi

Cœur de mon cœur,

je te prépare une gigantesque surprise : prendre l'avion demain, à 8 h 20 du matin.

J'ai tout fait pour cela.

Songe que j'ai mise sur pied ma 1re émission pour aujourd'hui !

J'y vais. Avec une trac de 1re multiplié par l'ignorance totale de ce nouveau métier.

Puissé-je arriver vers toi avant la lettre.
    je t'aime
      S

**Paris, gare d'Austerlitz, 8 septembre 1968, 15 h 15,
adressée au Cap Ferrat, enveloppe A LA BONNE PATURE,
chez Candido, Hôtel-Restaurant, 40 avenue de Versaille, 16e.**

Je ne suis pas au logeco, mais l'air de Paris est tout doux. Je quitte la radio (il est 10 heures 1/4), où je suis allée ce matin, et revenue ce soir – pour le montage de MA première émission. Le générique sera charmant (musique pygmée). Au reste, je parlerai de tout ça, à la radio, mardi à midi. Et l'émission passe le soir, de 20 h à 20 h 30 (les journaux l'annonceront). Écoute, ô écoute-la mon cœur.

Mélancolique, je marche avenue de Versailles, jusqu'à ce restaurant espagnol-italien, où je vais manger sans toi et sans boire de sangria. Deuil, deuil, deuil.

J'ai aussi réglé, aujourd'hui, l'histoire affiches-photos et prospectus Rosenberg. Et j'ai dû déjeuner avec Sipriot, car sa femme (la Voisson, tu sais) est malade nerveusement, hystérie et angoisse – et il avait besoin d'en parler à quelqu'un.

Ces jours passés furent hallucinés. Quand je me mourais de t'appeler (et que je t'appelais) j'avais l'impression de « prendre le temps » de t'appeler. Alors que mon temps entier t'est dévoué. Interviews (de A à Z) pour l'*Avant-Scène*, rencontres avec de nouveaux acteurs, des journalistes, tout, quoi.

Et, bien sûr, Garaudy[1].

Mais un Garaudy qui me força au travail. Car il pense être chargé de la télé universitaire et me confier la section dramatique. Ce qui représenterait des enregistrements de pièces entières (Sophocle, Penthésilée[2], Phèdre) + le choix d'interviewer, etc. de professeurs. Moi. Production du plus grand théâtre du monde – Y crois-je ? Du moins je dois y travailler, prévoir un programme. C'est assez sérieux, puisque Edgar Faure (ministre de l'éducation nationale) a déjà annoncé le projet ! je suis un peu saisie quand même.

Et quand ? ferai-je tout cela, quand, dis-moi.

O. Combien je comptais te raconter tout cela à l'oreille, ou nue sur le matelas d'une tente.

Rêve coupé net.

Mais déjà l'espérance reprend – pour la semaine prochaine.

À partir de lundi, je répète les 3 pièces. Et je dois enregistrer (et composer) 5 émissions ! et, une fois de plus, le reste...

Mais tu es dans la mer, et mon corps en jouit
je t'aime
S

Paris, maison de l'ORTF, 10 septembre 1968, 16 h 15, adressée au Cap Ferrat, enveloppe avion.
lundi soir

Ma vie,

Ça y est, la panique commence. Ce matin, les Rosenberg, moi, plus un mot. Et puis nous ne trouvons pas de Pelletier[3]

---

1. Roger Garaudy, écrivain, membre du bureau politique du PCF. Exclu du parti communiste en 1970 à cause de ses réactions aux événements de Tchécoslovaquie en 1968. Se convertira plus tard à l'Islam.

2. Pièce de Kleist, jouée par Silvia en 1955.

3. Roger Pelletier, comédien, interprète du Roi Parfait dans *Le mal court* au Théâtre La Bruyère.

nouveau pour le Roi Parfait, ni d'Hippolyte. Bref, sur tous les fronts, panique. (Et mes 5 émissions, dis ? et les projets grandioses de Garaudy – il vient de m'appeler – qui prennent corps et qui empliraient 2 vies entières.

Alors, alors, j'ai une furieuse envie de tout quitter, de partir vers mon unique refuge, mon père – ma mère – mon frère – mon amant – mon fils – mon nageur – mon nourrisseur – mon maître.
 BUT :
1/ je vais rapprendre le texte cette nuit
2/ chercher des interprètes
3/ et tenter de tenir bon

O que je t'aime (et je sais, hélas, que tu m'aimes aussi pour ça)

O mon amour, présentement j'aimerais mettre ma main dans tes cheveux, moi sous toi, toi sur moi. Je t'aime et ce n'est pas près de finir (j'aurai encore appris, dans la peine et la fureur, bien des textes). Oui, je t'aime, ma vie
S

Paris, rue du Louvre, 26 septembre 1968, 13 h 30, adressée au Cap Ferrat.
après Poissy

Tout Paris, en plus ! qui ont trouvé ça beau, quand même. Lavelli[1], Lanoux[2], Goupil (tu sais, des usines Renault) notre Goupil, mon assistant de radio, etc. !

O cœur, qu'il me tarde à présent de quitter Paris. Je ne sais même plus si j'aurai une émission mardi – Et mon assistant m'a appris que Sipriot avait une jaunisse, à Menton !

---

1. Jorge Lavelli, metteur en scène d'origine argentine. Fut directeur du Théâtre de la Colline.
2. Armand Lanoux, écrivain.

O mon cœur, il est encore bien tard, et je vais aller au lit sans plus tarder. Mais le matin est si rapide que je ne puis l'aborder sans t'avoir, d'abord, touché de l'aile dans ton sommeil. Je t'aime.
S

Mon chéri, mon aimé eh bien voilà. J'ai achevé *Judith* et la terre n'a pas tremblé et le soleil ne s'est pas à jamais couché – finies Judith et sa malédiction. Sauf que ce fut du travail bâclé avec Ivernel [1] (assommant comme il l'est devenu, plus enrhumé et sans ferveur).

Ensuite un Poissy peu nombreux et froid (et surtout de n'avoir ni déjeuné ni vraiment dîné – pour écouter l'émission – et je me trompai dans le texte (ce qui n'aurait aucune importance si Julius ne me faisait la gueule). Danet n'était pas là, et je préfigure mal la tournée sans lui : le régisseur, forte tête que tu ne connais pas a traité Jean-François [2] de tous noms orduriers, etc. Danet est un chef, dans la mesure où il n'entend ni ne comprend mais où, précisément, cela fait peur. Je suis bien décidée à refuser toute autorité. Si ils mettent le feu aux caravanes, tu me téléphoneras pendant que je jouerai. Ainsi se passera l'Auvergne et la Lozère. Entouré de médiocres et d'eunuques Danet règne. Mais je refuse de régner sur ce petit peuple. Nous marcherons dans les Cévennes en regardant les dernières traces de l'été. Nous nous étendrons dans les bois (en répétant *Phèdre*) et nous rirons, et nous dormirons, et nous
S
je t'aime

---

1. Daniel Ivernel (1918-1999), comédien que Silvia connut au TNP et avec qui elle joua *Bérénice* en festival et à la télévision.
2. Jean-François Guilliet.

Paris, rue Jean Richepin, 28 septembre 1968, 17 h 45, adressée au Cap Ferrat, enveloppe avion.

Cœur de mon cœur, je me suis endormie ce soir en scène. Je ne suis pas sortie de ma prison ! Le chauffage, les camions, la fatigue, j'avais perdu conscience. Et Rousselet m'engueule ! Il faut dire qu'à St Denis, c'était dément. Sur une grande place autour de laquelle les camions tournaient, au dessus de laquelle les avions faisaient des looping.

O mon cœur, il est encore bien tard, et je vais aller au lit sans plus tarder. Mais le matin est si rapide que je ne puis l'aborder sans t'avoir, d'abord, touché de l'aile dans ton sommeil. Je t'aime.

S

1969

**Paris, rue La Boétie, 1ᵉʳ janvier 1969, 17 h 45,
adressée à Courchevel.**
nuit du 31 décembre 1968

Eh bien voilà, c'est fait mon cœur. Le court récit, tu l'auras ce soir, cette nuit, à minuit.
Je suis un peu mélancolique, bien sûr, d'être bêtement sans toi cette nuit. Mais nous nous foutons de tout cela, n'est-ce pas ?
(Et pourtant, à minuit, nous nous appellerons !)
Le mont-blanc est à nous. La vie est à nous. Le monde est à nous.
69 est à nous
je t'aime
S

**Paris, Hôtel de Ville, 2 janvier 1969, 16 h 15,
adressée à Courchevel.**
1ᵉʳ janvier
minuit

Puisque je suis là, mon cœur, à Paris, bouclée, piégée, coincée
   alors, vive Paris

ce qui veut dire que j'ai été voir Cervantes [1] cette après-midi, et Rabelais [2] ce soir.

A Don Quichotte j'avais emmené un des jeunes frères de mon filleul, Vincent, 13 ans, les plus beaux yeux du monde, un vrai petit garçon, charmant, et si heureux de serrer la main de Brel, ensuite.

A *Rabelais*, j'étais allée seule, et j'y ai rencontré tout le monde, y compris Terzieff – mais lorsque je suis entrée dans le « bureau » de Barrault, de monsieur Barrault est-il écrit sur cette porte de l'Élysée-Montmartre, la joie fut égale à celle que j'avais éprouvée ce soir, sans doute la mienne était elle éclatante, car rien en vérité ne m'a plus émue que ce Barrault adolescent, traînant sur scène, accrochant les cordages de ce bateau inventé là, comme sur un grand navire, en perdition, en vérité. Bien sûr, il m'a baisée les lèvres, saisie la taille, et cependant la scène est envahie de strip-teaseuses ; et c'est un autre spectacle étonnant que de voir à la sortie les voitures qui les viennent attendre. Un moment d'émotion réelle que cette soirée, pour qui vit du théâtre et pour le théâtre –

Mon cœur, que n'étais-tu là.

Quant à Malraux, s'il y vient, je pense qu'il se sentira vieux et mal sur sa chaise.

Je vais me coucher, tout heureuse.

Mais bien seule.

Que le bonheur est tragique [3] <u>lorsqu'il n'est pas partagé. J'ai presque mal</u>

je t'aime

S

---

1. *L'Homme de la Mancha*, adaptation de Jacques Brel de *The Man of Mancha*, comédie musicale américaine tirée de *Don Quichotte* de Cervantes. Création le 10 décembre 1968.

2. *Rabelais*, adaptation et mise en scène de Jean-Louis Barrault, a été créé et joué avec grand succès à l'Élysée-Montmartre.

3. Souligné au crayon par Pierre.

Paris, boulevard Saint-Germain, 9 janvier 1969, 16 h 15, adressée à Courchevel, enveloppe avion.
nuit de mercredi

Bien aimé,

Ils m'ont tout fait, la Turquie, d'abord. Puis les examens. Aux deux bras, ils m'ont introduit de la fièvre de Malte. Puis ils m'ont pris 4 petits flacons de sang.

Demain, entre l'émission de Decaux du matin et Adamov [1] que j'interviewe à 2 heures, j'irai faire une « lecture » – c'est-à-dire qu'ils liront sur mes bras si j'ai la fièvre de Malte (et là, Albeau m'interdira Tunis) ou bien rien, ou bien
autre chose.

Tu as dit qu'on ne se parlerait plus jusqu'à Tunis. Alors je n'ose t'appeler ce soir. Ni demain matin. Je m'exténue. Ce soir, à la répétition, j'ai eu une crise de fou-rire d'un quart d'heure que personne n'osa contrarier, puis je m'endormis au procès, sur l'épaule de Julius.

Que ne puis-je m'endormir sur la tienne. Mais je dois faire les bagages ; je t'aime
S

Tunis, 10 janvier 1969, adressée à Courchevel, papier Tunisia Palace Hotel, fleur jaune séchée.

Bien aimé,
je t'attends au téléphone. Cette nuit, en arrivant, je n'ai pu te joindre. Puis je me suis écroulée de fatigue. Et j'ai très très mal dormi. Ce n'est donc pas la fièvre de Malte. Mon sang est pur. On cherchera j'espère du côté du métabolisme.

Ce pays est étrange. Il repousse l'oralisme, l'islamisme et n'a guère encore trouvé de ville ni de visage. Une ligne à peu

---

1. Arthur Adamov (1908-1970), écrivain et dramaturge d'origine russe.

près moderne, c'est tout. Et la pauvreté moins tragique qu'au Moyen-Orient, donc plus navrante.

je t'aime. Ici et là. Oui, je t'ai emporté à Tunis (un très bon voyage). Tout à l'heure le 1er *Mal Court*. Les salles sont pleines, dit-on. Une sorte d'opéra où même la fosse contiendra du public. Tant mieux.

Je compte essayer de faire une émission sur le théâtre d'ici (la Turquie était merveilleuse). J'ai enregistré un Adamov époustouflant avant l'avion d'hier. Mais qui me fera retirer mon émission. Tant pis.

je t'aime
S

Paris, rue La Boétie, 17 janvier 1969, 19 h 30, adressée à Courchevel.

Voilà, je rentre. Et toi, tu roules. (Mais tu ne roules pas pour moi.) Tu roules par moi, et cela m'est doux. Je t'imagine sur ta dure couchette étendu, ton corps dru et que j'aime, seul et si séparé.

Merci de cette miraculeuse venue. L'ai-je rêvée ? Toutes ces heures ont compté centuple.

Il est tard. Impossible d'être à la maison avant 1 heure, même en courant. Et cela m'agace. Visite de Chateau[1], que je jetai dehors. La salle fut moins enthousiaste. Le spectacle m'a paru moins bon[2]. Decaux l'a trouvé sublime (et Serreau, je crois, commence à s'en foutre).

J'ai suggéré à Decaux quelques coupures dans la 1re partie. Il y réfléchit. Et les yeux bleus, et vides, de la petite créature m'ont laissée sans goût de discussion.

---

1. Gilbert Chateau.
2. *Les Rosenberg ne doivent pas mourir* a été repris au Théâtre de la Porte Saint-Martin.

La maison est propre. Ta petite soubrette est venue. Mais qu'importe une maison – vide ! Et un lit fait, et vide. Personne n'est mort dans un lit pas fait. Je vais peut-être mourir d'un lit vide.

Merci de l'avoir empli (et moi avec)

je t'aime

S

Paris, gare d'Austerlitz, 19 janvier 1969, 18 h 45, adressée à Courchevel, 2 grands feuillets recto-verso + 2 minuscules morceaux de papier.
1ᵉʳ morceau :

Ce dossier me fout le coup de bourdon

« Pierre mon amour, je voudrais tant vieillir auprès de toi »

Quant à ta photo, c'est intenable

(même Decaux pense que c'est une vision trop présente pour être supportable)

2ᵉ morceau :

je t'aime encore et toujours malgré moi – Silvia

Mais quand a-t'il glissé dans la poche de fourrure ? O misère. Tu vois qu'il ne jauge que lui.

Feuillets :
nuit de samedi

Je suis tellement secouée, mon cœur, et par tant de choses. Il est si tard. J'ai soupé avec Papa[1] et sa femme. Je pense qu'il est si pauvre, et je pense aussi que les 30 dernières années de la vie – c'est cela qu'il ne faut pas rater ! Et Michel Parent[2] (la nuit dernière) quand je lui ai dit : « Dans 6 mois, dans 3 ans, je vis à

---

1. Jean-Paul Le Chanois.
2. Directeur du Festival des Nuits de Bourgogne.

Chamonix avec Pierre, et pour de vrai », m'a répondu : « si vous avez cette sagesse, quelle merveille » – car tous, et partout, sont découragés par la société, telle qu'elle se présente, telle qu'elle se promet. Désordre, absurdité me dit ce haut fonctionnaire-adolescent qu'est Michel Parent. Et Papa en est la preuve, lui aussi. Il a, bien plus humblement que Garaudy, renoncé à une coterie, à une facilité de vie, à l'idée du bonheur et de l'égalité des hommes, et maintenant il téléphone à Dhordain [1] ! pour lui demander du travail.

O cœur. Quelle forteresse est l'amour. Sinon je pleurerais. Et, tandis que je cherchais de la monnaie dans mon manteau de fourrure, je trouve le mot (que je te donne, et que je crus une seconde toi (car je n'ai pas remis ce manteau depuis) et je découvre – devant papa – une autre vision de ce monde). Je t'aime. Les Rosenberg ont fait ce soir 600 000 Public de samedi – délirant – un hiver foutu, donc. Papa, au reste, trouve la pièce déplaisante écrite par un catholique qui parle trop juif [2], et pas très bien mise en scène.

Il est tard. Demain, matinée et soirée. Et je reverrai la face de Decaux, avec ses petites joues, et son mal blanc de femelle qui fit, sur Papa, la plus déplorable impression. « Pierre aussi » lui ai-je dit. Papa t'aime. J'ai parlé de notre Turquie. En fin de compte, je suis bien aise qu'il ait cette Suissesse. Au moins cette personne a l'air saine, travaille sans cesse à la Falaise et le console sûrement les soirs de lassitude. J'ai même dit à Papa que tu étais prêt à reprendre les skis, tant je le crains pauvre. Il serait bon que tu les invites s'ils le peuvent. Nous sommes si riches, mon cœur. J'ai parlé de ton extraordinaire don de pédagogie, et il m'a assuré que Grinda n'en avait aucun (ni dans l'escalade ni dans le ski).

O cœur, misère du monde.

Et nous sommes si heureux.

---

1. Roland Dhordain, homme de radio et de télévision. A cette date, il est directeur-adjoint de la radiodiffusion à l'ORTF depuis 1964.
2. De son vrai nom Dreyfus, Jean-Paul Le Chanois était juif.

J'ai tant à te dire. J'ai tant à te dire. Il est si tard. Je t'aime
Aime moi
S

**Paris, boulevard Murat, 20 janvier 1969, 19 h,
adressée à Courchevel.**
lundi

Tu as lu *France-Soir*, je pense et ça leur fait les pieds (à Decaux et à Danet) d'avoir convié Dutourd malgré Vital. Il va y avoir une contre-offensive de Vital avec extraits de presse louangeux dans *F.-S.* + Dutourd. Bien entendu Decaux avait omis de parler de l'interprétation et je l'ai sommé de faire citer l'*Aurore* : « S.M. et B.R. [1], exemplaires de sobriété, sont bouleversants de naturel et de vérité ».

Voilà pour l'homme.

Pour les livres, j'en ai vendu environ 25 ce matin et suis au mieux avec le jeune délégué Bouillon qui va m'organiser des signatures <u>sans</u> Decaux qu'il commence à peser.

O mon cœur, comme dit Sipriot « quel mal vous vous donnez ma Silvia... un hiver de foutu ». Je ne le crois pas car on me reconnaît, depuis Paris, un nouveau talent hors du théâtre littéraire (Danet dixit).

Mais enfin si la pièce dure 50 jours, je ne me plaindrai pas. Je ne m'en étonnerai pas non plus. Les juifs ne l'aiment pas. Les intellectuels la méprisent. Les agences ne la conseillent pas. Le gros public trouve ça cher. Exactement ce que j'avais prévu. Quel directeur je serais !

Mon âme, mon cœur, ma vie
À bientôt.
Je t'aime
S

---

1. Silvia Monfort et Bernard Rousselet.

Paris, rue Jean Richepin, 29 janvier 1969, 20 h 30, adressée à Courchevel.

Cœur de mon cœur, hier, lundi ce fut triste, triste. Personne, sauf 9 exos[1] pour moi. Debauche[2], et l'auteur italien, et ma modiste, etc. j'en passe.

Ce soir et demain, ta mère demande 2 places. Chère femme.

Peut-être serai-je en mars à Courchevel. Cependant le public (même Debauche) est bouleversé. Mais Vital, dit-on, se lasse. Et je ne ferai rien pour le raviver. L'époque est dure.

Je sors de Marnes-la-Coquette, où j'interviewai Jean Marais sur le droit à l'erreur pour sa pièce de Shaw. Il accepte à présent d'être vieux (et il l'est bien qu'il ait à peine 52 ans, il est touchant et son passage n'aura jamais été qu'un miroir de plus à Cocteau). Toutefois, le portrait qu'il fit de moi[3] il y a... 20 ans et qu'il acheva durant 20 ans est superbe. Je demeurerai par lui pour la postérité. Il va paraître dans *Sélection* en couleurs. Il le préfère, à juste titre, à toute autre de ses œuvres, j'ai posé 1 heure durant l'Aigle à 2 têtes[4]. Et c'est moi. Moi maintenant et alors. Il t'émouvra.

O mon cœur, j'ai même pensé que tu pourrais l'acheter ! tant il n'est rien de moi qui ne t'appartienne.

je t'aime
S

---

1. Places gratuites (exonérées) données aux invités d'un théâtre.
2. Pierre Debauche, comédien et metteur en scène.
3. Lorsque Pierre Gruneberg décida de fonder un PRIX SILVIA MONFORT, Jean Marais l'autorisa à reproduire ce portrait pour le diplôme remis à la lauréate. Il écrivit aussi un texte sur Silvia qui figure sur le programme de chaque édition de ce Prix, qui a lieu tous les deux ans depuis 1996, et récompense une jeune tragédienne.
4. *L'Aigle à deux têtes*, pièce puis film de Jean Cocteau, révéla Silvia dans le rôle d'Édith de Berg, aux côtés de Jean Marais et Edwige Feuillère.

**Paris, rue du Louvre, 9 février 1969, 18 h,
adressée à Courchevel, enveloppe avion.**
samedi

Mon amour chéri, je suis rentrée directement. Encombrements dans Paris. Il est 1 heure. Je n'ose te réveiller. Je t'aime.

Ce soir les galeries pleines, et l'orchestre modérément (520 000). Disons qu'il y a eu « erreur de lieu », car cette pièce jouée dans un théâtre populaire triomphait. Elle triomphe – chaque soir.

Et je lis les journaux en finissant un fromage. Et je pense qu'il faut s'enfouir, vite, vite, vite. Les spectacles font une surenchère de triviale et agressive putasserie. La politique me donne la nausée, le reste du monde m'assomme. Vite, vite, la tête dans l'AILE

et PLUS HAUT
(avec toi)
TOUJOURS PLUS HAUT

**Paris, rue Jean Richepin, 10 février 1969, 12 h,
adressée à Courchevel.**

Aimé mon cher aimé
c'est dimanche à la Porte Saint Martin. Nous avons joué devant une grosse salle qui sifflait le procureur et le juge, pleurait à chaudes larmes, me bénissait des mains.

Ce cas des Rosenberg est un véritable gâchis. Pour une fois qu'il existe du vrai théâtre populaire, il est joué dans un théâtre de capitalistes, alors que les banlieues créent des pièces pour intellectuels décadents et que la Ville de Paris, à bas tarif, joue un Shakespeare pour esthètes. Mais finalement un triomphe provisoire est pour nous la meilleure solution.

N'aie aucun souci. Ta venue imprévue, impromptue de la semaine dernière m'a comblée pour des semaines entières. Et puis, j'arrive.
S

Il y avait Pottecher[1] en matinée.
Spécialiste !

**Paris, maison de l'ORTF, 12 février 1969, 19 h,
adressée à Courchevel.**

Mon petit aimé, mon cher amour,
Surtout ne te tourmente pas. À Paris, je ne saurais quoi faire de toi. Entre la radio, les répétitions de *Phèdre* (pauvre Tainsy qui reprend Œnone pour 2 fois – et moi j'accepte, pour prouver ma bonne volonté à Danet tandis que je leur fais hara-kiri dans le dos, entre les Rosenberg, le sommeil et l'éducation nationale, que ferais-je de Pousson 1er, roi des montagnes ?
Attends-moi sur ta cime où j'arrive
je t'aime
S

**Paris, rue Cler, 13 février 1969, 19 h 30,
adressée à Courchevel.**
nuit de mercredi

Mon chéri,
Que c'est doux de t'entendre là, au théâtre, juste avant la nuit qui commence, juste à la fin de ma journée, et de te dire ce qui fut, et ce qui va, encore, arriver
Avant que j'arrive enfin, à mon tour, près du repos
Oui, Serge Antoine compte « casser le morceau » à Danet et peut-être que Danet devra plier et me passer un chapiteau
sinon, qu'ai-je à perdre ?
les Tréteaux s'étiolent, même les régisseurs ne veulent plus, et il n'y a plus d'avant-courrier, et il n'y aura plus de public bientôt

---

1. Frédéric Pottecher, journaliste et chroniqueur judiciaire. Fut comédien chez les Pitoëff et soutint le Théâtre du Peuple à Bussang (Vosges) fondé par son oncle, Maurice Pottecher. Décédé en 2001.

(déjà la tournée se réduit à 2 mois – ô joie) car il loue le chapiteau à Dasté[1] en juin. Il le lui loue ! à ce vieux homme de théâtre chassé de sa maison de St Étienne.
Nous verrons bien.
Et qu'importe,
j'ai fait ce que j'ai du 4 ans
je fais ce que je dois
Et je t'aime !...
S

Paris, rue Jean Richepin, 14 février 1969, 19 h 30, adressée à Courchevel.
jeudi nuit

Aimé, mon aimé
Tout à l'heure je ne pouvais te parler librement : j'étais entourée de régisseurs, d'habilleuses de Chateau. Mais j'avais le cœur gros. Incidemment, j'appris que la *Judith* de Hebbel se tournait actuellement pour la Télévision. Ma Judith, que Contamine m'avait refusée, pour qui j'avais conduit un réalisateur chez Gaston Gallimard – comment cela s'est-il fait ?

Je crois que Dacqmine[2] (actuellement à la direction me barre) je crois surtout que rien ne va – Pauvre Alain, sa caméra[3] qui devait reprendre en Octobre est à nouveau suspendue... Et tu aimes cette Télévision !

Non, mon cœur, je ne veux pas que tu viennes dans ce Paris ingrat, dans ce Paris méchant. Tu as tant à faire là-bas. Et moi j'y arrive. Me blottir, m'enfouir dans ce que j'aime...
je t'aime
S

---

1. Jean Dasté, comédien et metteur en scène, pionnier de la décentralisation, directeur de la Comédie de Saint Etienne qu'il créa.
2. Jacques Dacqmine, comédien.
3 Alain Decaux. Il s'agit de la « La caméra explore le temps ».

vendredi matin

Usine Dassault ! Accueil bouleversant. Beaucoup de livres, et des fleurs, et des livres, et un discours du responsable – bouleversant en vérité. O non, ne deviens pas réactionnaire. Seuls les humbles ont du cœur.

Je t'aime cher edelweiss
S

Paris, maison de l'ORTF, 20 février 1969, 19 h, adressée à Courchevel.
jeudi

Nous voici, donc, au *Prestige du Théâtre*. Le plus gros de notre travail, à Rose-Marie et à moi, c'est de bavarder en empêchant de travailler les autres. Alors nous en profitons pour t'écrire un petit mot :
A Rose-Marie :
« Naturellement on dit du mal de vous »
A moi :
« Oui, j'ai dit que tu étais raide – cela pour la convaincre qu'on pouvait skier sur mini-skis en étant raide. »
Au fait, un camarade part tourner à Chamrousse. Il a une séquence de ski, et très peur – je lui ai dit d'exiger que la production lui loue des « Mini-skis Gruneberg ». Il l'a fait. Voilà.
Voilà, cœur, centre de toutes mes pensées et, bien entendu de toutes mes préoccupations
Rose-Marie est émerveillée de notre courrier quotidien (si elle savait, aussi, que tu m'appelles, et que tu me donnes ta voix chaque soir
je t'aime
S

Paris, avenue du Général Leclerc, 25 février 1969, 24 h, adressée à Courchevel.
mardi

Je n'ai pas fermé l'œil.

Cette *Phèdre* tronquée, cette *Phèdre* toute faite (bien abstraitement) de lumière et d'ombre et éclairée de pleine face par Danet comme une œuvre de Marivaux, perd tellement son sens qu'elle me fait horreur. J'en ai horreur. Et c'est pour cela que je m'y épuise, bien sûr. Contre toute conviction, et avec pourtant mon être entier. Jusqu'à Goasguen [1] (Théramène) nous souffrons tous le même martyre. Là encore ce malentendu joue pour nous, puisque j'ai refusé à Danet de faire avec cette *Phèdre* la tournée de printemps !

En revanche, des *Électre* commencent à m'être demandées par Watteau (complicité derrière Danet et pour éviter le pire en attendant que la situation, peut-être, devienne plus claire).

Bref, cette semaine s'annonce exténuante mais déjà je marche sur le doux, l'unique tapis blanc, ou rouge, ou or.

je t'aime
S

Caen Gambetta, 29 mars 1969, 19 h 30, adressée à Courchevel.
samedi

Bien aimé, j'ai enfin émigré dans une chambre proche de la mer, avec cretonne, épais volets, édredons, solitude, paix.

Au réveil, je dois dire que les vieux volets se sont rouverts dans la nuit, que le 1er robinet voisin, à 7 heures, m'a donné l'impression qu'une perforeuse s'était installée sur la route, que l'aspirateur était en marche comme s'il devait travailler dans un palace (alors qu'il y a 4 chambres) et qu'un mauvais chauffage rendait asphyxiante cette chambre adorable. Si nous y étions ensemble je n'aurais sans doute rien senti ni rien entendu.

---

1. Jacques Goasguen, comédien.

En guise de petit déjeuner je mange une sole dans la salle (car le petit déjeuner est impossible après 9 heures et je me suis couchée à 4).

L'important est que les salles sont combles... Mais la distribution devient assez exécrable. Charby [1] pleure dès la moitié de la pièce. Et le procureur Thorent [2] toulouzaise (il est de Toulouse) à tel point que je parviens plus même à suivre, moi, le sens de ce qu'il dit. Ceci n'est encore rien, puisque Danet, dit-on de source sûre, envisage de le jouer en tournée.

On verra.

Il me faut rentrer, car Garaudy part lundi à St Jean, et je dois le voir.

Je t'aime. Skie. O skie.

S

Paris, rue Jean Richepin, 16 juin 1969, 17 h 45, adressée au Cap Ferrat.
dimanche – Pompidou

Te dire, tout te dire... comme l'avenir est à l'austérité (ce que j'appris dès l'avion en faisant interroger le commandant de bord) je pris le car (5 frs) puis, à la porte d'Italie le P.C. (3 frs) qui me laissa avenue de Versailles. Je rentrai à pied. Mon concierge-flic, à la télévision n'était pas heureux, il prévoit des grèves... je me changeai, et je partis en métro 1re classe (1 fr 50) jusqu'à Franklin-Roosevelt. J'allai à pied à Radio Luxembourg. Ils avaient barré la rue Bayard et fait une immense kermesse où je retrouvai Nourissier [3], et l'unique réalisateur avec qui j'ai travaillé à Luxembourg (ô ce jour où tu vins me voir enregistrer !).

---

1. Jacques Charby, l'un des interprètes des *Rosenberg*.
2. André Thorent, l'un des interprètes des *Rosenberg*.
3. François Nourissier, écrivain et ami fidèle de Silvia et de Pierre. Longtemps président de l'Académie Goncourt.

Je quittai les lieux, fière de t'avoir obéi et j'entendis sur les Champs-Elysées les éternels clacksons. Des voitures de jeunes pavoisaient (les jeunes qui ont des voitures bien sûr)

mais je conclus de ces quelques heures qu'ILS ont tous voté abrutis et qu'ils sont gouvernés sans quitter l'état d'abrutissement.

O mon cœur, que tout eut été gai avec toi. Il me fut plaisant de voir les électeurs du métro et ceux des voitures en un seul soir. Je remontai à pied jusqu'au Trocadéro et repris le métro, 2ᵉ classe (1fr).

Tu vois que l'austérité ne m'échappe pas.

Je fus nourrie dans l'avion, langouste, poulet, rosbif, et abreuvée à Luxembourg.

Dans la rue, cheveux au vent, je fus appelée par les voitures, ce qui te prouve la disponibilité où se trouvaient les parisiens.

Mon cœur, mon cœur, dans l'avion je lus la dernière page de *France-Soir* sur notre Bidegain[1], et je retrouve les fêtes de Chamonix, et je t'aime, t'aime

t'aime
S
je t'ai reçu à 8 heures,
je t'ai appelé à 10 heures
il ne fait pas beau
mais tu fais le beau

ô paris, engeance (j'ai tout eu, Decaux, mon impresario, etc. inertie, apathie).
S

Paris, rue Duc, 18 juin 1969, 24 h, adressée au Cap Ferrat.

Bien aimé, bien aimé bien aimé

les jours passent et je ne me recolle pas avec moi-même, ni avec les autres. Pas même un petit collage à l'adhésine. Je les

---

[1]. José Bidegain, président du CNPF, ami de Silvia et de Pierre.

vois, je les entends, ils n'existent pas, ils ne me font ni bien ni mal. Le filtre manque (et tout autre philtre) ce filtre toi à travers lequel tout doit passer pour me parvenir. Tu comprends. Les enregistrements se passent bien. Rose-Marie [1] m'a amené un grand auteur tchèque [2] que j'avais connu en 54. Son fils s'est suicidé après avoir enregistré 1 heure de désespoir – quelle épreuve pour un père.

Nous sommes allés voir tous trois ensemble le spectacle Lorca de Negroni. *Lorsque 5 ans seront passés* [3]... Merveilleux travail (fort coûteux) d'esthète. Pour qui ? 3 représentations (une générale et le reste des jours des parisiens). Netter en une courte scène (la meilleure de la pièce), où elle chante et joue le mannequin d'une mariée, est belle et bonne. Pour elle je suis heureuse.

O cœur, voir avec toi
J'espère que tu as beau
  Mais tu as beau
  faire
  je suis bien triste
  je t'aime
    S

Paris, rue Duc, 19 juin 1969, 20 h 30, adressée au Cap Ferrat.
nuit de mercredi

Bien aimé, merveilleux amour, je sors de la répétition. O mon cœur. Aucune troupe d'amateurs ne présentera semblable

---

1. Rose-Marie Moudouès.
2. Il s'agit d'un auteur slovaque et non tchèque : Peter Karvas (1920-1999).
3. *Lorsque cinq ans seront passés* de Federico Garcia Lorca, pièce inédite en France, fut mise en scène par Jean Negroni à la Maison de la Culture de Créteil dont il était directeur. Danielle Netter, qui y travaillait avec lui depuis le premier jour, était à la direction des régies artistiques, assistante à la mise en scène, et comédienne.

spectacle ! Béna dans Ruth [1] tortille son sac. Danet fait les mines prévues. Les 2 inspecteurs sont minimum syndical. Le juge, c'est Guignol.

Mais, au bas mot, je toucherai je crois 3 millions.

Alors songe. Songe, toi qui n'as ni leçon ni espoir ni soleil
Mais je suis bien triste
Mon cœur, si je dormais sur ton cœur, ce soir et pendant toute la tournée, tout irait
    je t'aime
    S

Paris, boulevard Murat, 23 juin 1969, adressée au Cap Ferrat, enveloppe Les Tréteaux de France.

Oui mon chéri, nous avons des projets, Mendelsohn [2], toi et moi

mais non ceux que tu imagines.

je ne sais si ce fut l'influence de <u>tes</u> lectures, mais voici ce que nous avons conçu :

étant donné que, dans 10 ans, tu pourras vouloir essayer de ta fécondité

étant donné que cela ne me plairait guère,

nous avons décidé

d'en essayer nous-même.

Tu viendras avec moi chez le bon docteur, il nous enfermera dans la petite pièce opératoire tandis qu'il recevra des clients –

le temps qu'il faudra !

là tu feras venir au jour le produit de ta virilité, aidé par toutes mes astuces

Mendelsohn s'en saisira

---

1. Henriette Béna, comédienne et collaboratrice de Jean Danet, jouait le personnage de Ruth dans *Les Rosenberg ne doivent pas mourir*.
2. Médecin.

et me le fera pénétrer au plus profond de moi-même.

Comme cela, si cela vient chez moi d'une imparfaite formation que ta formation en contact direct ne parvient pas à toucher l'obstacle sera contourné.

Si cela vient de la non valeur de tes milliards de progéniture je te le pardonnerai volontiers, très volontiers,

mais tu ne seras pas tenté d'essayer un jour, en direct, ailleurs. Cela te plaît ?

Mendelsohn craint même que cela ne révèle en lui, pour toi (et peut-être réciproquement) un certain goût...

Nous avons pris date pour le 5 octobre.

D'ici là : ne bois pas, cultive ta forme et ton esprit, ne te dépense pas nerveusement

et prie Dieu

O je t'aime

S

Paris, boulevard Murat, 23 juin 1969, 16 h 15, adressée au Cap Ferrat.

Eh bien il m'a joué un bien vilain tour Edgard Faure ! refusant les Affaires Culturelles dont dépend maintenant la Télévision !

Il y avait tout pour moi en 1 homme : le 2e chapiteau, *Électre* et le reste.

ceci dit, j'admire infiniment son refus. Je crois qu'il s'était tant « pris » à sa fonction qu'il a subi le changement comme un outrage.

C'est très bien.

Et nous voici avec Michelet [1] merveillant résistant mais qui n'entend rien à toutes ces cultures – Une fois encore des sous-fifres informés et intrigants agiront à sa place. A Danet la bonne soupe, à Dacqmine, etc.

O mon cœur, vite 60 ans. Alors nous pourrons rire de cela. Je me disais à l'instant « si j'avais un fils, selon quelle éthique oserais-je l'élever ? » le rapport des forces, voilà tout.

---

1. Edmond Michelet fut ministre de la Culture

Cœur de mon cœur, adieu vaches, cochons, couvées, le mois de septembre sera beau sur la Côte... la météorologie l'affirme. je t'aime
S

Paris, rue Jean Richepin, 27 juin 1969, 19 h 30, adressée au Cap Ferrat.
jeudi à vendredi

Chéri mon amour, il est plus de 3 h du matin, j'arrive de Coulommiers, vivante, après avoir répété jour et nuit. J'ai été <u>très</u> méchante avec Danet et je suis si fatiguée que j'ai presque des remords. J'ai fait défiler devant ses yeux sa médiocrité, et qu'il n'avait pas d'œil, et pas d'oreille... J'ai été si méchante (après un coup de vin, comme toujours) que le soir il était moins déplorable dans le procureur, et qu'il insultait les policiers pour leur médiocrité...

Ceci dit – moi, j'ai été heureuse de jouer. Julius était revenu ce soir de Lyon, et de le retrouver m'a rendu Éthel. Bref, j'arriverai à connaître quand même un peu de joie.

Et j'ai failli dormir sur place. (Demain répétition à 12 h 30, car il y a les marionnettes, et tous couchent là bas). Mais je suis revenue, dispensée par Danet de la répétition. Souhaite-t-il ne pas s'entendre insulter de tout un jour, ou bien est-ce générosité – Qu'importe ! puisque je trouve une longue lettre de toi à 3 heures et que je vais dormir heureuse.

A demain, je t'appellerai ou je t'écrirai. En tout cas je t'aimerai
S

Joigny, 1er juillet 1969, 19 h, adressée au Cap Ferrat.
mardi matin
1er juillet
(et un mois de passé !)

Cher aimé,
Je reprends la route. Les salles sont vides, le soir, et Danet sinistre. Il faut dire que je ne fais rien pour le rendre gai. Dès

qu'il m'adresse la parole je suis comme un coq sur ses ergots (alors que je ne le veux pas, puisqu'à présent je me fous des Tréteaux). La seule chose, à mes yeux inexpiable, c'est de vider d'année en année le chapiteau. Partout ses représentants sont dégoûtés de lui. Et me le disent, hélas.

Cher cœur, cher aimé, dans mon cœur il y a toi et cela m'immunise contre toute laideur. La troupe tremble quand je prononce ton nom. Ils sont si excités qu'ils me rapportent le soir les paris qu'ils ont fait la nuit précédente sur « qui parviendra à me séduire » – et je leur dis « vous ne devriez pas être fiers avec de telles lubies alors que vous connaissez Pierre ». Il faudrait vraiment que je traverse une crise d'hystérie pour leur accorder le bout de mes doigts à baiser alors que ta large main me couvre toute.

Pauvres petits hommes, pauvres de nous tous hors de l'amour
    et je t'aime
    S

Vichy, 3 juillet 1969, 8 h 30, adressée au Cap Ferrat.

Bien cher aimé. Si tu savais mon bonheur d'avoir retrouvé mon moulin, celui de la rivière et des chevaux, de la grange de nuit et du souper à toute heure. Le patron, la patronne sont là tout exprès pour moi. Et les valets, et le chemin ombragé, et ma table où j'ai travaillé mieux que jamais. L'heure est venue, hélas, de partir jouer à Vichy. Ajoute à mon déplaisir des Tréteaux que les salles sont vides. Danet se décompose. Mais, je m'en fous, je <u>savais</u> que je ne toucherais que le minimum. Je ne l'accable plus même, à quoi bon ? les autres et lui-même s'en chargent.

Oui, tu connaîtras ce moulin, oui nous referons les routes, toutes les routes ensemble l'une après l'autre. Avant 80 ans, mon cœur.

O que n'es-tu là, dos à l'ombre du soleil qui tourne ?
    je t'aime
    S

**Montmorillon (Vienne), 7 juillet 1969, 19 h,
adressée au Cap Ferrat.**
Montmorillon

Cœur de mon cœur, dans une chambre sur jardin que j'ai merveilleusement travaillé.

Le public en revanche était clairsemé, et nous avons eu une tempête d'orage qui fouettait les toiles sèches du chapiteau et déracinait les pieds. Cela m'a distraite de l'interminable procès.

Raconté à Decaux que la jeune serveuse de mon hôtel situé sur la place même où se trouvait le chapiteau tentait d'y envoyer la clientèle. Pour les mettre en appétit elle disait ceci : « C'est l'histoire de deux épouvantables juifs... »

Mais le public marche fort et – vois ma joie – préfère cela de beaucoup au *Mal Court* de l'an passé. Je crois bien que l'été prochain nous serons ensemble sur le sable. Doux sable à nos pieds unis
   je t'aime
   S

**Gironde... 17 juillet 1969, 18 h 45,
adressée au Cap Ferrat.**
Fin de Bergerac
vers Langon

Bien aimé, je boucle Romanet avant d'aller me baigner à « la Cascade » avec les filles. O que tu serais ici, tenté. Les fillettes nombreuses et comme nous les aimons.

Il n'y a pas de soleil. Un air chaud d'orage.

Hier, à Duras, sous la tente, ce fut insupportable. Et puis le percepteur, lassé de dépenser 25 000 frs de timbres pour emplir le chapiteau jusqu'à cette année, avait avancé ses vacances exprès. Le chapiteau était vide. Danet voltige vers sa perte. Pauvre Alain qui aura été la victime.

Moi je t'aime et Gisèle[1] qui traîne autour du chapiteau, le ventre gros et les joues maigres a redonné, par sa présence (à défaut de la tienne) un coup de rut à Danet. Je suis obligée de garder Odette dans ma loge.

Dieu merci, tout cela est petite, toute petite part de ma vie actuelle

et je vole vers le château à baldaquin dont le pont-levis levé le soir mettra ma personne et mon romanet en sécurité.

je t'aime

S

Langon (Gironde), cachet illisible, adressée au Cap Ferrat, papier Les Tréteaux de France.
Langon

J'ai trouvé une petite chambre de bonne chez la maman de R. Olliver qui tient un grand restaurant. Car il n'y avait pas de place au château. Le bidet, le lavabo, la table – et le jardin sous mes fenêtres pour 13 francs. L'amusant est qu'il y a un service de très grand hôtel de naguère. Les femmes de chambre m'apportent des parfums contre les moustiques, et font la couverture. Pour 13 francs. J'ai donc bien travaillé, encore.

O je t'aime, va (avant Romanet) et je suis triste que tu aies été déçu par les relâches. Tu n'as pas regardé de carte. Finissant à 1heure du matin, il m'aurait fallu 15 heures pour te rejoindre ! Autant pour revenir. Et le 14 juillet !

Mon cœur, mon cœur, je suis folle, mais pas à ce point où la raison d'être fou donne tort.

Dis à Stroux[2] que j'ai joué l'*Hélène* d'Euripide[3] sur scène, en festival, et à la télévision. C'est même pour jouer cette belle Hélène que j'avais un œil au beurre noir et les deux genoux plus

---

1. Gisèle Boyer, épouse de Jean Danet.
2. Directeur du Théâtre de Düsseldorf et ami de Silvia.
3. Adaptée par Jean Canolle, la pièce fut jouée en festival à Narbonne en 1961, puis à la télévision.

bandés que les joueurs de hockey sur glace, à travers les voiles transparents.

Quant à la Phèdre, j'y ai songé la 1re fois qu'on me demanda de jouer celle de Racine – qui en copia les beautés, mot pour mot. Quel traducteur, donc, accepterait de passer après Racine.

Quant à ta mère, remercie-la infiniment. Je lui écrirai ma reconnaissance dès que j'aurai le texte pour ne pas lui « prendre » une minute de son temps auparavant. Je l'aime de t'aimer.

S

Cap-Ferret, 22 juillet 1969, 17 h 15, adressée au Cap Ferrat, papier Les Tréteaux de France.

Je viens de recevoir une réponse du camp nudiste de Montalivet. Pour ôter l'idée (qu'avait prise Danet – ben voyons ! – d'y habiter aussi), j'ai dit que tu viendrais me rejoindre. Hier, dans une boutique où je voulais acheter un slip je l'ai aperçu choisissant des serviettes de bain. Je me suis glissée vers la cabine où je suis restée 1/4 d'heure pour essayer une culotte. L'idée qu'il me proposerait de dîner m'était intolérable. Je n'ai même pas eu pitié lorsqu'il m'offrit le soir une grande serviette de bain. Il faut dire que je sais trop bien combien il négocie ses moindres attentions et que cela m'eût coûté un pourcentage quelque part – ô mon cœur sans romanet je serais découragée du genre humain. Par romanet je vis avec toi, « à Pierre, à Pierre » au plus haut de nous même.

Je passe par certaines inquiétudes sur romanet parfois, voilà mes seules angoisses. Te le lire ! ô te le lire, combien ce serait doux, apaisant.

Crois-tu qu'il est beaucoup de couples dont la vie de chaque étaie si profondément la vie de l'autre ?

je t'aime de tout
S

Montalivet, 25 juillet 1969, 17 h 45, adressée au Cap Ferrat.

Je poursuis à Montalivet. Un mini-bungalow. La vie telle que je la rêve, nue et simple – parfois il me semble en sortant vider l'eau que je vais être « surprise ». C'est délicieux. Demain je vais écrire nue au soleil. Je m'installe après être allée dans la vague, plus fraîche. Je t'aime et j'ai fait des achats (nue) comme à Chamonix. Mais sans toi. O je t'aime, viens donc
S

Saint-Quay-Portrieux (Côtes du Nord) 21 août 1969, 18 h 45, adressée au Cap Ferrat.

Bien cher aimé,
Comme il me plaît de t'écrire sur une feuille commencée de Romanet. Là, j'écris face au plus beau paysage du monde : la baie de l'Arcouest, et plus loin l'île de Bréhat. Je suis chez une dame – vieille communiste si digne, si belle – dont le fils, naguère fut assistant dans l'*Aigle à 2 têtes*. Je t'ai parlé de lui.

Tempête sur la troupe, pour des raisons de salaire que Danet omet depuis toujours de payer (1 cachet supplémentaire tous les 8 jours lorsqu'il n'y a pas de relâche – je l'ignorais, donc ma position est difficile après avoir tant travaillé avec lui sans ces conditions). Hier, la troupe menée par Charby et Rousselet voulait faire grève. Moi, je ris, et chante la Paimpolaise.

Et je t'aime
S

Sables d'Or-les Pins, 23 août 1969, 19 h 15, adressée au Cap Ferrat.

Bien aimé, je vais quitter les Sables d'Or. (...) Plus que 2 villes, et le retour. Je frémis à l'idée de ce passage. Mais je règlerai tout très vite. (Rien que remonter les mille paquets m'épouvante.) Bah ! ce n'est que petits obstacles à sauter pour remporter le Grand Prix du Cap Ferrat.

    je t'aime.
    S

Saint-Jacut-de-la-Mer (Côtes du Nord), 25 août 1969, adressée au Cap Ferrat.
Singe-à-cul

    Sais-tu cher aimé que je suis folle ? Complètement folle ?
    À singe-à-cul, j'avais, par téléphone, réservé une chambre. Charmant vieux moulin. Je refusai l'annexe, puis la chambe convenable, enfin on m'en donna une – sur la mer, je voulais avec un immense lit, une petite table, un lavabo.
    Eh bien, je ris jaune à faire passer le grand par dessus le petit (tout cela avec garniture de bois genre cosy) et à reconstituer la turne idéale. Ils n'ont pas encore vu, certes. Je suis à la table, au soleil. Avant de reprendre le roman, je t'écris mes exploits.
    A plus tard.

    Après le spectacle : je trouve une coupe de fruits sur ma table ! La charmante et vieille patronne était au spectacle ! Elle a donc vu SA chambre ainsi transformée. Près de la machine, la coupe, j'en ai les larmes aux yeux. Et je l'en aime, mon cher, mon tendre, mon aimé

Paris, gare d'Austerlitz, 28 septembre 1969, 18 h, adressée au Cap Ferrat par avion.
dimanche

Chéri mon amour
    C'est un mot vite pour qu'il parte ce dimanche
    Hier encore une journée chargée (j'ai vu Vital pour Médée, et G. Gauthier qui m'a emmenée à l'épée de

bois[1] voir Arrabal[2] – hommes nus, sexe et scatologie + le commissaire du quartier qui notait

Mais moi, loin du sexe, du cul et de la m... arabalienne je t'aime chastement et le cœur dévoré d'envie

S

Paris, rue Duc, 23 décembre 1969, adressée à Courchevel.
train Saint-Nazaire-Paris

Bien-aimé, je suis au W.R.[3]. Après avoir un peu chipoté, j'annote *Électre*. Pour Drouet[4], que je vois à l'arrivée (aux *2 Magots*)

Quelle drôle de chose que de retravailler sur ce texte. J'espère tant que tu en verras nouvelle version aux Halles.

Je vais mieux. J'ai dormi 11 heures. On a oublié de me réveiller et je me suis levée 1/4 d'heure avant le départ du train. Une chance.

Hier, salle de cinéma pleine grâce à une équipe locale culturelle dévouée. Petit débat intéressant.

Il ne reste plus qu'Auxerre et Liège ! Vrai soldat de l'an Mac-Carthiste, je décompte les jours. Les jours qui m'amèneront à toi. J'ai trouvé à St Nazaire hier un petit gadget que je t'enverrai de Paris. Pour Pré-Noël, pour pré-jour de l'an, pour pré-jour de nous.

Il risque de t'être utile dès Courchevel.

O je t'aime – Dans ma santé retrouvée un brin, dans l'avenir fort, dans le souvenir de la maladie aiguë où tant je t'appelai.

---

1. Théâtre de l'Épée de Bois, situé dans la rue du même nom, dans le quartier Mouffetard, à Paris. Aujourd'hui démoli.
2. Fernando Arrabal, dramaturge espagnol, vivant en France et écrivant en français.
3. Wagon-restaurant.
4. Compositeur, qui avait fait la musique de scène d'*Électre*.

Le train tremble. Et je pense qu'un train, bientôt, me portera vers toi. O mon cœur (j'ai donc refusé Anvers le 5 janvier !). Je t'aime
S

Paris, rue Jean Richepin, 29 décembre 1969, 17 h 45, adressée à Courchevel, papier Hôtel de Suède à Liège.

Cœur de mon cœur. La <u>dernière</u>, hier, ici. Salle pleine d'abonnés, applaudissements très nourris, très émus.
<u>Dernière</u>. Doux mot quand il s'agit des Rosenberg.

lundi

Cher aimé, que d'agitation – plus ou moins vaine – tu ne peux pas savoir ! Ce matin un appel d'1 heure de Danet pour me dire que Watteau [1] est fou, ne sait pas compter, que Tunis ne se fera pas. Une heure après, tout se refaisait (hélas). Et ainsi de suite, pour chaque chose. Je te cite la première du réveil.

Tu me manques. J'essayais, hier, d'analyser de quoi était fait ce <u>manque</u> en des affaires où tu n'avais nulle place. C'est un manque biologique, comme me manquerait le cœur ou les deux pieds. D'autant plus frustrant qu'il n'a pas de lieu où se placer, ni d'objet sur lequel verser des larmes.

Tout est tout – toi, c'est-à-dire – tout.
je t'aime.
Hier soir, (après Drouet qui va faire une belle musique pour *Électre*, j'ai été voir *Andreï Roublev* [2]. Trois heures très éprouvantes, mais riches
je t'aime
S

---

1. Administrateur.
2. Film d'Andreï Tarkovski.

Paris, boulevard Murat, 30 décembre 1969, 18 h, adressée à Courchevel.
mardi 30

Bien aimé, émotion et fatigue alternent

hier, il y eut le pèlerinage Gare de Lyon (avec mon billet de réduction de congé annuel, et je pus mesurer ce que les braves gens doivent subir de queue et d'ennui pour profiter de leurs légales vacances. Ce devrait être un bureau charmant avec des employés empressés.) Mais émotion aussi de « préparer » ce voyage vers toi, alors que d'habitude je prends le train au pied levé. Enfin, souci d'économie qui t'attendrira. Et puis, cette rencontre avec Jean-Paul. Stupéfiante. Et me parlant de toi. O c'était bon. Il semble que toute jalousie à ton égard ait disparu. Sans doute parce qu'il pense que tu es mon bien. En revanche, il emmène sa femme chez Furs ! (où il n'était qu'à peine venu avec moi mais qui est <u>mon</u> fourreur.)

Il travaille et semble heureux. Il m'a demandé si je consentirais à tourner pour son feuilleton une personne qui répond à tous les téléphones et que les chauffeurs appellent l'<u>Étoile</u> à cause de sa voix. Quand on la voit enfin, elle est aveugle. Qu'en penses-tu ?

Réfléchis-y et nous en parlerons.

Peut-être demanderai-je à la Télé le « avec la participation de S.M. », ce qu'ils refuseront sans doute.

Ce matin, feuilleton Karamazov[1] à l'aube. Je suis rentrée ensuite manger un steack haché. Et je classe, je range, je lave – je téléphone ! avant d'aller de nouveau voir des Oreste.

Je prépare mes jours de retraite Courchevelienne, voilà tout.

Et je t'aime

S

O ta voix matinale, quel inattendu bonheur.

As-tu reçu mes petits cadeaux ?

---

1. *Les Frères Karamazov*, célèbre roman de Dostoïevski.

1970

**Paris, maison de l'ORTF, 13 janvier 1970, 10 h,
adressée à Courchevel, au dos de l'enveloppe :**

Poussonpoussonpoussonpoussonpousson

ce soir, avant 11 heures

Mon âme chérie, mon trésor, mon parti,
<u>Mon pas-encore-parti</u>
quand j'écris cette lettre, et cela m'est insupportable.

Je peux voir le train démarrer, quitter le quai... c'est affreux. Jamais plus. Jamais plus tu ne parviendras ainsi à me chasser de ton départ.

Triste est la maison (j'ai allumé la radio pop-club et la télévision sans aucun réconfort

triste sera la nuit, et le jour, et le soir, et la semaine, et le mois...

Faut-il s'en plaindre ou s'en louer, je ne sais. Mais la seule chose indéniable est que ça fait mal
    je t'aime
     S

Paris, rue Duc, 17 janvier 1970, 17 h 45, adressée à Courchevel.

Cher aimé, que c'est dur de reprendre l'inéluctable habitude de la page blanche

sans pouvoir supposer ou craindre que la lettre te croisera, te manquera, t'attendra.

Non, à coup sûr elle t'atteindra.

Journées terribles (avec toujours ce rhume dans les oreilles et les sinus).

Karamazov pour commencer, répétition, et – aujourd'hui inauguration.

Exposition très belle sous le chapiteau. Réussite.

En sortant de là, je suis passée voir Barrault à l'Élysée-Montmartre.

Touché que je pense à lui ! mais dans l'impossibilité de la mettre en scène cette saison-ci.

Médée [1]... ou un Lorca... je ne sais. Je réfléchis.

Mais je t'aime

S

Paris, rue des Abbesses, 19 janvier 1970, 16 h 15, adressée à Courchevel.
lundi matin

Cœur de mon cœur,

Le petit monde humain est médiocre, rabâcheur, excédé, excédant.

De Watteau qui hurle au téléphone (alors qu'hier je fus obligée de recommencer à 0 le chœur) – mais, la nouvelle actrice coûtera plus cher !

A la comptabilité Danet qui tente de me rouler tout en me caressant

O cœur,

---

1. Personnage de la mythologie grecque, portée au théâtre par les auteurs tragiques grecs et latins et par Pierre Corneille.

Vite
Chamonix de mon cœur
je t'aime
ô t'entendre – même endormie parmi des dizaines de gens –
quel bonheur

Paris, rue Jean Richepin, 20 janvier 1970, 19 h 30, adressée à Courchevel.
mardi matin

Aimé chéri,
il m'est agréable de pouvoir t'imaginer avec précision
ainsi cette soirée russe (que tu prévois longue – de grâce, ne te fatigue pas pour des bêtises)
ainsi toi, hier, comme moi, devant *les Coulisses de l'Exploit*[1], qui ne méritaient guère leur nom.

A Paris, bruine et brouillard. C'est sans importance. Mon grand studio de Maubel[2], où Netter dessina à la craie la plantation d'*Électre* est insalubre à souhait.

Je dirai avec l'Ecclésiaste « vanité, tout est vanité ».

Toutefois, il me plaît assez de penser qu'*Électre* sera de nouveau sur les colonnes Moriss. Cela en embêtera quelques-uns.

Il me plaît aussi de montrer cette *Électre* à une nouvelle génération. Chaque fois que je rencontre un adulte qui, étudiant, la vit aux *Noctambules*, j'ai le cœur qui bat.

Pour sa grandeur même, j'ai obtenu le concours d'une sœur Vlady[3] – il y a si peu d'œuvres qui remuent le cœur à bon escient.

Mon chéri, voilà pour l'immédiat.

---

1. Célèbre émission de télévision de l'époque, exaltant les réussites spectaculaires.
2. Studio de répétitions de théâtre, à Montmartre.
3. Hélène Vallier, née Poliakoff, sœur de Marina Vlady et Odile Versois, qui accepta de jouer dans le chœur. Décédée en 1988.

Mais je rêve au jour où, machine en main, j'arriverai à Moûtiers, parfaire notre
3ᵉ royaume
je t'aime
S

**Paris, rue du Louvre, 22 janvier 1970, 20 h 30,
adressée à Courchevel.**
mercredi

Cœur chéri, cœur de mon cœur, les jours ne se suivent pas, ils s'enjambent ! Il faut veiller à tout. À l'affiche des Tréteaux (que j'ai encore fait refaire) aux journalistes, au texte d'*Électre* qui ne rentre plus dans ma tête. Ma troupe veut travailler. Avec ardeur et amitié, mais c'est maintenant après-midi et soir qu'on répète.

Vendredi, télévision sous le chapiteau. Et Danet a demandé une scène d'*Électre* ! Belle revanche. Je crois que c'est pour *Panorama*.

Et au milieu de tout cela, je t'aime, te retrouvant sur les pistes avec moi, chaque soir en m'endormant et chaque matin en m'éveillant. Chère photo du passé. Bientôt, c'est moi qui t'aiderai à skier sur longs skis en te tenant par le coude.

je t'embrasse (à la canadienne, pour l'instant)
je t'aime
S

**Paris, rue du Louvre, 22 janvier 1970, 20 h 30,
adressée à Courchevel.**
jeudi

Je suis un peu crevée. Le contrecoup, aussi, des antibiotiques que j'ai pris.

Et puis cette *Électre*, qui me dévore par tous les bouts (et dont tu verras un extrait à la Télé !...)

Rien que cela valait la peine.

Ceux qui ne m'aiment pas, qui n'aiment pas la tragédie grecque, qui auraient voulu la monter, qui regrettent que je l'aie montée... etc.

Même s'il n'y en a que 2 min
ça vaut le coup, le choc.
Choc de mon cœur, je t'aime
S

Paris, 16ᵉ, 5 février 1970, adressée à Courchevel.

Aimé, mon cœur, je fus à l'Odéon (de 19 h 30 à 2 heures : *Richard II*[1]).

Pièce que je connais si bien – c'est la 1ʳᵉ création de Vilar à Avignon, et j'y jouais un petit jardinier –

Eh bien, j'ai trouvé ça beau.

Bien sûr, Chéreau[2] n'articule pas toujours parfaitement, bien sûr, il y a des mélanges, des fausses audaces, des « si ça prend » – mais j'ai pleuré sur la misère métaphysique des rois

et que demander de plus en écoutant Shakespeare.

Ce matin : Chateau ! « On m'a dit vous avoir vue à cette immonde chose... »

j'ai raccroché.

O être admirée par ce qui admire le pire ! quelle disgrâce. Bref, le public hurlait « bravo » parce qu'il était touché, concerné. Le théâtre, finalement, n'est pas viable. Voici pourquoi. En peinture, Van Gogh passera à la postérité 50 ans plus tard, cette représentation, non. Hélas.

Mais aussi, il demeurera indéracinable dans la mémoire de quelques-uns.

Michelet[3], finalement, a raison. Le théâtre doit vivre de pauvreté, ne pouvant, s'il est grand, attirer la multitude des

---

1. Pièce de Shakespeare.
2. Patrice Chéreau, metteur en scène de théâtre et réalisateur de films. Fut directeur du Théâtre des Amandiers, à Nanterre.
3. Edmond Michelet, Ministre de la Culture.

cons. Même Gabin, un jour, débina les Pitoëff, les traitant de paumés à accent et sans talent – et je quittai la table (ce qui mit Papa hors de lui, et moi hors du circuit Gabin).
Bref je t'aime
S

Paris, 16ᵉ, 5 février 1970, 10 h 45, adressée à Courchevel.

Additif à la lettre sur Richard II.
Certes, avant tout, Chéreau se fait plaisir.
C'est pas pour le public
et c'est guère pour l'auteur qu'il travaille
mais le résultat m'a fait battre le cœur. Je conclus, donc, que ça n'est pas si simple.
je t'aime
S

Paris, rue Jean Richepin, 9 février 1970, 12 h, adressée à Courchevel.
samedi

Aimé, cette nuit, t'ai-je entendu ? ou bien Éric ? ou bien en rêve. Tout à coup, j'ai été réveillée par le téléphone qui ronronnait au sol. Sans doute l'avais-je décroché ? Pour te répondre ? ou en songe ? Éric vient tout compliquer. À Tunis, j'ai fait un rêve érotique avec S. Frey[1]. Si, maintenant, Éric s'en mêle...
Alors que mes pieds dans tes pieds, je voudrais m'endormir et m'éveiller. Ce matin, à la radio, Bozzufi[2] (qui joue mon amant) m'a saisie dans ses bras – devant le micro. Et j'ai tremblé des pieds à la tête ! Ça va, comme tu vois.

---

1. Sami Frey, comédien.
2. Marcel Bozzufi, comédien. Décédé en 1988.

De plus, j'ai depuis 2 jours, un gros souci, comment vêtir la Pute ? Tout Paris viendra, et me verra – non pas « dans la *Putain*[1] » mais moi. Donc, il faut prendre garde. Or, je ne <u>vois</u> pas comment la vêtir, de nos jours. Et d'autant moins que Danet – par Poron[2] et moi – a enfin découvert que cela se passait dans le Sud, et il va s'habiller (en sénateur) à la coloniale. Donc, et moi ? et la pièce date, et de nos jours, rien n'est plus nouveau à dénuder – et puis, la *Putain* a épuisé toutes mes réflexions !

Bref, après 2 jours de tourment, et 8 jours avant la 1re, j'ai téléphoné à Cola[3].

Et parlé, et réfléchi avec elle, et regardé...

et j'en sors

toute regonflée !

Parce qu'elle est dans le corps avec moi, parce qu'elle m'a proposé un voile transparent étonnant

parce que je ne suis plus seule, et que Cola appartient à <u>notre</u> mythologie, et qu'une fois encore tu m'as prise par la main.

Cette terre de paix deviendra-t'elle solide ? Est-ce vrai que tu seras bientôt disponible à l'amour de moi ?

Qu'importe, puisque TU es

Je t'aime

S

Sans date, affichette avec photo de Silvia et « Silvia Monfort signera son livre LES ANES ROUGES ». Au dos :

Encore un départ
puis un prompt retour
garde bien ton dard

---

1. *La putain respectueuse.*
2. Jean-François Poron, comédien, l'un des interprètes de *La putain respectueuse*. Connu du grand public pour son interprétation du duc de Nemours dans *La Princesse de Clèves*, film de Jean Delannoy, avec Jean Marais et Marina Vlady.
3. Probablement costumière.

sous d'épais atours.

Puis, en un printemps
(que je vais guetter),
qu'il surgisse au vent
pour me traverser.

**Sans date, papier à lettres du Grand Hôtel
du Rond-Point des Pistes à Courchevel.**

Le Cantique des Cantiques,
mon cœur,
c'est le quotidien billet que je t'envoie, que tu m'envoies,
le chant de chaque jour renouvelé de toi à moi, de moi à toi.
Tiens ! voilà que j'ai envie d'appeler le 3e royaume le Cantique des Cantiques !
Fils d'Israël ? je te trouve beau et le fil écarlate de ta bouche, et le sachet de myrrhe de ton sexe
me font battre le cœur.
je t'aime
de toute ma face,
et l'arrachement qui va se produire ce soir
me fait bien augurer de tous les autres soirs de ma vie
je t'aime
S

**Paris, rue du Four, 12 février 1970, 16 h 15,
adressée à Courchevel. Dans l'enveloppe, un bout de carton
déchiré, rouge d'un côté, blanc de l'autre, sur lequel Pierre
a écrit :** *me cacher sous tes pieds que j'embrasse.*

Cher ange, cher aimé – un hasard a replacé ce bout de carton par terre (à moins que ce ne soit ma femme de ménage, qui ressort méthodiquement tous tes messages d'amour de sous la lampe de chevet, d'entre les livres pour les bien exposer). Elle me compose un « environnement » digne des meilleurs spécialistes du territoire.

Environnement dont j'ai peu le temps de jouir, me couchant dans l'hébétude, me relevant dans l'hallucination. Hier j'ai fait et envoyé un nombre incalculable d'invitations – si je me donne tant de mal pour la robe, le rôle, le décor – il faut qu'on me voie !

Je fais aussi des lettres pour les lycées (pour *Électre* !) je finis les *Karamazov*, je prépare l'émission du *Prestige* avec Rose-Marie... à quoi bon tout dire ? c'est presque incroyable. Mais je préfère cela, tant qu'à faire d'être à Paris.

Jean-François Poron (qui sera très bien) a une nostalgie de sa chasse, moi de ma montagne (et je lui ai dit pourquoi, en plus) alors nous soupirons en commun, et ça soulage.

le décor sera bien
bref, je ne perds pas mon temps.
Mais c'est loin, c'est long, c'est dur
c'est doux
je t'aime
S

**Paris, rue de Chaillot, 18 février 1970, 18 h,
adressée à Courchevel.**
nuit de mardi – 3 h du matin

Aimé, mon amour, comment te dire aujourd'hui ?
et par où commencer ?
le sommeil lourd du matin, sans joie, le corps tendu vers toi, ouvert à toi ou la dernière heure de ce soir, l'appareil à la main pour te télégraphier TOUT ; puis l'impossibilité où j'étais de t'attrister, alors... juste : « je t'aime » c'est-à-dire l'essentiel, c'est-à-dire tout ce qui est vrai, et tout ce qui importe.

1er appel du matin : Danet : heureux de m'annoncer que le Pédagogue ni Oreste[1] ne seraient libres et que, au reste, on ne pouvait jouer que le jeudi et le samedi à 14 h 30, pour les lycées.

---

1. Personnages d'*Électre*.

Puis *Combat* chez mon impresario. Journaliste sympathique, à qui je dus annoncer quand même *Électre* puis... le collant, les lacets, etc. chemin que je fis sur le souvenir du nôtre.

Puis, Télévision de la *Putain* – je te passe le froid, la loge fermée... qu'importe !

Puis 3 représentations devant des salles vides [1]

A la 1re
Claude Sarraute [2]
et 5 spectateurs
à la 2^e
Chateau + 4 spectateurs (et Lola Prusac, furieuse du vide)
A la 3^e
mon filleul + 3 spectateurs
et ensuite : Danet.

j'oublie le rendez-vous avec Serreau, et la visite des caves, entre 4 et 5 heures.

Donc, Serreau :
« j'aime beaucoup. Impossible avant 6 octobre ».

les caves [3] : une est bien mais appartient à l'aménagement du territoire (j'en fais mon affaire)

Ensuite : Danet – Diner (car je refusai de monter dans sa loge, étant asphyxiée [4] par 5 heures de chauffage)

Électre ? « non », puis « oui. 15 jours. »

Dans les caves (si je peux les obtenir) avec *Paris-Match*, alors ; etc. etc.

il est paumé,
Il va perdre
4 millions 1/2 en 15 jours
ce qui ne m'a pas empêchée de le traiter plus bas que terre
Il me trouve « blessante » mais tout peut s'arranger si je le veux.

---

1. Souligné 6 fois par Silvia.
2. Journaliste, écrivain et critique. Fille de l'écrivain Nathalie Sarraute.
3. Silvia joua *Électre* dans les sous-sols des Halles alors en démolition.
4. Souligné 4 fois par Silvia.

Le veux-je ?
Demain j'appelle Wilson
Demain il fera jour
Après demain
je viendrai écrire à Courchevel
Cette nuit, je t'aime
– mais je suis épuisée
ô mon cœur
merci de toi.
S

**Paris, rue de Chaillot, 18 février 1970, 18 h,
adressée à Courchevel, papier en-tête Les Tréteaux de France.**
mercredi matin

Cœur de mon cœur
j'ai appelé Danet (pour envisager avec lui la cave, etc.) j'ai eu (à 12 h 30) sa femme qui le laisse dormir jusqu'à 2 heures 1/2, car alors « il a le coiffeur ».
Après le désastre d'hier et les projets mille fois retournés ensemble – quelle honte.
Cela m'a fouetté le sang.
J'ai écrit à Philippe Lamour[1] pour lui demander la cave
j'ai téléphoné à Wilson pour lui confier *la Chatte sur les Rails*
j'ai préparé un plan d'attaque.
Je suis épuisée, enrhumée et j'espère que tout foirera et que je viendrai m'enfouir en troisième royaume avec toi. Mais, au moins, j'aurai lutté en bonne chèvre jusqu'à l'aube de cette saison-nôtre-donnée.
je t'aime
sans cet amour, j'en aurais mare mare mare
or

---

1. Haut fonctionnaire et ami. Spécialiste de l'aménagement du territoire.

je vais très bien
S

Paris, rue du Louvre, 19 février 1970, 19 h 30,
adressée à Courchevel, papier Les Tréteaux de France.
jeudi matin

1ʳᵉ lettre !

grosse bonne lettre pleine d'amis à toi, de pensées à toi, de transmissions à moi (que je montrerai, pour sûr).

Hier, Molinaro [1] est venu, avec sa petite fille. Il a trouvé bon le spectacle, il t'en parlera sûrement.

je t'aime, t'aime, et je suis si heureuse qu'il ait neigé sans cesse pendant tes séjours à Paris. C'est plus rond encore pour moi.

Maxime Saury [2] est génial – j'ai eu la joie de l'entendre trois fois, c'est toujours ça. Sauf à la séance de Molinaro (la 2ᵉ) c'était aussi vide. Même Lola Prusac a fait des listes de groupes à toucher, que j'ai transmises à gros-con.

Wilson a la Chatte
Barrault la Médée
et je saurai bientôt si j'ai les caves.
je t'ai toi. Mon toit
S

Paris, rue du Louvre, 23 février 1970, 17 h 45,
adressée à Courchevel, enveloppe Frantel Besançon.
vendredi

Faute de papier, faute de temps pour en acheter, j'attaque Romanet pour toi (sachant que tu me rendras Romanet au centuple !)

---

1. Édouard Molinaro, scénariste et réalisateur.
2. Célèbre clarinettiste français.

Heureusement, j'ai eu ta voix, là, au cœur du désastre et du travail.

Après, Danet. 2 heures, crayon en main, pour décider de l'installation de la CAVE. Épuisée, rentrant à 2 h 10, je n'ai pu dormir avant 5 heures. Et ce matin je dois m'occuper de l'affiche, puis enregistrement du *Prestige* de 2 heures (avec Sophocle) à...

5 ou 6 heures et course dans les 3 halles.

Mais tu es au bout du parcours – très bref maintenant et j'écrirai Romanet, et je m'occuperai de tes clients de Pâques (aide-moniteur pour cette fois-ci) et nous serons heureux, heureux comme il n'est pas possible d'être heureux.

J.-F. Poron, toujours gentil, m'a dit : « J'irai peut-être retrouver Pierre à Courchevel à la fin du mois ». Je fus à peine surprise, car il est homosexuel, et, visiblement, tu l'intéresses. Cela m'a fait

Texte dactylographié et barré par Silvia

Par la suite, elle lui demandera ce qui lui permit au premier coup d'œil de l'estimer vulnérable. Une certaine oscillation, dira Sébastien. Bien que prête à le croire en tout, Christine sursautera. Quoi ! n'est-elle pas toujours allée de l'avant sans hésitation ni heurt dans l'unique sens où la portait sa vocation ? [1]

chaud tout au long de la colonne. Où en sommes-nous ?
Moi je t'aime
S
Malgré l'épuisement, j'aimerais me « tortiller sous toi ». Cher Audiberti.

---

1. Extrait de *L'Amble*, sixième roman de Silvia (Julliard, 1971).

**Paris, rue du Louvre, 23 février 1970, 17 h 45,
adressée à Courchevel.**
dimanche

Si bien aimant, si tant aimé

je fais un nouveau courrier Tréteaux – celui d'*Électre*, aux animateurs culturels, etc.

j'ai une très grande lassitude, un point dans le dos, et mare mare mare de Danet. Mais je ne veux, ni ne peux démissionner d'*Électre*. De toutes manières, c'en sera bientôt terminé. Avant les fêtes ! alors...

je vais donc écouter ton conseil nocturne quant à Ionesco mais, tu sais, j'ai tellement envie de travailler avec d'autres...

J'ai relu Ionesco après notre appel, cette nuit – je ne peux pas dire que cela me touche vraiment.

Il faut reconnaître que le théâtre est dans une impasse puisqu'aucune forme actuelle ne m'attire.

Mais, comme dit Madeleine[1], tant qu'on me propose du pain, je ne parviens pas à tout de suite cracher dessus.

Temps gris et morne. Je pars m'enfouir dans les caves des halles, le cœur encore plus gris. Mais je t'aime, ô lumineux et parfait amour

S

**Paris, rue du Four, 25 février 1970, 16 h 15,
adressée à Courchevel, 3 feuillets d'agenda, recto-verso.**
hier soir

La Coupole, où je suis venue chercher nous, et la vie qui s'ensuit, et les amis qui surgissent – dès que nous sommes nous.

J'ai trouvé une petite place, il est 10 heures moins le quart

et je n'en peux plus de Danet (il nous met des bâtons dans les roues, et parle, et triche, et coupe la moitié des extraits de presse, puis me les cache !)

---

1. Peut-être Madeleine Renaud.

A ce point !

J'ai envie de mettre ma tête dans un sac, et de te l'envoyer !

Honte, honte perpétuelle. Mais le train est sur les rails.

Jouer *Électre* pour la dernière fois ! Oui, la dernière, car, aurai-je le courage de faire la tournée d'automne ?

Avec toi, oui, oui, oui –

Avec toi tout sans toi,

je pense que le monde est foutu par le seul fait de la nature humaine

inchangeable

Alors que la vie, et la neige et le monde et toi sont si beaux !

Vite, nous enfouir pour <u>commencer</u>

je t'aime

S

Paris, rue Jean Richepin, 27 février 1970, 17 h 45, adressée à Courchevel.
vendredi

Après une terrible nuit, une lettre charmante : « Qu'y puis-je, je m'ennuie de toi... ? »

Tu y peux tout, justement, et m'aimer m'aimer – et c'est pourquoi tu t'ennuies de moi, et c'est bon, et doux, et cautérisant.

Le récit de ta lecture de l'éditorial de Clavel m'a fait rire aux larmes

alors que je n'ai pas fermé l'œil

hier, depuis 2 heures j'ai l'estomac barré – et 3 *Putains* dans cet état après une répétition d'*Électre* et avant 2 heures dans les caves pour essayer le praticable !

Fatigue nerveuse, et mauvais environnement, mais ma cave m'inspire confiance.

Nous verrons

O je t'aime, va

et j'ai fait rire Rose-Marie 5 min – alors qu'elle me demandait si tu n'avais pas trop d'ennuis avec la neige je lui ai dit qu'elle te permettait de prendre une dizaine de clients à la journée et que tu étais prêt à nous nourrir. (elle a ri, de mon récit – alors qu'on va sans doute supprimer son *Prestige* !)

Jamais le théâtre ne fut si pauvrement traité. L'émission *Les 3 coups* est supprimée (tu sais, les extraits de pièce du dimanche) ; ce n'est partout que pauvreté et ratage (Rose-Marie m'a lu la critique du *Figaro* sur le *Cantique* au théâtre de la Ville, qui m'a bien réjouie.

O mon cœur, venir vers toi, avec toi, contre toi.

– Cette *Putain* n'aura pas été superflue, hier, un metteur en scène de télé, ami de Poron, lui a dit qu'il n'avait jamais vu une fille mieux faite. (Ce qui est charmant, c'est que mon homo-camarade m'a rapporté cela comme avec le sang-froid dont il eût parlé du décor.)

Je suis bien fatiguée, et la longue journée m'attend. Mais, ensuit, la longue vie. Ô que je t'aime

S

Paris, rue Singer, 2 mars 1970, 24 h, adressée à Courchevel.
lundi

O cœur de mon cœur, j'avais pas même pu prendre la plume, de tout dimanche, pour t'écrire, quelle horreur. Elle ne tenait pas entre mes doigts. Mais ta mère est là, si épanouie dans la tourmente et le dévouement que, vrai, c'est bonheur d'être malade.

Je ne vais pas bien. J'ai tourné de l'œil après mon bain, les joues toutes rouges. Mais ce soir, je prendrai, je te le jure, une décision raisonnable s'il le faut ? Je t'aime TANT
S

**Paris, rue du Louvre, 11 mars 1970, 17 h 45,
adressée à Courchevel.**
mercredi matin

Ame chérie,

un appel de Maurice Guillaud [1], ton Guillaud

Ionesco est « fou de joie » que je joue la fiancée, et très heureux de toutes les idées de Guillaud (toi aussi, j'ai dit)

il est question d'une tournée en Israël ! O cœur, tu imagines ?

Il est certain qu'avec Ionesco nous tenons une sacrée vedette

Il va essayer de m'inviter sous la Coupole vendredi pour sa réception

Bref, bref, bref, un pied heureux
je pars chez ta maman
S

Paris, maison de l'ORTF, 12 mars 1970, 18 h, adressée à Courchevel.

Amour, mon amour, démaquillée, abrutie, je vais au lit

J'ai eu Barrault : il n'a pas encore lu la pièce mais y pense constamment. Il l'emporte dans ses bagages et revient le 21

Demain j'appelle Wilson.

Vive Ionesco qui nous a rendu l'espoir théâtral. Si tu lisais les critiques

Maréchal, Vauthier [2], etc.

tu comprendrais le peu d'espoir qui me restait

avant toi

avant Guillaud et nous

ô je t'aime

Demain dure journée, où tu me tiendras la main, comme le Sphynx

je t'aime
S

---

1. Metteur en scène de *Jacques ou la soumission* de E. Ionesco, joué par Silvia.

2. Marcel Maréchal, comédien et metteur en scène lyonnais. Directeur successivement du théâtre des Maronniers puis du théâtre du huitième à Lyon, du Théâtre de la Criée à Marseille. Successeur de Jean Danet aux Tréteaux de France. Jean Vauthier, écrivain et dramaturge.

**Paris, rue du Louvre, 15 mars 1970, 24 h,
adressée à Courchevel.**
nuit de samedi à dimanche

Tu me manques beaucoup – ce soir parce que je suis heureuse. Merveilleuse soirée. Goldman [1] (le philosophe du théâtre et de Racine) était là, et pense que je suis la seule tragédienne.

Et puis, un vieil aristocrate est venu sur le plateau m'apporter une gerbe : il a dit au public : « Oui, la plus grande, la seule » – Et, ô merveille, ce soir, j'étais plus inspirée que jamais ! Donc je n'ai pas déçu cet homme qui <u>revenait</u>.

La matinée fut bonne, avec un peu de monde, et m'avait échauffée.

Bref, j'aurai au moins un soir été heureuse avec *Électre*.

Il n'est qu'une heure, mais je n'ose t'appeler, t'ayant éveillé hier.

Ma petite âme endormie – comme cela m'émeut.
Je t'aime
À demain
S

**Paris, rue du Four, 20 mars 1970, 16 h 15,
adressée à Courchevel.**
jeudi nuit

Bien cher aimé
2 *Électre*
1 Ionesco
1 interview *Paris-Jour*, voilà pour aujourd'hui
et, à l'instant, un appel de province !

---

1. Lucien Goldmann, auteur de : *Le dieu caché* et *Jean Racine dramaturge*.

Jack Lang (de Nancy, tu sais, l'organisateur du festival [1]) qui me téléphone pour me recommander un acteur tchèque –

Je vais me coucher.

Demain matin, je voudrais aller au lever du corps d'Adamov, et c'est tôt, et j'ai ensuite une longue et dure journée (Wilson, entre autres à *Électre*, à 2 heures, plein. Lycéens, un peu chahuteurs, à peine. Ionesco, belle distribution, le charme n'est pas rompu, au contraire. J'ai montré tes masques, ils ont séduit. Et ainsi, tu étais présent.

Comme tu l'es à cette heure de fatigue qui me fait présager la fatigue de demain.

Mais bientôt, ô bientôt, tes bras

Paris, rue Jean Richepin, 21 mars 1970, 19 h 30, adressée à Courchevel.
samedi 21 mars

Bien aimé, voici le premier matin de printemps ? gris et sale à Paris. Et qui va marquer le départ de ma cave, et de bien d'autres choses. Je crois aux signes.

Encore 2 *Électre* aujourd'hui, dans le froid. Mais tout ce que cette cave et ce Sophocle drainèrent de ferveur (la tienne, d'abord, et qui m'est la seule vraiment chère) valait le travail, le mal, le désenchantement, et les joies.

Je quitte les caves sombres et les saletés de Danet, et les vilainies

pour l'espérance
je t'aime
S

---

1. Festival international de théâtre universitaire.

Paris, gare d'Austerlitz, 22 mars 1970, 15 h 45, adressée à Courchevel.
samedi (entre les 2 Électre)

Cœur, Avec qui crois-tu que je puisse passer cet ultime entre – 2, si ce n'est avec toi.

Seule, après avoir lu *le Monde* et *le Canard* – vraiment je n'ai pas très grande estime pour Morvan-Lebesque [1] – je hurle pour avoir du papier.

Papier m'est accordé, papier quadrillé, innocent – Malgré les fuites de Pâques, jeunes filles et jeunes gens étaient là, peu nombreux, mais tout de même. Plus, quelques personnes intéressées : Laugier [2], le poète de *Buldor* (qui m'emprunta de l'argent) David Greenglass [3] qui voulait connaître… « les projets » (un bateau qui sombre ramène les derniers rats.)

O cœur.

Il se peut que jamais plus je ne joue Électre.

D'une certaine manière je m'en fous – parce que le rôle est trop vieux en moi,

je le connais trop,

je le domine trop,

il ne me fait plus frissonner.

(O merveille de notre amour

qui me coupe encore la respiration et trembler les genoux)

Merveille, de l'amour humain – comparé à théâtre et littérature !)

Car enfin, *Électre* est un sommet, pour moi, théâtral, et il est sclérosé. Alors que le sommet qu'est notre amour en notre vie est tout neuf et tout frais.

---

1. Journaliste, critique de théâtre, de cinéma et de télévision. Chroniqueur politique au *Canard Enchaîné*. Décédé en 1970.

2. Jean Laugier, poète et dramaturge, adaptateur de *El Greco* de Luc Vilsen, auteur de pièces comme *Buldor*, *Mala*, etc.

3. Frère d'Éthel Rosenberg, il s'accusera le 5 décembre 2001 d'avoir fait un faux témoignage au cours du procès des Rosenberg en 1951 aux USA, et d'être en partie responsable de la mort de sa sœur, exécutée pour espionnage au profit de l'URSS.

Depuis aujourd'hui, Danet me caresse. Je crois qu'il veut obtenir de Serge Antoine MA cave. Cette cave que j'ai découverte et créée !

Dussé-je me laisser caresser par l'amour, il ne l'aura pas !

Je t'aime, je t'aime et j'ai trop bu, épuisée que je suis dans les filtres les plus profonds. Vite, un café

je t'aime

S

je porterai cette lettre au Louvre,

cette nuit.

Première nuit de printemps,

dernière nuit d'*Électre*

nuit éternelle de

NOUS

**Paris, rue Saint-Romain, 9 avril 1970, 19 h 30,
adressée à Courchevel.**

Bien cher aimé,

Temps à nouveau uniformément gris. Agitation, agitations multiples : des auteurs m'appellent – me croyant directrice des Tréteaux, pour me soumettre leurs pièces. Et moi, je joins des directeurs pour leur proposer les miennes !

O cœur, cœur, cœur – vrai de vrai je crois que le théâtre n'est pas dans la préoccupation actuelle – sans doute parce que nous sommes en période de révolution, et que le théâtre, en ces époques EST la révolution.

Mais moi je t'aime.

Je t'embrasse le cœur

S

**Paris, 12 avril 1970, 18 h, adressé à Courchevel,
cœurs dessinés sur les pages.**

vendredi – samedi

O t'entendre !

T'entendre, le soir, en fin de journée, en fin de tout
après 2 heures 1/2 d'essayage dans le froid,
ou un auteur,
ou une répétition « pédés »
qu'importe –
t'entendre
Pour fermer tout,
pour annuler
bêtises, méchancetés, vilainies, ou travail
t'entendre
et m'endormir avec ta voix dans mon oreille
comme ton sexe en mes lèvres
c'est doux
je t'aime
S [1]

dimanche

Temps toujours gris, sale et mouillé. Je pense, donc, que tu es beau, ensoleillé, éclatant ! O mon cœur, comme cela m'apaise et me console.

Oui, cette nuit tu m'a trouvée fatiguée, et je le suis. Dehors et dedans. D'être séparée et de ne pas pouvoir, non plus, enfoncer de bonnes et solides racines dans ma vie théâtrale. Mais fonder une compagnie, ainsi que tous me le conseillent, n'est-ce pas folie ? Les acteurs de *Électre*, les témoins de l'extérieur... mais ce ne sont pas eux qui paieront les charges sociales ! Ils les réclameront, au contraire, et sauvagement.

Tréhard [2] n'aime pas *Médée*. Je ne regrette qu'à peine, car 15 jours à Caen dans une saison, cela ne fait guère bouger quoi que ce soit. Wilson a raison : <u>Quoi qu'on en dise, ce qui se fait en province n'a pas de poids</u> !

Sauf ce qu'on y fait toi + plus plus plus plus moi.

---

1. Cœur dessiné avec la signature.
2. Jo Tréhard (1921-1972), metteur en scène. Longtemps directeur de la Comédie de Caen.

je t'aime
S
je pars chez ta mère

**Nice, place Grimaldi, 17 décembre 1970, 16 h,
adressée à Courchevel.**
jeudi matin

O mon cœur, je retrouve la table, et le soleil.

Hier, la journée fut rude. Mais elle commença par ta voix. Et, tout à l'heure, je t'entendrai à Courchevel !

Cour chevel cour d'amour et de neige, court temps de séparation, cours d'ébats à venir.

J'ai retrouvé Nice et les Monnet [1] inchangés. La première parole de Gabriel fut d'insulte à l'égard de Michel Droit qui publia un méchant article à son adresse, sans le nommer, mais vantant les mérites de la nouvelle maison de Bourges. Passons, puisque tout passe. Mais j'ai retrouvé *Pucelle* à la répétition du soir avec une joie entière. Mais quelle fatigue pour ce 1er jour !

Aujourd'hui, le soleil éclaire Romanet encore fermé. Je vais l'ouvrir.

je t'aime
S

**Villefranche-sur-Mer, 29 décembre 1970, 12 h 45,
adressée à Courchevel.**
lundi

le buste et la face au soleil chaud, les doigts sur la machine, j'entends à la radio

---

1. Gabriel Monnet dirigeait alors le Théâtre de Nice, où il montait *Pucelle* d'Audiberti, avec Silvia dans le rôle principal. La pièce fut ensuite reprise à Paris au Festival du Marais.

« toute la France grelotte, la mer est gelée sur les côtes de la Manche, il fait – 20 °C à la montagne, Paris est sous la neige, les routes sont coupées... patientez ! »

j'ai honte. Mais songe que nous aurons Nice pour cultiver notre honte jusqu'au bout. Viva Nicea

vendredi soir –

eh bien c'est passé, mon chéri, et bien – Bonne salle et spectacle large (aussi grande scène que l'Opéra de Bordeaux) dépouillé et beau plastiquement – et bien reçu ![1]

je t'aime de cela.

je recommencerai demain (avec le trac). Merci de ta lettre arrivée juste !

Nice, R.P., 30 décembre 1970, 20 h 30, adressée à Courchevel.
mardi

Cher cœur. J'ai fini. J'ai mis <u>fin</u>. Oui, tu as bien compris, romanet est fini.

Il a plu. C'est relâche. Je n'ai pas quitté la table. Et maintenant, la nuit tombée, sans lui, sans toi, je suis toute bête. J'ai aussitôt saisi le stylo. Et puis je t'appellerai. Et puis je referai des pages. Je fus rarement inspirée comme aujourd'hui. Pourquoi ? Va-t'en voir.

Il est là, dans la chemise rouge. Je ne crois pas que je le referai. Ou bien il existe, ou bien il mourra d'une mort lente, en chemise rouge. La somme qu'il contenait, et pouvait contenir, est tombée dans ces 237 pages (scories comprises).

je t'aime
S

Dernière nouvelle : après relecture d'un peu, j'ai des pages et des pages à refaire.

Allelluya !

---

1. Première représentation de *Pucelle*.

1971

Nice, 1ᵉʳ janvier 1971, 20 h 15, adressée à Courchevel.
31 décembre

Aujourd'hui encore j'ai bien travaillé sur la fin de Romanet. J'ai même grande confiance dans le livre. Mais il est six heures, et je suis exténuée de fatigue.

Hier, la représentation fut merveilleuse <u>parce que</u> j'étais en forme. Dieu soit loué – puisque le Marais était là.

J'ai envie de remplir des feuilles et des feuilles pour les poster à 40 frs et plus de 20 g. Avant 71.

Quel sale tour on nous joue avec cette augmentation *au poids*. Si légère est ma main quand je t'écris. Finies les nappes en papier de restaurant, j'achèterai du bristol avion. Et je te soufflerai dans l'oreille.

Pour la dernière fois je te dis que je t'aime
en 1970
quand je rentrerai tout à l'heure ici il sera trop tard. Je t'aimerai en 71
Vive
71
S

dimanche

Hier, terrible journée – j'ai accueilli Duvignaud (qui va parler dans le *Nouvel Obs.* – ce qui est une démarche sympathique de sa part, puis : photographies (après le déjeuner) avec la maîtresse de Duvignaud, pour *Elle* (femme aux cigares) puis photos avec Monnet pour *Nouvel Obs*. Puis, rencontre avec les gens du Marais, puis représentation devant ce beau monde + Bertucelli ! (et j'étais exténuée, mais ils furent contents + Lanoux) et, ensuite, je dus les amener au *Nautique*, Monnet étant fatigué !

Vive la neige 71 !

Paris, rue Jean Richepin, 1ᵉʳ février 1971, 17 h 45, adressée à Courchevel.

Je t'aime à la folie.

Je suis abrutie de travail, et quitte la table (en retard) pour la radio

<u>Aucun</u> téléphone, sauf ta mère. Comme si le monde entier protégeait mon travail – Quel bonheur de s'enfouir dans ce qu'on aime.

Heureusement qu'en ton absence j'ai romanet.

Bien plus, il te contient à chaque ligne

Vive l'amble !

nous irons ainsi jusqu'à la mort

je t'aime

S

pas de lettres de toi !

la grève serait-elle commencée ?

Paris, rue Jean Richepin, 1ᵉʳ février 1971, 17 h 45, adressée à Courchevel, dactylographiée.

O ma petite âme

je ne suis plus que machine

je ne peux plus prendre une plume
mais tu es en haut de chaque page, et les premières lignes
mais je saute à la suivante avec toi, mon amour
mon amour aimé.
ma vie,
mon soleil
car sans toi je serais grise et froide tout au long
de l'année

**Paris, boulevard Murat, 2 février 1971, 19 h,
adressée à Courchevel.**
lundi

Je ne me couche pas, simplement parce que je sais que tu vas appeler. Mais je suis abrutie, crevée, incapable de poursuivre romanet. J'ai pénétré dans de profonds changements qui me débordent. Ah merde pour l'*Amble*. Mais la chose écrite est sacrée. J'ai entendu dans la voiture le triste Dutourd (vaniteux, solennel, écœurant, parler de son don).

Où es-tu ? sur les pistes, et, aujourd'hui, tout beau de grand air.

Pour moi, j'ai fait ma radio et vu Sénéchal[1]. Grand bonhomme sûrement sûr de soi, à l'esbrouffe, bavard comme une pie. En 3 petits tours, il dit tout savoir du malade. Mes cordes vocales ne se joignent pas dans la phonation (ce qui vient de l'enfance, ou de la puberté), ce qui me donne ma voix sourde et rauque – ce qui m'empêche de chanter.

Pour les oreilles, tout va.

Pour le nez ? radio chez Jourde[2]. Mais, déjà, les cornets sont très élargis. En principe, ce serait congénital, une intolérance à tout (pas de piscine, pas d'eau douce ! la mer, oui.) Et, surtout, l'hiver à la montagne. Et puis, au printemps, à l'automne, des brûlages qu'il me fera. Pour la sinusite, il attend les radios.

---

1. Oto-rhino-laryngologiste, ami de Pierre.
2. Radiologue, ami de Pierre.

Voilà, cœur.

Mais tu vas savoir tout cela dans une minute.

Ce que tu ne sais pas, c'est que je vais très mal sans toi. Mais, aussi, que je vis pour toi. J'ai fait un rêve atroce : je me tuais. Et tu hurlais. Pourquoi, pourquoi ?

Au réveil, je me disais que si tu te tuais, je penserais en effet que tu ne m'aimais pas. Car la seule idée, moi, de te laisser là, m'empêcherait tout geste inconséquent, même fugace.

Ah !! de beaux rêves.

Et des insomnies.

Mai viendra !

je t'aime.

Minuit 20 :

j'ai mal à toi

Paris, rue Saint-Romain, 10 février 1971, 19 h 30, adressée à Courchevel.

O mon âme, ma chère âme, c'est vrai, c'est la sortie d'écrou. Enfin, je peux songer à utiliser une feuille pour un autre usage que la machine à romanet. (Ce matin, toutefois, je suis un peu haletante, sachant que Wilson l'a lu cette nuit – et il ne m'appelle pas.) Peu importe, Heill m'a encore rappelée ! Il y tient. Je vois son directeur (généreux, m'a dit Sipriot) tout à l'heure. Donc, romanet sortira – dans l'éventuel Fayard, distribué par Hachette, donc aidé au maximum par Sipriot et Lagrange.

Gallimard, je laisse tomber. Il faudrait le faire <u>relire</u> par un autre lecteur, attendre… et j'en ai marre. Ma seule envie, ma seule nécessité est d'être avec toi. Ce que tu peux comprendre aisément.

O mon cœur, mon cœur, il fait si beau.

Hier, (et aujourd'hui), à Paris, c'est le printemps dans les veines. Le printemps qui pénètre une carcasse de fantôme a sur moi un effet insensé qui me procure une surexcitation à vide proche de la drogue (ce n'est pas désagréable, mais inquiétant. Si je meurs, au moins l'amble nous relatera, et <u>mon</u> idée de l'amour)

Cher cœur, ne sois pas triste pour ton livre [1]. C'est un livre de fond qui se vendra année après année. Il restera dans les librairies, chaque année pour de nouveaux débutants. Ce ne pouvait être un best-seller, étant donné qu'il s'adresse aux débutants et qu'il y a moins de débutants que de skieurs et que les débutants d'aujourd'hui le conseilleront aux débutants de demain... et ainsi de suite.

Je me languis de toi, de nous... la SNCF (et ses agences) me garantissent que je ne monterai pas dans le train vendredi (encore 4 jours de congé scolaire) et moi, je te fiche mon billet que j'y monterai

car je t'aime

S

Paris, rue Littré, 11 février 1971, 16 h 15, adressée à Courchevel.
jeudi

jeudi des enfants, et pour moi jour décisif de romanet 6 (ou 7, si l'on compte l'imposture de la *Raïa*) – c'est amusant : 6 romans, 7 titres. Il sortira quand nous aurons 7 ans et 6 mois d'amour. Et c'est le livre de <u>notre</u> amour. <u>L'allure</u> de l'amour écrite en lettres d'or.

Donc, ayant obtenu le maximum de Fayard, je vais tout à l'heure aux Presses. La partie sera plus serrée (un vieux contrat Julliard me lie virtuellement encore). Nilsen [2] aime, paraît-il. Reste Julliard. C'est pourquoi je vais jouer la carte de l'amour (amorcée déjà). Ou vous l'aimez, alors gros tirage – ou je vais

---

1. Pierre avait écrit un livre sur le ski.

2. Sven Nielsen, éditeur, fondateur des Presses de la Cité, ayant pris le contrôle des éditions Julliard en 1965.

chez qui m'aime. En te parlant, je me chauffe. En attendant, je vais chercher mes radios sinusitaires chez Jourde (qui, hier, m'a paru minable, traité avec condescendance même par ses assistants). Il partage un cabinet avec 3 autres docteurs, et rabâche. Je vais encore, aussi, me battre pour le billet de demain. De toutes manières, même couchée ou debout dans un couloir je te jure d'être là samedi matin. J'en ai trop besoin-envie.

Je t'aime, mon cœur bien séparé
S

**Paris, rue du Louvre, 15 mars 1971, 19 h 30,
adressée à Courchevel.**
lundi matin

Le retour ! mot atroce quand il s'agit de revenir en une ville où tu ne vis pas, en une maison où tu ne m'attends pas. Mes retours, c'est à Courchevel qu'ils se font. Alors, comment appeler cet acte qui me fait prendre le train en sens contraire ? Un voyage à Paris ?

Mon voyage, donc, a mal commencé. 40.000 francs de Peugeot sans raison, et ton appel triste et brouillardeux – cette histoire, encore, de nœud de vipère familial qui te tourmente, bien à tort. Oui, mon chéri, tu es l'ouverture, la générosité de cœur (ton aide à tous ceux qui passent – le moniteur à qui tu prêtes ta maison et ton crédit auprès de Behr, comme naguère la parachutiste ou l'enfant que tu pris près de toi à St Jean pour une parole en l'air à ses parents), tu es la gentillesse au sens exact du terme (de bonne race), tu es la patience et l'absence de toute rancune, tu es la naïveté et l'oubli (mieux, l'ignorance) des offenses. Alors je ne peux souffrir que tu souffres de toi. Or, tu étais malheureux ce matin. Malheureux parce qu'ils s'acharnent, pour l'unique raison que ton tranquille équilibre les dérange.

Je parlerai avec ta mère, mais, de grâce, tiens t'en là.

Ensuite, j'eus d'heureuses nouvelles :

Bresson (directeur général de l'ORTF) me reçoit jeudi (mi-carême).

Jullian[1] m'a envoyé une lettre à Courchevel (ouvre-la) pour me dire son admiration pour l'*Amble*. La chargée de presse m'en fit la lecture. <u>Ils</u> vont se battre au maximum et j'aurai mes épreuves mercredi matin.

Donc – voyage à Paris utile ;

Pour le reste, j'ai tout remis en branle, téléphonant, fumant cigarette après l'autre dans l'agacement de la molle indifférence générale des préposés.

Mais (bien que sourde encore, ce qui m'inquiète, et la lèvre gonflée) je porte sur moi, en moi, le souvenir de jours pleins, magnifiques et raisonnables qui me feront battre le cœur malgré eux tous.

Pour tout cela merci.

Je t'aime. Et c'est assez.

S

Paris, 23 mars 1971, enveloppe timbrée mais non oblitérée, adressée à Courchevel.
nuit de mardi

j'ai déjeuné chez un scénariste-romancier très coté : Daniel Boulanger. Il a une femme acupunctrice et 7 enfants. Maison campagnarde à Paris, paix, bonheur, intelligence.

Quand nous fûmes seuls et qu'il me fit visiter la maison, je lui dis : « Une famille, des enfants, dans cette condition de tribu, là, c'est merveilleux. » Et il me répondit calmement :

« Cela use et on se demande finalement pourquoi tout cela. »

Malgré nos convictions bien établies – je reçus quand même un choc.

Je t'aime. Seul sur ton sommet.

Douce neige, doux tapis qui nous attend.

je t'aime.

---

1. Marcel Jullian, éditeur, journaliste, écrivain, homme de radio et de télévision.

Demain, déjeuner avec Jullian, et remise de mes épreuves – jusqu'aux prochaines.

O je t'aime

S

**Paris, rue du Louvre, 25 mars 1971, 24 h, adressée
à Courchevel, nappe en papier déchirée écrite recto-verso.**

Chéri,

Je vais courir chez Julliard – voir ma bande « Une allure pour l'amour » que j'ai « commandée » vert foncé avec lettres rouges. Il faut bien que je te raconte tout puisque je t'aime

Jullian a fait le « dos » du livre (d'après des notes faites dimanche, car tu sais bien que je fais tout) lis et dis-moi – <u>vite</u> ! ce que tu penses, toi lecteur-acheteur éventuel qui te promènes chez un libraire et regarde de quoi il s'agit…

je fais tout

mais j'ai besoin que tu lises tout

je t'aime

S

**Paris, rue Poussin, 26 mars 1971, 19 h,
adressée à Courchevel.**

Cœur de mon cœur,

Demain j'enregistre *Iphigénie* (pour un nouveau disque) ce qui me permet de faire un peu dans le sérieux. (et puis, c'est 175.000 francs) Mais à l'instant je reçois les feuilles d'impôt pour Chamonix. Le bas de laine n'est pas pour demain. J'ai appris par B… que Danet s'achète un bateau et une maison en Bretagne ! mais comme j'ai reçu le papier jaune de l'assurance de ma voiture – je suis sans rancœur.

Et c'est moi que tu aimes. Alors je suis la plus heureuse des mortelles créatures

S

**Paris, rue Jean Richepin, 27 mars 1971, 17 h 45,
adressée à Courchevel.**
samedi aube

Cœur de mon cœur,
Couchée à 2 h 1/2 du matin (je crois que j'ai <u>arraché</u> le Marais [1]) mais je dois visiter des caves gothiques, et <u>faire les devis</u> !

Je fus réveillée par le père Martin, qui rentrant de Normandie, la tête pleine de livres sur le théâtre, et qui me bourra d'anecdotes sur les histrions, de 9 h à 10 h ! Je voudrais avoir le temps de lire encore un peu, pour être brillante sur France-Inter tout à l'heure (j'ai demandé à Allio [2] de venir) et lundi, pour le panorama culturel, j'ai demandé au père Martin qui, d'ailleurs, a une telle hâte de me voir (et de lire *France-Soir*) qu'il passe me voir cette après-midi à l'enregistrement d'*Iphigénie*. Parfait pour ma réputation : les moniteurs, les hommes d'église, <u>ils</u> auront de quoi se mettre sous la dent. Sans compter les présidents de Festival ! Si le Marais se fait pour *Pucelle*, ça causera, car son état-major est contre Pucelle-Monnet. « Mais enfin pourquoi tenez-vous tant à jouer cette pièce-là ? » m'a demandé, hier, le président qui m'offre de jouer autre chose. « Parce que je crois à la conjonction unique. L'astre Audiberti, l'astre festival du Marais (souviens-toi, Mme D… ou je ne sais qui disait : oh ! il faudra que je retire mes places longtemps à l'avance) l'astre moi, qui brille pour snobs et public populaire, sont faits pour s'entendre. »

Le président en convint. Si j'ai le Marais, c'est seulement parce qu'1 personne sur terre (moi) <u>croit</u> à quelque chose

Ce n'est pas encore fait (à cause de la maison Monnet, alors, j'enrage. Mais je vais le convoquer à Paris)

Car je t'aime. Juste avant Joanine [3] qui, elle aussi, me manque actuellement pour la bonne circulation de mon sang.

je t'aime
S

---

1. Festival du Marais, où Silvia jouera *Pucelle*.
2. René Allio, décorateur de théâtre, réalisateur de cinéma.
3. Personnage de *Pucelle* incarné par Silvia.

Paris, rue Jean Richepin, 30 mars 1971, 13h30,
adressée à Courchevel, contenant une fleur jaune séchée.
lundi matin

Oui, chéri. Du côté Marais, c'est arraché. Et une sorte de lassitude m'en vient. D'autant plus que Monnet à qui j'ai demandé de m'appeler ne m'appelle pas... Bah ! Jeanne d'Arc en a vu d'autres avec le roi Charles VII !
Et j'apprends que mon livre ne sortira que le 25 mai (!) alors que j'ai des émissions sur la fin avril
et l'agence de presse m'appelle pour demain...
et la maison Julliard est en panne de standard
et je me lave les cheveux
et je dois aller chez Barrault ce soir (échange de bons procédés)
et je cueille sur la terrasse une fleur pour toi – des toutes premières.
Voilà pour l'éveil de la semaine après une nuit agitée
mais au cours de laquelle je t'ai appelé et entendu.
Il fait grand soleil, alors j'ai peur que tu sois dans le brouillard
je t'aime
S

Paris, rue Jean Richepin, 30 mars 1971, 13 h 30,
adressée à Courchevel.

Chéri,
au matin du Grand jour, il ne me reste plus une seule feuille de papier, toutes utilisées pour les notes
Ce matin (Monnet – le lâche n'est pas venu au téléphone !) m'appelle d'Antraigues. Monnet est grippé mais part ce soir pour Grenoble mettre en scène *Les Cloches de Corneville* !
Sa femme craint que tout cela (le Marais) le fatigue. J'ai envie de tuer. Et je me dis aussi, la mort dans l'âme, qu'on a la femme qu'on mérite. Alors ? triste Monnet.
Par ailleurs, pour Saint-Eustache, ça ne se présente pas mal. Hier, devant moi, Martin a téléphoné au *Figaro*, au *Parisien*, à l'*Aurore*, à *La Croix*, les flattant, leur donnant des communiqués

– me les passant ! Oui, j'ai dû parlé avec Baignères[1] (qui tant reçut de lettres après son article sur *Électre* dans le *Figaro*).

Tu seras là, mon cœur, avec moi, sur le banc d'œuvre, et devant moi, au premier rang. Tu me tiendras la main et je t'aimerai

Car je t'aime – d'avoir voulu venir, et d'être malheureux de ne pas venir

je t'aime
S

**Paris, rue Jean Richepin, 2 avril 1971, 13 h 30,
adressée à Courchevel.**

Cœur,
ton appel
puis madame Acquart[2] (son mari est sur la route, elle est inquiète) alors je pense que Monnet pris de panique ne répondra ni oui ni non au festival

puis Monnet qui – malgré tout – a dit oui.
C'est moi qui dois le remercier pour le Marais !!!)
Il est, au reste, complètement paumé. Hier, un somnambule se réfugiant en lui-même, en ses discours sur l'art, en ses conceptions du monde...

A la terrasse où je le posais, il restait
Bah ! un innocent vaut mieux qu'un petit malin – mais c'est dur.

2/ la bande[3] va être refaite ! j'avais dit la trouver tant laide, et elle a été tirée à des milliers.

Ils m'envoient la nouvelle bande en pneu !
3/ Lemarchand lit et corrige pendant son week-end

---

1. Barbara Rychlowska, costumière, critique au *Figaro*.
2. Claude Baignères, femme d'André Acquart, décorateur de théâtre, qui fit un magnifique décor pour *Pucelle*.
3. La bande de couverture de « L'Amble ».

4/ il est près de midi et je n'ai pas acheté la viande
et l'ombre noire de Martin se profile déjà
je t'aime
S

**Paris, rue Jean Richepin, 3 avril 1971, 17 h 45,
adressée à Courchevel.**
samedi

Ô mon cher chéri, faut le faire !

Appeler Acquart, le refaire de refaire le travail (ce qui ne l'amuse pas du tout alors qu'il fait un film et une pièce et qu'il déteste repenser un décor), l'empêcher de télégraphier non à Monnet, le convaincre de venir dans la cour de l'hôtel lundi matin, attendre lundi pour forcer les organisateurs à, tout de suite, conduire Acquart sur les lieux – car il repart..

voilà les moindres soucis.

Et je corrige mes épreuves (l'esprit calme et lucide ?)

Bah, bah, j'arrive

je t'aime
S

**Paris, boulevard Murat, 20 avril 1971, 16 h 15,
adressée à Courchevel (2 feuillets déchirés
et 2 feuillets intacts).**

Feuillets déchirés

O cœur de mon cœur, que le décrochement se fait toujours avec peine !

Ame errante, pendant des heures, j'essaie de me raccrocher à quelques pensées amicales (comme toi à Puschler [1] !)

Eh bien !

---

1. Moniteur de ski allemand, ami de Pierre.

J'appelle P. Sipriot (qui avait emporté mon livre en épreuves). Il me parle de son séjour à Cannes, de la maison dans l'île du Levant qu'il se loua pour l'été prochain (murs épais, belle terrasse, etc.) il me parle d'une émission publique qu'il fera à Nice – puis : « ton livre, c'est rudement bon ! » je n'ai pu m'empêcher de marquer le coup. Si les amis vous traitent en queue de leurs préoccupations, comment veux-tu que les indifférents s'intéressent ?

Ensuite, il m'en dit le plus grand bien, « un des meilleurs livres qu'il ait lu » (il en lit une 100 taine par mois !)

Bref, hors de l'amour, point de secours.

Je suis malheureuse, mais ça passera, un petit peu... puisque les jours vont passer

je t'aime

S

Feuillets intacts
mardi

Mon amour,

Le livre va naître. Je vais le voir . Tu le verras. Nous le verrons. Il s'appellera *L'Amble* (mon 6e, quelle mère dit mieux ? Ton 2e, quel père espère plus ?

Quant au père Martin, il part ce soir écrire de la musique – Voilà pour te rassurer. Il part à regret – voilà pour te prouver sa constance.)

Cœur de mon cœur, mes journées déjà sont trop pleines. Je t'aime totalement

S

Lettre sans enveloppe, probablement du 2 juillet 1971, à Paris.
jour de générale

Je me réveille ce matin mon âme le cœur et le corps transis.

Pluie fine, nuages noirs, ciel bas. Et, au téléphone, Michel Parent me dit qu'une amélioration est prévue pour demain. Cela me fait une belle jambe de Joannine !

Hier, ultime répétition – avec public. C'est-à-dire avec les amis des comédiens, tous gens de théâtre et comédiens. Le pire.

Cette après-midi, un bref flash pour télé Ile-de-France. Par ce temps, tout paraît dérisoire. Je me demande vraiment qui peut louer. Cette situation n'a de bon que rendre nécessaire l'activité culturelle continue dans le Marais. J'ai pris rendez-vous avec Claude Parent [1] – mais ô cœur – pour tous les rendez-vous je respecte dimanche lundi et mardi ! Tant pis si cette négligence est coupable. Car j'ai besoin de toi plus que du soleil. Car je t'aime.

S

frère et mon fiancé du 25, du 26, du 27....
 je t'aime
  S

Lettre sans enveloppe ni date.

Je t'écrirai. Je t'écrirai sur tout ceci, sur tout cela – je penserai à nous, comme toujours et un peu autrement. Mais je sais qu'il n'y a rien de bon dans la connaissance et l'aveu de ta pensée et de ta connaissance. De toute manière, je ne suis jamais surprise par une découverte de toi, je te pressens, je te ressens,

et même il m'arrive de te dépeindre non pas tel que je te sais, mais tel que tu es vraiment (et parfois je contrôle cela des années plus tard)

(A moins qu'entre temps, justement, tu ne sois devenu ainsi... ?)

je t'aime, je t'aime parce que tu es pour moi tout ce qu'il y a de bon et que personne moi non plus me semble-t'il, ne m'a aimée moi. (Souviens-toi de la carte de Jean-Paul que tu as découverte à propos du Sphynx [2] et qui, après des années de vie

---

1. Architecte, frère de Michel Parent. Il dessinera les plans du Théâtre Silvia Monfort, rue Brancion.
2. Personnage de « La machine infernale » de Jean Cocteau, joué par Silvia

commune, m'appelait une énigme !) Tu me connais et <u>pourtant</u> tu m'aimes. Et c'est cela sans doute qui me permet le mieux de vivre
  S

Paris, rue Jean Richepin, 21 décembre 1971, 13 h 30, adressée à Courchevel
invitation jointe

Église Saint-Eustache – Veillée de Noël 1971

<u>je passe</u> [1] à partir de 11 heures du soir, mais non chaque soir ! Tu me tiendras la main et je mettrai la belle robe dorée... *Invitation personnelle – (place réservée)*
lettre
Tu seras là – ô oui, et moi je serai là-bas
bientôt.
 Car je t'aime, et je veux pougner. Comme les deux pougnons-poissons. Et c'est trop dur. Et je ne parviens pas à me coucher. Et je bois de la bière pour m'abrutir. Et je te parle, t'invente, t'imagine.
 Oui, voilà.
 Et je répète mon tour de chant de Saint-Eustache !
  je t'aime
   S

---

1. « Passer » en langage de théâtre signifie exécuter une prestation, donc jouer une scène ou une pièce. On dit couramment « passer en générale » pour parler de la dernière répétition d'une pièce.

1972

**Paris, rue du Louvre, 12 janvier 1972, 13 h 30,
adressée à Courchevel.**
mercredi matin

O ce téléphone inerte ! alors qu'à toute minute j'ai envie de t'appeler. Cœur, mon cœur, on m'a coupé l'oreille ! et la voix ! mais tu m'entends, tu m'entends quand même, n'est-ce pas ?

cœur mon cœur la ville est triste sans toi, le lit est triste, toute chose est triste. Mais il faut bien que j'<u>aille</u>, pour que tu sois fier un jour de refaire la mine que j'aurai défaite.
   je t'aime
   S

**Paris, rue Saint-Romain, 22 janvier 1972, 17 h 45,
adressée à Courchevel.**
samedi

Cœur de mon cœur, est-ce que je rêve ? Brajot[1] pourtant n'est pas un rêveur. « Quand vous serez directrice du théâtre

---

1. Guy Brajot fut directeur du théâtre et des spectacles au Ministère de la Culture.

Molière[1]... » Oui, je rêve, mais c'est plus doux que d'attendre les appels de Topart[2] et d'Ivernel. Cher amour, je relirai les chapitres de ton livre, je t'aiderai de toutes mes forces pour que ce soit le plus beau livre jamais écrit sur le ski.

Car je t'aime
S

Paris, rue du Louvre, 25 janvier 1972, 13 h 30, adressée à Courchevel, enveloppe avion.
mardi

J'ai donc, hier, dîné avec Danet car il avait fini par me laisser comprendre que s'il souhaitait « boire le beaujolais avec moi », c'est que... c'est que... c'est que...

bref, Ivernel lui avait parlé du Claudel et il voulait s'y fourrer, me dégoûter du Festival du Marais, lui donner la création et jouer dedans ! (que de temps perdu pour en arriver là !)

Ceci, après une lecture délirante (« ton » œuvre, « ton » beau travail) car je lui avais fait lire, d'abord parce qu'on ne sait jamais, ensuite par goût de l'épreuve. Bref, qu'il trouve cela intéressant pour son exploitation me fortifie dans ma confiance.

Et toute la soirée, je me suis demandée ce qu'il m'évoquait. Eh bien, j'ai trouvé : *Les Rapaces*.

Car il n'y a plus en lui cette tendresse aguicheuse, cette flatterie caressante, ce jeu de l'amoureux transi. Il parle, avec le vin, des subventions, des 4 millions 5 que lui doivent les Aff. Cul. etc. et il est habillé d'une grande capote militaire bleue foncée

---

1. Le Théâtre Molière, rue Saint-Martin, fondé au XVIIIe siècle, était alors occupé par les Papeteries Gaubert. Silvia et Rose-Marie avaient trouvé un entrepôt dans le 13e arrondissement et tenté de faire un échange. Michel Day fit des plans, mais il s'avéra que le lieu n'aurait pas été rentable à causes des investissements importants qu'il nécessitait. Le projet fut abandonné. Plus tard, la ville de Paris en fit la Maison de la Poésie. Elle succède à celle que Pierre Seghers avait créée et animée dans le Forum des Halles.

2. Jean Topart, comédien que Silvia connut au T.N.P.

qui le fait ressembler à Stroheim ! Il est plus haut et gras que jamais, le visage lourd et le nez pincé au centre (ô je ne me trompais pas avec les bas de laine !). Dommage que je ne puisse le prendre comme administrateur.

    Je repars sur ma route plus solitaire que jamais
et tu m'y accompagnes
je t'aime
S

**Paris, rue Hippolyte Lebas, 1ᵉʳ février 1972, 24 h,
adressée à Courchevel, timbrée à 0,50 F, nappe en papier.**

Eh bien voilà : la 1ᵉ journée coule, coule
et tout recommence
ma mine bronzée les fait pâmer, et moi je pâme au souvenir de ce qui la bronza.

    Ma source, mon soleil, ma vie.

    je suis encore un peu étourdie de nos « confidences ». Qui confia quoi ? qui avoua ce qui n'était su – et moi je n'ai même pas nié ce qui était pourtant en partie faux. Quoi, faux ? tu sais à quoi t'en tenir et que, de toute manière, rien n'est VRAI pour moi hors de toi !

    Le reste est-il nuances ? N'empêche, des images s'imposent (nouvelles pour moi en ce qui te concerne,
Anciennes, effacées par le temps pour toi)
Mais
n'empêche aussi,
je t'aime et
– tu as ouvert un compte au Crédit Lyonnais avec moi
– poussé une fausse colère au Marais
– fait réparer la petite montre bague
– vendu à l'ORTF le spectacle poétique de Vitaly (auquel je participe en mai)
    et le directeur poétique et littéraire de l'ORTF…
    me demanda ma main !
(On n'en a pas fini, toi et moi d'être surpris !)

Et maintenant, tu vas te taper Netter actrice au La Bruyère, dans un spectacle de Coggio [1]
A la Brasserie d'Alarica
   je t'aime
     S

Paris, rue du Louvre, 3 février 1972, 19 h 30, adressée à Courchevel.
jeudi midi

Mon cœur, voilà, me voilà de retour à la maison. J'ai fait faire toutes les analyses. Beaucoup de sang ! j'ai tourné de l'œil et suis restée les mains paralysées plusieurs minutes. Même la laborantine trouve que le docteur... demande <u>beaucoup</u> de sang, et beaucoup d'analyses diverses. Enfin, j'aurai fait ce que je dois.

Au retour, je suis passée embrasser ta mère, qui me suppliait, puis je m'apprête à repartir pour le Préfet et... mademoiselle Legaret [2] qui veut me voir pour un projet de film sur le Marais.

Par ailleurs, le Vieux-Colombier et sa nouvelle direction me pressent d'envisager une série de la P... mise en scène par Michel de Ré [3] et décorée par Erté [4] + *Phèdre*.

Alors j'ai proposé la *Phèdre* de Sénèque, mise en scène par Ronconi (le metteur en scène de *Orlando Furioso* <u>qui ne dit pas non</u>). On verra. Quel doux métier que celui de comédienne. Songe donc ! aucun souci, toutes les exigences, et la saison prochaine assurée avec ce que je veux. Il faut voir.

---

1. *Les méfaits du tabac* de Tchekhov et *La fleur à la bouche* de Pirandello, mis en scène et interprétés par Roger Coggio, avec Jean-Marie Richier et Danielle Netter. Roger Coggio est décédé en 2001.

2. Sylvie Legaret, fille de Jean Legaret, sénateur et adjoint à la Culture du Maire de Paris, aida très activement Silvia à obtenir le Carré Thorigny, puis la Gaité-Lyrique. Décédé.

3. Comédien et metteur en scène (1925-1979).

4. C'est Erté (Romain de Terhoff, 1892-1990) qui avait fait les décors et les costumes de *Phèdre*, au Vieux-Colombier, dans la mise en scène de Jean-Paul Le Chanois en 1960.

je t'aime (je suis un peu faible)
je t'aime fortement
S

Nancy, place Saint-Jean, 7 février 1972, 14 h 15, adressée à Courchevel, papier Hôtel du Palais, rôtisserie des Cordeliers.
Nancy, le 6 février

Mon conseiller, mon étoile qui de loin me montre la route. Alors que j'étais lasse de tout, et surtout de prendre un train qui n'allait pas vers toi, tu m'as dit « mais si, mais si, il faut y aller, au moins tu seras dans une atmosphère de théâtre » – Et ce fut vrai.

Le Bread and Puppet [1] présenta d'abord un spectacle trop esthétique (influence du *Regard du sourd* [2] ?) et puis, une petite parabole digne de lui. Et quelle beauté dans les marionnettes ! je t'en parlerai plus longtemps.

Ensuite, soirée dans la Maison du festival où, un beau jour, nous arrivâmes ensemble dans le parc.

Et là, tous, Clermont, [3] Planchon, Serreau, Dumur, et il me fallut danser avec ce beau monde – et – ce fut secourable, je fus baignée d'estime haute. (Excellent pour le projet Claudel qui passe en commission lundi, et Dort, et Dumur [4]... font partie du jury de subvention.

Oui, tu avais raison.

---

1. « The Bread and Puppet Theater », troupe créée en 1962, associe les marionnettes géantes et les comédiens.
2. Spectacle de Bob Wilson.
3. René Clermont, comédien et metteur en scène. Décédé (1922-1994).
4. Bernard Dort (1930-1994), universitaire, fut Directeur du Théâtre et des spectacles au Ministère de la Culture. Guy Dumur (1921-1991), critique au *Nouvel Observateur*.

Et puis, je voulus appeler un taxi, et au milieu de la foule, je demandai ton numéro, je n'avais pu résister. Quelle heure était-il ?

Ce matin, rencontre-débat – Et encore un autre Peter Schuman [1] à voir. La fête, quoi !

La fête où tu me tiens par la main. Pas un pas ne m'évoque les jours où nous étions ici ensemble.

je t'aime

Paris, boulevard Murat, 7 février 1972, 12 h 30, adressée à Courchevel.
lundi matin

Aujourd'hui, se décide ma subvention, et j'ai vu hier Dort, Abirached [2], Dumur... (l'absurde Dumur, qui, d'ailleurs m'offrit sa chambre !) mais ensemble ils vont voter oui ou non mes sous. Et, devant Clermont-Tonnerre [3], tous les animateurs disaient que « j'étais la plus grande... » qu'importe qu'ils le pensent ou non – c'est tombé dans l'oreille des Aff. Culturelles.

Et si tu voyais le devis de l'architecte Leclaire pour le théâtre Molière, tu frémirais !

On verra.

Je vais revenir bientôt.

je t'aime

Il re-fait gris après une journée de printemps, la semaine dernière, à faire hurler de joie – ou de solitude.

je t'aime

S

---

1. Fondateur du « Bread and Puppet Theater ».
2. Robert Abirached, universitaire et critique, fut Directeur du Théâtre et des spectacles au Ministère de la Culture.
3. Antoine de Clermont-Tonnerre, fit partie du Cabinet du Ministre de la Culture, et présida ensuite la SFP (Société Française de Production).

**Paris, boulevard Murat, 16 février 1972, 19 h,
adressée à Courchevel.**

Cœur, il faut tout nous dire, n'est-ce pas ?

Depuis ce matin, je subis une petite dépression qui va jusqu'aux larmes. Après tant de joie, j'étais mal préparée sans doute aux coups reçus en quelques heures : les Rosenberg, les difficultés Claudel, l'indifférence des responsables, les bureaux des Aff. Culturelles qui ne répondent pas... et 5 heures de sommeil, irrémédiablement.

j'ai failli prendre l'avion de 1 heure.

Et puis, et puis, j'ai pensé que cette démission totale n'était pas digne de nous.

Alors j'ai allumé une cigarette (à 4 heures de l'après-midi) et pris la plume – jusque là j'avais dénoncé un déjeuner, et reçu des appels d'un cœur éteint.

Mon cœur, tu es là-bas, et peu à peu ta pensée me regagne toute, me fait dresser et tenir bon.

Je t'aime plus que moi-même
S

**Paris, rue Jean Richepin, 23 février 1972, 13 h 30,
adressée à Courchevel.**

O mon chéri, il y a tout de même de bons moments pour les êtres âmés :

Ce matin, à l'aube, la femme de chambre de Montherlant m'appela (par retour de courrier, si j'ose dire) parce que j'avais écrit à Montherlant, hospitalisé, et qu'il voulait savoir ce que je souhaitais lui demander ! lui, l'homme qu'on dit grossier, indifférent et misanthrope.

Alors, je lui écris pour lui demander une adaptation de la *Phèdre* de Sénèque. On verra bien.

Et tout cela, pour mon répertoire du théâtre Molière ! (ou ailleurs, ce sera facile).

Et moi, grossière, indifférente et misanthrope, je t'aime.

Michel de Ré a maintenant toutes les difficultés que je n'ai plus : appeler l'homme de Blois (toutes les 5 mn) faire la distribution, etc.

Rien ne va bien pour autant, mais nous sommes 2.

Pluie, pluie, pluie sur Paris, après ta neige, neige, neige...
je me love, je t'entoure, je te pougne et je te parle
S
je t'aime

Paris, rue Hippolyte Lebas, 15 mars 1972, 17 h 45, adressée à Courchevel.

Chéri,
J'ai reçu ce matin (via Julliard) ma proposition officielle pour le Club du livre de la femme. 40 000 exemplaires, d'abord ! à 25 francs le livre – c'est toujours ça.

Bientôt 80 000, pensent-ils...

Tout à l'heure, je vais enregistrer (avec Papa) pour la Télé, un avant-propos sur *les Misérables* qui passerait à Pâques !

Et je dois apprendre mon texte

Au grand soleil de Civry !

Aucun appel de toi cette nuit. J'ai attendu jusqu'à 12 h 30, puis je me suis couchée. J'ai dormi 8 h 1/2. UN grand progrès.
je t'aime
S

Lettre sans date, jointe à celle du 15 mars 1972, rue Hippolyte Lebas, 17 h 45, adressée à Courchevel.

Chéri,
ta voix. Ta voix parmi mes acteurs, auteur, président... ta voix que je pouvais seulement écouter !

Oui, la lecture[1] (qui m'a paru des plus ennuyeuses) s'est bien passée. Ivernel boulant, Topart faisant de la voix et

---

1. Probablement *Conversation dans le Loir-et-Cher* de Paul Claudel, dont Silvia fit une adaptation théâtrale.

Darbon de l'intelligence. Mais Pierre Claudel[1] était enchanté, sa sœur (grande bourgeoise stupide) séduite par la proposition de repli du Festival du Marais (que Raude proposa en cas de catastrophe, était-il sincère ? Ne sentait-il donc pas à quel point le texte paraissait ennuyeux ?) Bref, au mieux. Pour l'instant.

Mes comédiens se plaisaient si fort qu'ils sont restés jusqu'à 3 heures du matin !

La prochaine lecture aura lieu <u>mercredi</u>. Je voulais que tu sois là. Je t'aime et souffre de ne pouvoir t'adresser une lettre par jour.

Tu ne m'as rien laissé, pas même le nom des villes. Ô ta voix que j'aime
S

**Paris, rue Singer, 16 mars 1972, 24 h,
adressée à Courchevel.**
jeudi matin

Mon Pierre, mon chéri, le ciel s'ouvre, vraiment. J'apprends à l'instant que 2 garages dans le Marais peuvent m'être confiés — en attendant Molière ! Que d'espoir.

j'ai convoqué ce pauvre Igor[2] pour qu'il fasse des devis dès que possible. Il ne tient plus sur ses chevilles — et m'a dit oui. Nous le gâterons à l'égal d'Acquart, toi qui es l'ange tutélaire de ma vie.

Il fait si beau. Et chez toi aussi. Comme ce me fut bon de l'apprendre, dans la nuit de fatigue (et de joie) où nous étions bien. Cher télégramme qui commença les bonheurs.

Je pars répéter, le cœur en fête (et l'âme superbe : qu'ils ne M'EMMERDENT plus, des histrions, capricieux, frivoles et pour qui je travaille —

---

1. Fils de Paul Claudel.
2. Igor Hilbert, décorateur et scénographe.

je t'aime (mais changerai bientôt de métier, pour ne plus voir les comédiens)
S

**Paris, rue du Louvre, 22 mars 1972, 13 h 30,
adressée à Courchevel.**
mardi

Mon cœur,
je suis toute émue. Je viens de trouver en rentrant l'*Amble* relié. Et c'est un homme que nous avions rencontré ensemble à la Foire de Nice, et qui a tenu sa parole ! Ô merveille.

Tout continue. Ce matin, j'ai « touché » les plans du théâtre Molière chez l'Architecte. Et demain je montre tout ça à Trappenard[1] et Cie. Puis, vendredi, à Duhamel. Mes dossiers sont prêts.

Je fus bien plus émue encore en recevant ta lettre de la compétition

je suis FIÈRE de toi moi aussi, et tu es tout ce que j'admire, tout ce que je respecte + ce qui me fait fondre en larmes de tendresse.

Comme c'est bon d'admirer (c'est-à-dire d'aimer) comme c'est grand d'aimer (c'est-à-dire d'être en mesure d'admirer un être capable de susciter l'admiration + tout le reste)

Ton cher visage, tes yeux, tes gestes
oh tout cela me fait tressaillir jusqu'en mes profondeurs.
je t'aime
S

**Paris, rue Jean Richepin, 23 mars 1972, 13 h 30,
adressée à Courchevel.**
Lettre dactylographiée

Cœur, mon cœur, je suis à la machine pour, encore, des devis et des devis. Mais ce déjeuner quel succès !

---

1. Fonctionnaire de la Ville de Paris.

Oui, et je te l'aurait dit sans doute avant que tu reçoives cette lettre, Trappenard veut attaquer de la Malène[1] ! Donc, nous aurons, en plus du lieu, de l'argent, sans doute de la Ville de Paris !

Ah ! les louis y'a ! (telle est ma présente devise)

Tant de peine, tant d'efforts, si vraiment cela aboutit, je crois en Dieu tout puissant le père.

Je crois aussi en mon étoile qui me fit te rencontrer – pour me dire un matin, sur les cimes : « Tu t'égares, il faut tout regrouper au Marais, cherche un lieu ». Et je l'ai trouvé. La première manche est gagnée : la Ville. Nous aurons, je pense, de quoi faire l'équipement.

Deuxième manche : Duhamel[2] !

Troisième manche, la FNAC, en cas de malheur (et surtout en cas de bonheur, ça marchera à fond)

Et me voilà à ma table, me disant : mais il faut que j'apprenne ! car j'ai oublié mon métier de comédienne. Je suis un chef d'entreprise qui rêve pour ses week-end de montagne ! Au restaurant de ce déjeuner j'ai rencontré une fripouille immobilière qui m'a demandé de tes nouvelles...

Tu vois, tu es partout, je t'aime en tout, tu es mon étoile et mon ange gardien. Garde-moi, garde-toi. Et l'année prochaine, nous célébrerons nos officielles fiançailles :

    laïques, sur les pistes

    chrétiennes, à Saint-Leu (dont je fais sauter l'horrible autel afin d'y donner des mistères.)

Je te quitte pour apprendre – avec peine et double peine
    Je t'aime

    Silvia

---

1. Christian de la Malène, homme politique.
2. Jacques Duhamel, Ministre de la Culture.

**Paris, gare d'Austerlitz, 3 avril 1972, 14 h,
adressée à Courchevel.**
dimanche œuf de pâques

Tu vois, mon cœur, la cravate de commandeur de Dux [1] ne me paraît pas plus sérieuse que ma médaille de vermeil.
Médailles en chocolat.
j'ai travaillé le texte, sur la terrasse où le soleil m'a rejointe.
Puis, j'ai reçu Vitaly (de passage) et accepté de venir dire des poèmes à Nantes le 9 mai. Nous y partirons le 8.
Le 15, il y aura Heidelberg (un lundi) qui nous permettra, j'espère, de passer là-bas le samedi ou du moins le dimanche car je crains fort que l'ouverture du Théâtre du Marais soit postérieure à cette date.
Et moi je t'aime, sur ta soupe de neige, à tes micros, dans tes saunas
quand tu verras la piscine de la Martinique !
Irons-nous ?
je t'aime
S
je pars chez Rose-Marie (au chevet de sa mère – envoie-lui un mot pour lui dire que tu sais son épreuve et son courage et que tu penses bien à elle) – Elle va me faire dire mon texte.

**Paris, Hôtel de Ville, 4 avril 1972, 16 h 15,
adressée à Courchevel.**
lundi matin de Pâques

J'ai passé la soirée chez Rose-Marie. La solitude où elle est avec sa mère malade, pendant ces jours de fête, la rend plus bavarde que jamais. Il m'a fallu attendre 11 heures pour qu'elle me fasse enfin dire mon texte. Et je suis rentrée ici à minuit et demie et je n'ai pas osé t'appeler (tu as besoin de sommeil par

---

1. Pierre Dux, comédien, (1908-1990). Fut administrateur de la Comédie-Française.

ces journées chaudes, épuisantes), et j'en ai <u>voulu</u> à Rose-Marie. Mauvais sentiment.

Ce matin, je suis un peu plus calme que d'habitude. Je répète à 3 heures seulement, mais à Aubervilliers (le théâtre de la Ville est fermé) alors je me suis assise sur mon lit un bon moment pour ne penser qu'à toi. Avec une telle intensité, une telle ardeur, une telle admiration qu'il va falloir que tu te tiennes bien pour correspondre à ton image !

J'ai revu du passé, j'ai imaginé des à-venir, et puis je me suis roulée sur le lit en criant « Petit Pierre ! » C'est ainsi que R.-M. t'appelle.

O cœur de mon cœur.

Je t'aime
S

la fleur que je t'ai envoyée avait poussé sur notre terrasse. La 1re. J'ai oublié de te le dire

**Papier Carré Thorigny sans enveloppe,
probablement du 10 mai 1972.**
mercredi 10 au matin

A bien joui
S

**Aéroport du Bourget, Entrepôt postal, 1er juin 1972,
enveloppe Ministère des Affaires Culturelles,
CNMHS, photos de neige, adressée au Cap Ferrat.**
soir du Marais

Bonne journée. Les responsables de la ville : Trappenard, Debidour, Legaret, et Salusse (monuments historiques) ont déclaré en séance publique que 300 000 frs allaient être votés. Cela sera marqué au Procès-Verbal de demain (et Legaret m'a promis de l'envoyer) car je serai à Lyon.

La Ville ne peut plus reculer.

La Ville (long exposé désespéré et ardent de moi – devant 15 témoins) a compris le problème et tentera d'obtenir la subvention <u>reconductible</u> qui permettrait les rails de l'État (conseil Philippe Tiry [1])

Et puis, et puis, tous ceux des Assises du Marais sont venus à moi pour me féliciter et me <u>servir</u>. Ça regonfle. (+ architectes qui s'occupent de l'histoire du <u>rideau de fer</u>.)

Et puis, et puis, pendant la pause j'ai été chercher les photos. Les 3 premières de toi, je les trouve excellentes. Que penses-tu des miennes. Renvoie-moi ce que tu trouves bon – s'il y en a. Utilise au moins 2 de toi. Je t'aime
S

Paris, rue Jean Richepin, 6 juillet 1972, 17 h 45, adressée au Cap Ferrat.

Cœur de mon cœur

Ce soir il n'est pas trop tard : 11 heures 1/2, et je ne suis pas trop exténuée, et je ne sais plus quand je t'écrivis pour la dernière fois ! En entrant au Ministère, dès le couloir je rencontre Duhamel, qui me demande : « Thorigny [2], ça va ? »... « Ben... » « Bon, je téléphone demain à. . ? qui peut vous aider pour l'équipement. » Le fera-t-il ? mais un jour où il ne sait pas s'il est encore ministre – ça touche.

<u>Car</u> j'ai passé 5 heures sur les Finances (Ph. Tiry et Handuroy) et nous sommes arrivés à 100 millions pour un an (sans payer les collaborateurs et moi au SMIC !) Ça m'a foutu un tel coup que Tiry lui-même en fut bouleversé (et ce n'est pas un sentimental tu le sais) mais je continue. Je veillerai, je te le jure, sur ma santé.

---

1. Directeur de l'ONDA (Office National de Diffusion Artistique).

2. Le premier théâtre de Silvia, le Carré Thorigny, sera situé dans la rue du même nom, en face de l'Hôtel Salé, l'actuel Musée Picasso.

O cœur – quelle aventure. Comme dit Guette [1] « sachez que tout repose sur vous, vous êtes absolument la seule force d'action » – Mais dit que je réussirai –
Dieu l'entende –
En rentrant cette nuit, merveilleuse lettre de toi (pleine de documents à suivre)
    et je t'aime
    S

Paris, avenue d'Italie, 7 juillet 1972, 19 h 30, adressée au Cap Ferrat.
soir de jeudi

Je suis ce soir un peu frappée de solitude. J'ai été voir un spectacle Marais (le metteur en scène me propose une pièce de Vian et représentait ce soir une pièce de Victor Haïm). Pas très convaincant, son travail. Mais spectacle court. Et j'ai couru. Il est 11 h 20, tu as dû appeler déjà et c'est fini.
 Solitude dans le travail. Mais je travaille.
 Mais seule, seule, seule. Cariatide portant Thorigny. Mais il y a l'étoile au dessus de Thorigny
  mais il y a aussi toutes ces craintes – même celle de faire trop de bruit avec du rock !
 On verra –
 Des pièces (avec rôle pour moi) commencent à être proposées à Chavagnac [2].
 Mais enfin entre elle et moi, ça va toujours. Et le 18 nous avons rendez-vous avec le responsable financier d'Essel [3].
 O mon cœur
   avant
je t'aurai serré contre mon cœur.
 Je sens ton cœur. Non je ne suis pas seule. Je t'aime
S

---

1. Georges Guette, écrivain.
2. Raymonde Chavagnac, chargée des relations culturelles de la FNAC.
3. André Essel, fondateur de la FNAC avec Max Théret.

**Paris, rue Jean Richepin, 8 juillet 1972, 17 h 45,
adressée au Cap Ferrat, feuille Carré Thorigny,
8 rue de Thorigny 3ᵉ, association culturelle pour l'animation
des halles et du marais conforme à la loi de 1901,
présidence Alain Decaux, direction Sylvia Monfort.**
samedi

>Cœur de mon cœur
>Cœur de Tout
>Cœur sans Tache
>Cœur Tant aimé

voici la 1ʳᵉ feuille, et ne pleure pas, l'*y* s'en ira. Et, de ces 5.800 feuilles, je fais faire des petits blocs... carrés. Exemple joint. Je crois même que ce sera cela notre vrai papier où nous ajouterons un tampon ou deux s'il le faut.

Donc j'ai doublé ma mise.

Hier, journée encore très agitée : un auteur (que monta Mauclair[1]) m'a fait passer sa pièce par Luce Garcia-Ville (la femme de Pitoëff[2]). Intéressante.

Et puis je vais pouvoir l'essayer au théâtre ouvert d'Attoun[3], le 1ᵉʳ août à Avignon. Une affaire. Car ce sera ballon d'essai pour moi et pour le public. Et aussi un petit déplacement obligatoire à Avignon, et pas négligeable pour les rencontres.

Et je pense même que tu viendras !

>O ma vie
>O mon bien
>O mon rond carré, mon potiron, mon carrément, mon ron

ron ron

>je t'aime

---

1. Jacques Mauclair, comédien et metteur en scène (1919-2001).
2. Sacha Pitoëff, fils de Georges et Ludmilla, comédien et metteur en scène, (1920-1990). Luce Garcia-Ville était également comédienne. Décédée en 1975.
3. Lucien Attoun, créateur de « Théâtre Ouvert », centre de création d'auteurs contemporains.

hélas je pars avec Rose-Marie et demain, je déjeune chez Janine Guillaume (relation avec les écoles) et, pendant ce temps-là, ma stagiaire cherche du fric chez les industriels.

(Paul Peyre, qui lui a donné tous les conseils, m'a dit au téléphone : « oui, oui... elle est jolie... mais je préfère la patronne. »... !)

La patronne va de plus en plus faire travailler les autres,

j'accours. j'ai loué pour mardi soir... mais j'ai peur ! (architecte, etc.)

bientôt en tout cas. Car
je t'aime
S

Paris, rue Saint-Romain, 19 juillet 1972, 19 h 30, adressée au Cap Ferrat, feuilles Carré Thorigny.
Paris, le

eh bien le voilà, le papier
Silvia

petit train qui marche, Thorigny est sorti d'un tunnel. Sachant qu'un maçon avait fait son entrée hier, je n'ai pas pu résister. J'y suis passée hier soir. Et, là, j'ai vu une corde, une immense corde pendant de la dernière galerie jusqu'à terre et un seau. Et, au dernier étage, sur l'unique petit bout de moquette les souliers de 2 ouvriers, et des vestes, et une bouteille... de Vichy !

À ce rythme, je pense que nous ouvrirons en novembre 73
mais qu'importe ÇA VIT

Étonnante séance chez l'administrateur de Essel. j'avais demandé à mon Grimblat de monter avec moi. Et il y avait aussi Chavagnac. « Alors, qu'écrit-on ? » a demandé le financier, « quelle convention ? » et le voilà cherchant sous quels termes on m'allouerait ces 10 millions car Essel aurait dit « faites lui un chèque de 10 millions ». MAIS une association ne peut pas recevoir de don, et la FNAC ne peut pas faire de PRÊT (ils ne sont pas banquiers et voilà, il faut laisser glisser, m'a dit Chavagnac, qui espère elle aussi 10 millions pour monter les spectacles... C'est bien, ce capitalisme anarchique. Essel vraiment me plaît. Tout à l'heure, je passerai chercher le chèque. Et voilà.

Tout me tourmente. L'hiver, le diaporama, le velum (qui ne fera pas la nuit le jour, alors comment donner du cinéma ?) et c'est moi qui dois tout résoudre dans ma tête.

O mon cœur, cette nuit j'ai entendu ta sonnerie puis j'ai pris la ligne... plus personnel ! j'étais très triste. Mais je t'aime

Tiens, je t'appellerai tout à l'heure
je t'aime
  S

j'ai proposé hier à Chavagnac et Armel (mon petit administrateur rentré de vacances) ton billet souscription de 10 000 francs 3 spectacles

ils trouvent l'idée excellente. Et c'est moi Silvia qui dois demander « Donnez-moi 10.000 francs »

Impossible de t'appeler pour cause d'encombrement !

Avignon, 29 juillet 1972, 19 h 30, adressée au Cap Ferrat, feuilles Regina Hôtel, Avignon.
vendredi nuit

Bonsoir mon amour. Comme tu me manques ! Un Avignon sans toi me paraît anormal ! Étrange.

Il est vrai que cet Avignon-là ressemble plus à Nancy qu'à l'Avignon que j'ai connu.

8 heures du matin, je suis partie dans les rues retrouver un Avignon vide. Enfin. Car la foire hippie est accablante. J'ai retrouvé et rêvé mon Avignon.

10 heures, je rentre à l'hôtel dans ma chambre minuscule sur cour avec un lit immense. O comme tu me manques pour les riens de la vie qui en sont la trame profonde : les pierres d'une cour, la marche, un souvenir qui n'est rien de plus que l'envie d'en faire la confidence –

Mon auteur m'appelle. Nous allons déjeuner ensemble. Attoun (à qui j'avais dit mon peu de goût pour le travail bénévole

– ça me va bien alors que je fais travailler tout le monde – !) me donnera 100 000 francs sans feuille de paie et sans impôts – décidément je reste en marge !

Bref, bref, cet Avignon (qui n'aurait pas eu lieu dans l'envie qu'ils ont de mon Thorigny) me prouve que Thorigny est loin de me détourner de la route –

Mais je t'aime
S

Je t'appellerai de la Chapelle des Pénitents, tout à l'heure…

Avignon, 31 juillet 1972, 12 h 30, adressée au Cap Ferrat, feuilles carrées Carré Thorigny.
dimanche

Et voilà qu'en plus, il faut que je me mette à travailler sérieusement la pièce de Da Costa [1] !

Hier, boulot
parce que, d'abord la pièce est très difficile.

Ensuite parce que Luce Garcia-Ville est une acharnée de théâtre !

Pas de spectacle hier soir, mais répétition. Je râlais. Et ce matin, ça recommence.

Mais je t'ai entendu toi et tes beaux conseils, toi et ta pensée Thorignéenne. TOI
    Le trop c'est trop, ici, continue
Vienne l'eau où nous nous noierons
et le stupre où nous nous perdrons
je tiens ta main
    S

---

1. *Le bal des cuisinières* de Bernard da Costa, fut joué par Silvia au Festival d'Avignon.

**Paris, maison de l'ORTF, 23 août 1972, 18 h,
adressée au Cap Ferrat.**
mercredi

Cœur, hier, grande fatigue. Pourquoi ? le mauvais sommeil retrouvé, les tourments, les impôts (somme énorme avancée de plusieurs mois et soucis d'argent Thorigny, etc.) départ du mauvais pied. Mais ce matin, forces reconquises. Gros travail hier avec ma nouvelle administratrice bénévole (ancienne de G. Baïlac[1], à sa grande époque, et qui me fut amenée par une camarade d'Avignon), nous avons fait tout, la billetterie, etc. si tu savais ! Vu la dame qui s'occupera des écoles, et Day[2] (parti trente-six heures, ce qui m'affolait). Dîner sympa où je rencontrai Max Douy grand décorateur de théâtre et de cinéma qui va venir un peu voir le plateau Thorigny.

Car ça pousse !

Aujourd'hui je passe à Mauclair la pièce espagnole que je veux monter – et Mension me fait dire s'il a pu obtenir les emplacements 3 × 4 dans les grands axes, <u>gratuit</u> pour le pré affichage (des dizaines de millions...) je poursuis la quête des

P.-D.G. et aime mon maître nageur
S

**Paris, avenue d'Italie, 24 août 1972, 20 h 30,
adressée au Cap Ferrat, papier Carré Thorigny.**

Cœur de mon cœur, ta voix d'hier ! toute entachée de mal de gorge – et ton unique préoccupation : mon Thorigny !

Oui, tu m'as tout donné. Tu me donnes tout. Et la force et l'espérance. Tu es partout, en moi et dans l'air qui m'environne ; je tiens tout de toi, et tu tiens ma main. Comme en ce premier

---

1. Geneviève Baïlac, femme de théâtre algérienne, venue en France lors de l'indépendance de l'Algérie. Connue du grand public par sa mise en scène de *La famille Hernandez*.
2. Architecte du Carré Thorigny.

temps de notre amour où, sur le plateau des Buttes, morte de trac avant le Sphynx, j'ai tendu la main en un suprême appel. Tu es né pour moi, et tu tiens les promesses de cette naissance de chaque jour

O mon cœur, veille bien sur toi, garde toi, mange de la viande rouge, je t'en prie. Je t'assure que ta santé et ta gorge même en dépendent. Tu travailles plus que quiconque. Et si bien. Je t'admire comme je t'aime, du plus sûr de moi-même
S

Paris, rue du Louvre, 6 septembre 1972, 19 h 30, adressée au Cap Ferrat, feuille Carré Thorigny.

Bien aimé,
j'épuise cet horrible papier. Demain ! j'aurai le beau avec petit cube *(dessin)* dans le carré ! Demain, que de peines encore avant la joie

Aujourd'hui, horreur. Day comparaissait à la Préfecture : interdiction de recevoir plus de 300 spectateurs !

journées épuisantes.

Mais le cube au carré le carré dans le cube et autres superficies
    ne valent pas ton épaule
    pour y dormir
    nous dormirons ensemble
    jusqu'à la fin des jours
       je t'aime
        S

Paris, rue du Louvre, 17 décembre 1972, 18 h, adressée à Courchevel, papier Carré Thorigny.

mon amour
Ce fut une si belle soirée que cette soirée musicale à Thorigny ! Comme j'aime les anglais, leur hautbois était exceptionnel,

Krivine décevant malgré le stradivarius de 20 millions de la sœur de Élie de Rotchild !)

Mais c'était miraculeux, et Europe 1 et les musiciens ont tous dit que notre acoustique était exceptionnelle. Serions-nous bâtis sur l'eau ? Que n'étais-tu présent ? ô mon cœur, tu aurais été heureux de ce concert que je t'aurais offert à domicile.

Mais tu étais sur tes petits skis ce matin, et dans ta vocation. Et tu vas regagner notre Courchevel. Ça y est, Chavagnac a décidé des Roumains. Cela me donnera le temps de repos au milieu de janvier. Pour apprendre un texte dans la pièce du haut, peut-être. Et pour être heureux.

Le pied du clavecin s'est cassé, hier, au cours d'un morceau appelé *Ode à Cambridge*. Avec mes anglais ce fut une fête supplémentaire. Je les aime parce que nous avons dansé avec Rootes[1], et parce que je t'aime
S

Paris, rue du Louvre, 19 décembre 1972, 20 h 30, adressée à Courchevel, papier en-tête CARRÉ THORIGNY, théâtre Silvia Monfort, association culturelle pour l'animation des halles et du marais, conforme à la loi de 1901, 8 rue de Thorigny 75003 PARIS tél. : 277 47 33.

Chère vie, cher aimé, cher amour, cette générale, hier, sans toi ! tout semblait vide (et d'ailleurs l'était à moitié). Seule une critique du *Monde* (il était là, le critique) pourrait sauver l'honneur. Mais il y eut aussi des choses émouvantes : Grimblat ! bouleversé, sans voix, reconnaissant – ce qui pour mes affaires à la Fnac est important ; Legaret assez touché (et réclamant ton livre avec dédicace – envoie le vite si tu peux en écrivant « au Président Legaret » et en faisant allusion au Carré – <u>vite, vite</u>, car je pense qu'il doit espérer l'emporter sur les pistes. Envoie

---

1. Riche anglais, ami de Silvia et de Pierre.

le moi à moi.) Il y eut des princes indiens (amenés par Paul [1]) un journaliste de *Combat*, un anneau d'or à l'oreille, il y eut pour moi un trac horrible, rien qu'à annoncer les titres dans la cabine ! Armel Jaume [2] fut proche de moi, et d'attitude sympathique.

Il n'y eut rien
parce que tu n'étais pas là !
et tout à l'heure, je parle pour la 1re fois à la télé privée. Faut le faire. Mais tu seras peut-être (j'en doute) au poste, le 31 décembre.
S

**Paris, rue du Louvre, 20 décembre 1972, 15 h,
adressée à Courchevel, 2 feuilles à en-tête du Carré.**

Cher amour,
je repars pour le Carré. En retard. Cocktail Kodak. etc. je meurs, mais Duhamel me fait donner... la légion d'honneur ! J'espère qu'en notre siècle elle peut, comme aux autres, se vendre (ô cette conférence sur les décorations entendue ensemble !) comme je t'aime, comme tu me manques ! ta voix de cette nuit, toi au lit moi au bureau m'a bouleversée. Mes nuits sont courtes mais je n'ai pas lieu de les souhaiter plus longues.
je t'aime
S

**Paris, rue du Louvre, 26 décembre 1972, 24 h,
adressée à Courchevel, papier en-tête du Carré.**
Noël

Hier, m'est arrivé un paquet de lettres. Presque toutes à la fois. C'est insensé. Et merveilleux. En ce Noël, je me les relis.

---

1. Paul Roess-Antoine, administrateur de Silvia.
2. Secrétaire général du Cirque Gruss.

Tout à l'heure, j'irai voir un film – pour sortir. Théâtre est fermé, quel repos. Mais ici, manuscrits, lettres, papiers... Je te lis, te relis, la photo du Cid, le programme populaire, tes descentes solitaires, tout. Quel bonheur de te savoir là où je suis la plus heureuse d'être

je rentre du cinéma. J'ai vu *Dernier tango à Paris*[1] avec Marlon Brando. Un film extraordinaire. Une violence, une force, une vérité peu communes. On a froid dans le dos, on a peur de l'homme-bête qui sommeille en nous, et qui nous domine. En quittant le cinéma, j'avais envie de parler à quelqu'un, de dire des choses futiles. Je suis entrée dans un tabac ; j'ai bu au zinc.

Maintenant, je me remets au travail.

Tu m'as appelée ! un verre de champagne dans la tête. Journée ronde, journée bonne, journée belle. Petits bonheurs, et joie permanente de toi. Toi mon ange gardien, mon ange des sommets, mon amoureux de l'aérodrome de Nice et du quai de gare de Moûtiers.

Revienne la joie partagée !

je t'aime

S

---

1. Film de Bernardo Bertulocci.

1973

Feuille sans enveloppe ni date.

Non seulement je t'aime à la folie, mais t'aimer est la réussite de ma vie
   pousson
   2

Paris, rue Cler, 7 février 1973, 17 h 45, adressée à Courchevel, papier en-tête Carré Thorigny.

Mon cœur chéri, d'abord je t'aime, à la folie, et mon séjour fut aussi heureux, aussi plein que tous les précédents et que tous ceux qui suivront. Seule la fatigue m'a peut-être rendue moins expansive.

Déjà la fatigue m'a reprise. Ce sont de dures journées, tu sais, mais l'exposition sera belle, et ton idée de Debré[1] est merveilleuse. Charmant vieil homme qui va m'aider à faire un glorieux programme.

Mais *Phèdre* m'ennuie. Llorca[2] veut une piscine ! et n'a pas obtenu l'autorisation de Mercure – que j'appelle en vain –

---

1. Probablement le peintre Olivier Debré.
2. Denis Llorca, comédien. Metteur en scène de *Phèdre* au Carré Thorigny.

Et les impôts, et les textes, et le reste. <u>Toutes</u> les responsabilités. Je vois Brajot tout à l'heure.

Je t'envoie un précieux texte de Colette que j'ai volé pour toi. « Dors privilégiée... »

Ne t'en fais pas, ma dépression n'est que passagère... et je t'aime
  tout
  tout
  et tant
    S

Suis le chemin, et ne t'y couche que pour mourir. (...) <u>si tu as, jusqu'au bout gardé dans ta main la main amie qui te guide</u> [1] *couche-toi en souriant, dors heureuse, dors privilégiée...*

Paris, rue du Louvre, 12 février 1973, 13 h 30, adressée à Courchevel, enveloppe Ministère des Affaires Culturelles, papier Carré Thorigny.
dimanche

mon mien, mon cher, mon tout,
Travail le matin sur Euripide, passage au théâtre (plein) puis voyage jusqu'à Sartrouville où, à 5 heures et pendant 4 heures, j'ai vu Fracasse [2] sous un grand chapiteau – transie !

Un grand spectacle de foire, à la manière de Maréchal. Drouot [3] pas très convaincant mais héroïque à tous les sens du mot. Il fera fort bien le combat avec le Minotaure que prévoit Llorca.

Et tu es sur les pistes, et tu es dans la neige du mardi gras. Et je te suis pas à pas, et Pâques viendra, puis l'été chaud.

---

1. Souligné par Silvia.
2. *Le Capitaine Fracasse*, adaptation du roman de Théophile Gautier.
3. Jean-Claude Drouot, comédien, rendu célèbre par un feuilleton télévisé, *Thierry la Fronde*, dans lequel il jouait le rôle-titre.

Doux doux mon cœur sur lequel je repose, parce que je t'aime
S

Paris, rue du Louvre, 16 février 1973, 19 h 30, adressée à Courchevel, enveloppe de carte de visite, 2 feuilles carrées de 16,5 cm de côté, CARRÉ THORIGNY en rouge avec logo (carré blanc dans 4 cercles et 4 raies horizontales vers la droite).
vendredi aube

Petit bonhomme, petit bonhomme,
depuis que je sais que le papier cube bleu revient à 30 francs la page ! (l'imprimeur de la FNAC !) je n'ose plus l'utiliser pour toi.
Je recommence à être exténuée. Sur tous les fronts, je livre bataille. Et il faut sans cesse secouer Llorca.
je t'aime
mon 6 mars
je thème sur Euripide
S
et je version sur Racine

Paris, rue du Louvre, 21 février 1973, 13 h 30, adressée à Courchevel.
mercredi

je vais faire attention à ma santé. Heureusement Phèdre est mourante (mais pour la jouer, il faut quelques moyens) heureusement j'en ai encore.
Essais avec les costumes, ennuis ennuis
et ton idée du dimanche-film, peut-être la suivrai-je au mois d'avril si *Phèdre* dure... Phèdre ?
mais mon amour pour toi
aucune interrogation
S

Paris, rue du Louvre, 1ᵉʳ mars 1973, 13 h 30, adressée à Courchevel, papier bleu, vert et noir CARRÉ THORIGNY.
mercredi-

Je suis dans mon bureau, mon chéri, et les heures passent : Llorca arrive avec 3 h de retard, puis déjeune, les costumiers adverses s'engueulent, le tapis est livré…

je pense que dans 3 ans on ne parlera plus de Llorca, l'énergie « jeune compagnie » et l'inspiration première quand elles ne sont pas soutenues par une force de travail, une responsabilité se noient vite.

Bah qu'importe. D'autres modes théâtrales remplaceront celles-ci, avec leurs hommes nouveaux.

Actuellement – et tous les papiers que tu m'envoies te le prouvent, c'est mélopée inaudible + cris.

Tarte à la crème qui ne séduit, n'émeut personne. Et je crois avoir enfin compris.

Le théâtre est le reflet de la société – or, la contemporaine société a découvert que le <u>sentiment</u> polluait tout, et d'abord les rapports humains. Donc, à aucun prix il ne faut procurer d'<u>émotion</u>, sentiment suspect et déplorable chez le spectateur.

À plus tard mon amour
S

Paris, rue Singer, 12 mars 1973, 24 h, adressée à Courchevel, 2 feuilles carrées CARRÉ THORIGNY rouge.
lundi

Allez ! une semaine recommence. J'ai touché cette nuit la pointe extrême de la fatigue. Quelle semaine. J'ai pourri dans l'eau, comme des plantes ou des fruits. Un abcès au doigt, le ventre en miettes, le sinus et la mâchoire.

Mais tout est fait 3 émissions de *Prestige*. Et, ce matin, téléphone pour le contrat de la retransmission entière ! Cher Arthur Comte [1].

---

1. Arthur Conte, historien et homme politique. En 1972, il est le premier P.-D.G. de l'ORTF dotée de nouveaux statuts. Il démissionne en octobre 1973.

Les journaux n'ont rien changé. Ni cet infâme Marcabru qui a dû, hier, te faire bien souffrir. Tho-Tho [1] attaqué ! C'est la guerre du théâtre à l'italienne (Variétés, Palais-Royal) et de nous autres. Après tout, je ne suis pas plus tendre pour ces théâtres périmés. Mais cette fin de semaine éprouvante, c'était dur.

Tu m'a tenu la main cette nuit.

Puis j'ai dormi avec toi, ma main sur mon ventre douloureux.

Puis je me réveille avec notre force (un peu attaquée). Je joue à présent sans corydrane. Sois sans crainte, je tiens à survivre.

Je t'aime.

S

Paris, rue du Louvre, 20 mars 1973, 17 h 45, adressée à Courchevel, papier carré CARRÉ THORIGNY rouge
mardi

Depuis ce matin, cœur de mon cœur
je ne fume plus.
mais je t'ai entendu 2 fois.

Et j'ai écrit, répondu, repris en main Tho-tho. Quelle fatigue. Il fait si beau. J'ai aussi coupé les rosiers. Havre de grâce, devant nos canisses (mis au péril de ta vie) ta chère vie, mon cœur

S

c'est dur.

Paris, rue du Louvre, 23 mars 1973, 19 h 30, dactylographiée à Monsieur Pierre GRUNEBERG, Promoteur du ski évolutif, Immeuble du Rond-Point des Pistes, COURCHEVEL 1850, 73, papier tricolore.

Oui, je sais, la feuille coûte 40 francs, oui je sais il est tard j'ai de la bronchite et je devrais être couchée. Mais je viens de

---

1. Le Carré Thorigny.

répondre au rédacteur du *Parisien*, et je suis à la machine, et je fais des progrès malgré la maladie dans ce personnage de PHÈDRE qui ne ressemble à rien, qui n'est ni Racine ni Euripide[1] et que je dois reconstruire, cohérent d'un début à une fin totalement arbitraire par son ton et son contenu amputé. Oui je sais que la nuit est noire et que pousson dînait chez les Verts (médecins), et que je devrais me mettre au vert, mais Tho-tho est vert et je joue en vers (le vert m'a toujours porté bonheur, voilà ce que je devrais répondre à ceux qui me demandent pourquoi mon personnage est tout en vers et les autres non

je dis des bêtises mais c'est l'heure où je peux enfin être avec toi en-vers et malgré tous. Je t'aime

silvia

manuscrit

joie ! tu m'as rappelée une fois encore en revenant des Verts ! Vers l'avenir, vers le bonheur

S

**Paris, rue du Louvre, 29 mars 1973, 19 h 30,
adressée à Courchevel, enveloppe ALPHA barrée par Silvia,
papier tricolore.**

mon pousson poussonnant, je n'ose te réveiller, il est 2 heures et 1/2 et l'association nouvelle est née :

Centre d'animation culturelle !

C'est fait, et je suis « directrice » à 8 000frcs par mois à partir du 1er avril (le rétroactif est impossible, et pour les impôts, c'est aussi bien)

Je n'ai jamais été aussi seule qu'en ce retour

---

1. Denis Llorca avait mêlé des extraits d'Euripide à la *Phèdre* de Racine.

je suis bien seule
mais je t'aime !
S

**Paris, rue Saint-Romain, 10 avril 1973, 17 h 45,
adressée à Courchevel, enveloppe ALPHA, papier tricolore.**
soir de lundi

Bien aimé, très aimé, aucun papier coûteux n'est assez beau pour toi. Tu le sais amour aimant aimé. J'ai mangé mes œufs brûlés, ta voix dans mes oreilles car je changeais de main pour te tenir. Tu es loin, laborieux, esseulé
mais bientôt !
Bientôt tôt-tôt !
O mon cœur, ma grave fatigue s'envolera tandis que tu me pénètreras de dos
do-do
et je me retournerai pour m'émerveiller de ta peau brûlée, de ton nez décollé selon pointillé, de tes cheveux blanchis de soleil, de tes mains crevassées et de tes lèvres striées de gerçures
A bientôt, mon bel amour
S

**Enveloppe oblitérée mais sans date,
adressée à Courchevel.**

Quel signe ! de préférer Decaux à tout livre d'histoire. Il leur faut du prédigéré et surtout l'histoire récupérée par une société endormeuse et rassurante. Car la classe bourgeoise, et c'est là le grand piège, récupère tout : la politique, l'histoire, la sexualité et rend bénin le pire.
Elle ne nous récupérera pas.
je t'aime
S

**Paris, boulevard Murat, 8 juin 1973, 16 h 15,
adressée au Cap Ferrat, feuille Carré Thorigny vide bleu.**

Ce matin, Jean Legaret me téléphonait, en gros, que tout était foutu. Car, la veille, une commission préfectorale avait démontré la conservation impossible (les gros sous).

Cœur de mon cœur, l'heureuse surprise de l'H. de V. fut Leprince-Ringuet. Il est Président de ces Jeunesses Musicales avec lesquelles je viens de renouer pour Tho-Tho. Il était au courant de tout, avait vu *Phèdre* à la télé, me suivait pour dire à tous : « Il faut sauver Thorigny » – « Son intérêt », me dit Legaret au sujet de son intervention.

Bref, soirée nécessaire, où j'avançais comme un navire (en robe d'or) où tu me tenais la main pour me donner du courage, car j'eus du mal, après *Phèdre*, à me décider !

O cœur, cœur, ils ne pourront pas nous séparer (Thoto et nous) et dans quelques heures je m'envole vers Thotho 1er roi des Poussons !

 je t'aime
 S

**Paris, rue du Louvre, 17 juin 1973, 18 h,
adressée au Cap Ferrat, feuille Carré Thorigny bleu et verts.**

Cher aimé, j'ai Phédré pour la dernière fois.

Sans tristesse je suis. Une chose doit mourir pour qu'une autre naisse. Demain nous répèterons le beau Claudel ! Vive Noël. Vive toi. Oui je t'aime à toutes les minutes.

 je t'attends sans cesse
 Car
 je
 t'aime

***Saint-Jean-Cap-Ferrat,* 21 juillet 1973, 13 h 15,**
enveloppe avion, adressée à *Saint-Jean* [1].
samedi matin

ô merveille.

je me lève, le cœur lourd, bandé, le cœur chargé de toi, du besoin de te voir, de te toucher, de te garder !

et je trouve sur la table de la cuisine un mot brûlant de lourd amour – jusqu'au delà de la mort –

O mon cœur, pauvres de nous qui allons, encore, nous séparer,

mais enfin, j'ai pu me glisser dans ta vie quelques beaux jours, assez pour en garder teinte et goût jusqu'à nos retrouvailles.

Nous irons en Afrique, et je t'aime
S

Paris, 24 juillet 1973, 20 h 30,
adressée au Cap Ferrat, feuilles Carré Thorigny vide bleu.
Thorigny !

j'essaie de t'appeler. Je quitte Lorenzi [2]. Triste, triste. Entretien poisseux. Une main sur le cœur, l'autre sur la conscience, il me parlait de lui de lui de lui, de sa grande honnêteté, de sa grande générosité, de son sens de l'amitié (pour moi ?) Je ne comprenais pas où il voulait en venir. Il a parlé 3/4 d'heure sans interruption. J'ai cru que *Les Rosenberg* ne se faisaient plus, car il se plaignait aussi, sans cesse, de la télévision. J'étais prête à le réconforter, à lui dire que une nouvelle bataille était perdue mais que nous gagnerions la guerre. Et je sentais « l'équipe » se souder.

Et tout à coup, patatras ! « je ne vous vois plus dans Ethel »

---

1. Même lorsqu'ils étaient ensemble, Silvia et Pierre s'écrivaient, laissant de petits mots dans la cuisine ou la chambre.
2. Stellio Lorenzi, réalisateur de télévision.

Pourquoi le silence d'Alain[1] (car avec lui des relations d'amitié sont réelles) pourquoi attendre la veille de son départ et que j'ai, moi, tout organisé ?

Peut-être a-t'il pensé que, plus tôt, je risquerais de lui nuire. Tout cela ne serait rien s'il n'avait prétendu être <u>seul</u> à se soucier de la « cause des Rosenberg », <u>qui nous dépasse</u> ! l'ai-je attendu pour cela, vraiment ? Ô la voix d'Alain, à Courchevel, me disant « à chaque réplique je t'entends, je te vois... » et tu sais que ce n'est pas la beauté du rôle qui me fit me battre.

Poisseux, petit, vilain – triste entretien. J'en sors abrutie. Heureusement que je retrouve aussitôt Thoto. Thoto vivant, Thoto joyeux, cinémathéquant, projetant... ô mon cœur, mon cœur.

Et puis, merde, je t'aime, et, comme disaient les Rosenberg, « ils ne pourront pas nous séparer ». Mais je ne veux quand même pas qu'on me dise que je me moque de la cause supérieure des Rosenberg ! j'ai planté la graine avant lui. Je t'aime et je continue à t'appeler...[2]

Vérone (Italie), 27 juillet 1973, adressée au Cap Ferrat, enveloppe et feuille Hôtel Colomba d'Oro.

La vallée d'Aoste était belle, mais sans soleil. Nous y descendions des pentes... et tout remontait.

Alors, j'ai continué, continué, sur des autoroutes, et je suis arrivée ici –

et

j'ai vu les Arènes et le théâtre romain. Et j'ai assisté à un acte d'un opéra italien sans beauté devant 25 000 spectateurs

et à la seconde partie d'une pièce de Goldoni à l'autre théâtre (5 000 gradins pleins) mise en scène par Strehler[3], le

---

1. Alain Decaux.
2. Le rôle d'Ethel fut interprété à la télévision par Marie-José Nat.
3. Giorgio Strehler (1921-1997), célèbre metteur en scène italien, directeur du Piccolo Teatro à Milan. Fit plusieurs mises en scène en France.

maître de Planchon, de Chéreau... et je lui ai parlé de Toto, pour qu'il y vienne !

Je n'en sors pas.

Mais sans toi que l'épopée, que l'équipée, que la vie sont autres.

Mais avec toi je fus sans cesse
je t'aime à la folie
l'histoire Rosenberg m'embête. Je la fuis un peu.
S

Aurai-je le courage ce matin d'aller voir le tombeau des fameux amants ? (sans toi)

Chamonix, 30 juillet 1973, 16 h, adressée au Cap Ferrat.
lundi matin

Tu m'as appelée ! ou je t'ai appelé par le préavis. Qu'importe. Le ciel était couvert, il se découvre. Je vais faire mes longueurs du matin et du soir – eau que j'aime parce que tu me la donnes à chaque minute (ô cette 1/2 langouste prise sur ton avarice d'alors, le 1er jour où j'ai mis la tête dans l'eau)

Mon prodigue, mon cher, mon fêté-fêtant. Ma fête.

Le texte de Claudel tient merveilleusement le coup. Et je m'y approfondis, je crois.

Le ciel s'ouvre et je pars poster toutes ces lettres...
S

Paris, rue des Francs-Bourgeois, 6 août 1973, 19 h, adressée au Cap Ferrat.
bleue bleue bleue

retrouvée dans ma poche (je n'avais pas d'enveloppe, papa non plus – ou il les cache ! pour me dégoûter de venir).

Jamais la Falaise n'avait été plus riante (malgré le temps) mais quel souvenir que notre passage (peu apprécié) ici – Papa charmant – et qui s'est fait esquinter par la critique pour les *Misérables* ! et qui m'a trouvée « très belle »

1 petit coin de falaise, un petit coin de solitude pour t'écrire. Je t'aime. Il fait un vent terrible. Pas de soleil, mais l'air sur la peau, et petite rouge et noire sur la route, c'était tentant. Je n'ai pas voulu te le dire avant le retour, tout à l'heure, (et la lettre partira après) pour ne pas t'inquiéter. Mon cœur qui m'a donné la mer, et la voiture pour y aller, et le goût de l'eau et la soif de vivre. Et bientôt notre mer à nous

Paris, rue du Louvre, 14 août 1973, 13 h 30, adressée au Cap Ferrat, feuilles carrées Carré Thorigny rouge.
petit matin de mardi

je dors mal. Il fait trop chaud. Et je n'ai pas le pied de pousson. Sur la terrasse, à l'aube il fait bon.

Je t'imagine dans ta 1er mer du matin

Les répétitions s'assoupissent un peu. Mais puisque Lauzin [1] trouve ça normal et même que le rythme de travail est exceptionnel, je me repose de cela sur lui. J'ai assez de préoccupations dans tous les autres secteurs. Mais je t'aime en cet

avant 15 août
et que je suis à toute vitesse
S

Paris, rue du Louvre, 15 août 1973, 24 h, adressée au Cap Ferrat.
15 août

Mon cœur ma vie, je voulais t'appeler ce matin pour te dire : 15 août. Mais tu aurais été dérangé en pleine leçon et ce n'est pas ça t'aimer

---

1. Guy Lauzin, metteur en scène de *Conversation dans le Loir-et-Cher*.

La grande chaleur me fait rêver de Chamonix ensemble.
Dans 10 ans, pour le 15 août, nous y serons probablement
Voilà mon cadeau
   postal
d'anniversaire
  je t'aime
    S

Lettre sans enveloppe (5 septembre 1973 ?).
mercredi

J'ai fait ce matin les analyses Magnien.
À domicile.
Après avoir pissé à 7 heures pour me vider
À 10 heures pour le garder (contrôle en trois heures) et à 11 h 1/2, avec sonde !
Plus prise de sang.
Lundi on saura... que je n'ai rien. Mais ce matin j'ai la crève parce que mes enfantins régisseurs avaient ouvert toutes les trappes de plafond pour « aérer ». Rafales dans le dos pendant 2 heures !
Mais je t'aime et la location marche
A tout de suite
  S

Paris, rue du Louvre, 16 septembre 1973, 18 h, adressée au Cap Ferrat.
samedi

O cette photo de toi si vrai, si vivant sur le bord de la piscine, avec notre chapeau martiniquais. La Martinique. Accouchement dans la douleur de l'enfant Claudel. Fécondation au Cap, refécondation à Courchevel, là-haut, en haut de l'escalier magique, puis douloureux avortement à la Martinique. Et refécondation et l'enfant superbe glisse entre mes jambes chaque soir dans le bonheur entouré de mille fées et rois-mages.

Hier, le gouverneur de la Banque de France est venu, en payant ses places, avec sa vieille mère à qui il expliquait l'exposition Claudel. C'est Fabrice [1] « passé » me saluer à son heure entre Lipp et ses soirées mondaines qui l'aperçut. Merveilleuse représentation, détendue pour tous, heureuse. Les recettes montent. Hier, 177 000 et pour ce soir déjà bonne location.

J'ai travaillé depuis l'aube.

Très beau temps. Le temps de ce bord de piscine où ta silhouette me fait battre le cœur si vite, si fort, que je pose ma main dessus.

Je t'aime, et bientôt tout sera réalité réelle.

je t'aime, ô oui.

S

Paris, rue Jean Richepin, 17 septembre 1973, 12 h, adressée au Cap Ferrat, feuille Carré Thorigny vide bleu.
dimanche

Mon cœur,

Ta mère vient de partir, je viens de raccrocher et me voici toute seule dans ma loge de bagnard avec barreaux à la lucarne

et je pense à tout ce que j'aurais aimé te dire, tout ce que j'ai oublié, par exemple : j'ai demandé, magnanime, à Decaux de me remettre ma légion d'honneur au cours d'une fête intime pour le 1er anniversaire de Thoto.

Il va pleurer devant tant de grandeur et mépriser un peu plus Lorenzi. (Marie-José Nat, ce sera marrant)

Et te dire, et te dire, que j'ai ta photo sur ma glace, et que je....

Canetti [2] arrive !

à plus tard

S

---

1. Fabrice Reinach, grand ami de Silvia.
2. Françoise Canetti, attachée de presse.

**Paris, rue du Louvre, 25 septembre 1973, 20 h 30,
adressée au Cap Ferrat.**
dimanche

Plus de 15 grands arbres abattus, déracinés, cassés net, tuiles arrachées, rosiers hachés, électricité coupée... C'est le bilan de la tornade du Sud-Ouest dans la nuit de vendredi, achevé par la tempête du Nord de la nuit dernière qui se poursuit encore aujourd'hui..

Tout le jour on s'est efforcé de panser les blessures, relever les clôtures, dégager les arbres, couper à la hache ce qui ne pouvait être sauvé (voir « Mains pleines de doigts » après l'orage sur la montagne)

Mais le baromètre remonte ! Et je ressens, mieux que jamais cette fidélité à Cromagnon, à tant d'ancêtres besogneux, obstinés, refaisant jour après jour les gestes acquis et les parachevant d'une expérience nouvelle...

A part ces tristes nouvelles, passons aux bonnes : je continue à me réjouir du succès de « ton » Claudel (Même le « Canard » !!) Venant à Paris dans la semaine je viendrai au théâtre vendredi soir (28). Si tu te rendais libre, on pourrait souper ensemble, après ?

J'aimerais ;.. comme disait Eponine.
De toutes façons à vendredi
Je t'embrasse.
Jean-Paul[1]

Je passe par la maison. Tout va bien. Je t'appellerai du théâtre. Je t'aime. J'ai même trouvé un petit chèque (suite du disque Persépolis !)

    trop de sous et moi trop
        dessous
            de
            moi
            je t'aime
            S

---

[1]. Le Chanois.

19 décembre 1973, adressée à Courchevel.
mardi nuit

C'est avec un livre, à présent, que je soupe. Ce n'est pas tout à fait un dialogue. Ce soir *La mort ambiguë* de R. Malet [1], notre recteur. Il parle de Claudel et de Gide, belle méditation sur le sens de la vie et la curiosité de la mort. Léautaud disait : « Il n'y a pas la mort, mais des morts... » C'est assez frappant.

C'est dur quand même d'aller au frigidaire toute seule.

C'est plus dur de savoir que le lit sera froid et vide.

Tu sais tout cela.

Mais tu as fait tes 1ers pas sur la neige, et ce soir, donc, je respire mieux.

et le matin,

il fait si beau que j'ai peur qu'il neige chez toi. Bah ! tu es parti avec des clients et tu as mis ton petit anorak bleu avec capuche.

Je t'aime.

20 décembre 1973, adressée à Courchevel.

Mon amour chéri,

Au théâtre, je découvre la machine à timbrer. Alors, aussitôt, je te <u>timbre</u> ! en attendant le cachet 100e de Claudel.

Je suis très fatiguée mais le moral tiendra. Parce que je t'aime.

24 décembre 1973, adressée à Courchevel.

Cher chéri, c'est dimanche. Dimanche gris sur tapis beige. Et toi ciel bleu sur tapis blanc. Hier, tandis que je vendais les petits sabots de Noël un jeune homme m'a dit : « Quel gâchis. Pour moi qui vous ai vue dans *Électre*, rien de plus beau ! vous voir perdre votre temps à programmer Béart ! » J'ai reçu le choc.

---

1. Robert Mallet, recteur de l'Université de Paris.

Mais où jouerais-je actuellement dans *Électre* si je n'avais pas bâti Toto ? Il n'y a plus de place pour *Électre*. Je t'aime

27 décembre 1973, adressée à Courchevel.
jeudi

Je me suis réveillée avec une pensée profonde ! Donner la vie c'est immanquablement donner la mort. D'où ma préférence, sans doute, pour les œuvres créées – mon chemin. D'où sans doute aussi l'inquiétude de ta mère avant et pendant ses grossesses. Car, en plus, elle savait dans le sang la malédiction de la race juive.

Tu vois, je médite.

O mon cœur, que tu me manques. Ma vie, ma joie, mon souffle. Ma vérité. Ma pérennité. Mon barrage contre la mort. Puisqu'une autre vie est venue étayer la mienne. Tant que tu es en vie, il n'y a plus d'idée de mort possible.

Vis vis vis vivivivioui !

Je t'aime

1974

1ᵉʳ janvier 1974, adressée à Courchevel.

Chéri, bien aimé, dernier jour de l'année et j'écris sur la belle machine, un des nombreux biens que m'apporte cette année. Je ne sais pas encore très bien doser les espaces, elle ne m'est pas encore familière, elle est trop belle, trop impeccable, je ne l'ai pas encore machinée.

Tu me dis recevoir mes lettres par quatre, mais c'est que j'aimerais me mettre en quatre, comme elles, pour te rendre heureux. Heureux tu l'es, heureusement, sur tes belles pistes blanches et dorées alors qu'ici c'est le brouillard terne du matin au soir. Mais je m'en fous. Ce soir il y a de la location, la pièce repart, il se peut que je fasse un croche-pied dans l'eau à Béart pour l'immobiliser jusqu'en Mars. Mais j'ai tant envie de venir dans ton soleil (comme on dit dans ton ombre) alors ? J'ai aussi envie d'écrire (retour du cycle) et j'ai envie de tout-avec-toi-plus que jamais. Vive 1974 ! Vive toi !

21 février 1974, adressée à Courchevel.
jeudi

La vie sans toi, c'est bien simple, ça m'emmerde.
Il n'y a pas d'autre formulation possible.
Et je pense selon les bonnes

formules de ma connerie amoureuse permise que « je préfère être malade auprès de toi que

bien portante à Paris ».

Je t'aime

13 mars 1974, adressée à Courchevel.
mardi

Chéri ma vie, tes lettres m'arrivent par 4

et moi ; j'ai perdu celle que je t'écrivais ce matin, timbrée, collée, aimée

elle a dû glisser de ma brochure

et tout ce que je te disais, d'amour !

et aussi (mais peut-être la recevras-tu) et aussi de cette contrainte, de ce souci qui nous sépare et qui fait que ta veille me tient éveillée de 4 heures à 6 heures du matin – à peine croyable !

Quelles journées ! et ce soir, répétition, mais les choses se font, se forment, se feront

Seule face à tout

seuls toi et moi bien que séparés

je t'aime

j'attends minuit ! minuit promis, minuit annoncé !

mi-nuit !

je t'aime

je viens de t'appeler, de t'entendre et je t'aime

19 mars 1974, adressée à Courchevel.

joie, joie, joie

ma place est confirmée. Dans un train supplémentaire. J'arriverai à l'aube de samedi

dans ton lit chaud

et nous y ferons des galipettes

d'amour
jusqu'aux pistes !
Je t'aime

19 mars 1974, adressée à Courchevel.

O cœur cœur cœur cœur cœur de mon cœur, j'en ai marre, marre, marre
et c'est d'autant plus apparent quand je te rate d'une minute comme ce dimanche et que je ne peux te rattraper par la voix. Jusqu'à Tignes. Où tu es parti en voiture, je sais tout, après m'avoir fait dire que tout va bien, pour m'apaiser.
Mon chéri tant aimé.
J'ai aussi traversé une grande fatigue. Avec en plus un coup contre l'arcade sourcillière si terrible que j'ai cru avoir la tête ouverte (la nuit, contre le tranchant de la porte de la salle de bain) mais tout cela n'est rien si je peux venir... je t'aime tant tant tant
Grève d'Air France, vendredi ! Pauvres trains bondés, pourrai-je y monter !

27 mars 1974, adressée à Courchevel.
nuit de mardi

j'ai entendu ta voix en passant par le théâtre. Heureusement. Car après, tout s'est détérioré.
Orsay[1]. J'ai mangé des ronds de saucisson pour 1 000 f. Rencontré Jacques Noël[2] dont la femme, la célèbre Tsilla Chelton[3] a une dépression nerveuse. Vu Edgard et Lucie Faure :

---

1. Théâtre que Jean-Louis Barrault construisit dans la gare d'Orsay et occupa plusieurs années, avant d'émigrer au Rond-Point des Champs-Elysées.
2. Décorateur et peintre.
3. Comédienne, connue du grand public par le film *Tatie Danielle*.

« Comment va mon maître à nager ? » entrée dans la salle : un colombier, à la belle toiture, presque rond...

Vu *Harold et Maud*[1] consternant et ovationné

et ensuite, pis encore, l'atmosphère Barrault, + José Artur[2] et son émission Paul-Louis Mignon[3] à qui le recteur Malet dit : « Savez-vous les menaces sur Thorigny ! » et Mignon se tait, l'œil vide et mauvais.

Je suis partie après avoir rembrassé Jean-Louis. Il valait mieux. On m'aurait accusée de « profiter de cette soirée ». J'y respirais mal. Ou bien il faut prendre la Gaîté[4] pour avoir la puissance

ou bien, il faut vivre dans un désert serrés l'un contre l'autre.

Que tu m'as manqué !

Je t'aime, à demain

3 avril 1974, adressée à Courchevel.

Mort de Pompidou

Un jour nous mourrons. C'est évident. C'est étonnant.

Tu seras froid (à Dieu ne plaise que je puisse te tâter !) tu seras raide et sans vie ?

Ou bien alors ? On aura trouvé un sérum, et nous continuerons à vivre ? ce sera peut-être très emmerdant.

C'est pas fait pour ça. Ce serait comme de manger 7 œufs durs ou 100 huîtres

Pour l'instant j'apprends mon texte

et je t'aime

sans savoir si tu vivras toujours.

---

1. *Harold et Maude*, pièce de Colin Higgins, créée par Madeleine Renaud.
2. José Artur, d'abord comédien, puis animateur d'émissions consacrées au théâtre à la radio et la télévision.
3. Journaliste, écrivain, historien du théâtre.
4. La Gaîté-Lyrique.

7 avril 1974, adressée à Courchevel.
vendredi

Cher aimé,
J'ai dormi 10 heures, tellement épuisée que je dors encore.
Toto va être remplacé par la Gaîté – ce carré de la Gaîté dont tu as trouvé le titre. J'emballe.
C'est la grosse bagarre, le chantage de Legaret entre la Comédie-Française à Marigny et moi à la Gaîté, etc... mais tu sauras tout au téléphone. Je vais maintenant au Conseil d'Administration. Déjeuner chez l'Essel
Puis, travail, travail
mais je t'aime aux sommets
il fait beau ici

Paris, rue du Louvre, 2 juin 1974, 24 h,
adressée au Cap Ferrat, enveloppe et feuille CT vide bleu.
dimanche

Dans mon bureau. Je viens de t'appeler. Je t'aime. Le soleil s'est couché.
Je viendrai. Mais quand ? Est-ce que ça m'amuse de remplir un cirque en portant les chaises, de nettoyer un foyer pour les automates, sans
TOI ?
Je viens. Tu reviendras. On verra. Je t'aime
S

Paris, rue du Louvre, 6 juin 1974, 24 h,
adressée au Cap Ferrat, enveloppe et feuille CT vide bleu.

1 heure et 1/4 que j'appelle !... « Service interrompu... » « redemandez ultérieurement »...
et le temps passe, et je deviens fou, fou, fou
et je dois partir.

je t'aime
   quelle tristesse un jour sans pousson
Ça sonne enfin !
Merde ! l'hôtel ne répond pas. Puis je débranche...
   Fais chasser le standardiste. Une heure 1/2 d'amour inutile
      mais je t'aime
      S

**Paris, rue du Louvre, 20 juin 1974, 13 h 30,
adressée au Cap Ferrat, enveloppe Carré Thorigny
vide bleu, serviette en papier Maison d'Allemagne.**

A gauche, main dessinée cher doigt
            cher toi
à droite
   A côté de l'hôtel
Georges V, où je suis attendue
   contre les dollars que tu sais, pour parler de feu Thoto
   feux sur Thoto
   Feu sur Thoto !
   etc, je découvre ce snack berlinois et j'entre manger un Hamburger en pensant à Cologne où tu es né. Il a fallu Hitler [1] pour que nous soyons heureux. C'est-à-dire pour que nos doigts puissent irradier toute une vie.

**Paris, rue du Louvre, 23 juin 1974, 18 h,
adressée au Cap Ferrat, enveloppe et feuille Carré Thorigny
vide bleu.**
dimanche

Il y a 8 jours, cœur de mon cœur, j'étais dans les délices de l'amour heureux partagé. Je claquetais sur ta terrasse, m'éten-

---

[1]. Pierre et ses parents ont fui le nazisme en Allemagne avant la guerre et se sont installés en France.

dais sur tes matelas, plongeais dans ta piscine (et le lendemain dans ta mer !). Il y a 8 jours j'avais la semaine d'épreuves : Gala de la Piste, décision du Conseil, haine des adversaires –

Ce matin, il fait gris et frais, et j'ai triomphé sur la Piste, obtenu la Gaîté, calmé les méchants.

Et je suis là, toute bête, à t'écrire sur la table verte. (…)

Et cette semaine-ci, tout à faire. Pour l'instant je suis dans un no man'sland, avec, toutefois, tous les animateurs qui s'agitent.

Pauvre de moi. Sans budget. Sans administrateur, sans directeur technique…

je t'aime et finalement on verra bien
S

Paris, rue du Louvre, 11 juillet 1974, 13 h 30, adressée au Cap Ferrat, enveloppe et carte Carré Thorigny vide bleu.

Ma petite âme, que je t'aime !
je crois que je vais engager Pithion [1], parce qu'il est là
et sympathique
qu'il en faut un
que la perfection n'existe pas
qu'il ne connaît rien au théâtre
que je t'aime !
S

Paris, rue du Louvre, 15 juillet 1974, 24 h, enveloppe et feuille CT vide bleu.
14 juillet

Que je me sens bête, mon chéri ! Un tour de rein. Avant le mât de cocagne ! Dans mon bureau. Je ne peux pour ainsi dire

---

1. Pithion Roussillon, ex-comptable et futur administrateur de Silvia.

pas me lever. Ni bouger. Quelle misère. Tu as raison : la santé. Mais ça aurait pu m'arriver en sortant d'une mercédès sur la côte !

O mon nageur, mon aimé, mon crawl et ma planche. Je vais prendre de l'aspirine et ne pas monter sur les 2 chevals du cirque.

Car je t'aime. A pied.
   S

Lettre sans enveloppe

C'est mardi matin. Il n'y a rien d'exceptionnel. Tu m'as doucement déposé ta semence. Tu es parti avec mes lettres. Et je me retrouve à ma table – t'écrivant, mon cœur.

Mais comme tout est doux, et bon, et vrai, et simple.

C'est ça.

Et je t'aime
   S

**Avignon, 29 juillet 1974, 15 h 30,
adressée au Cap Ferrat, au dos d'un plan d'Avignon.**

Me voici donc à Avignon, chéri, dans une chambre surchauffée, mais

Ayant dès dimanche soir pris contact avec les tchèques, avec Day, avec une ville, aussi, que je ne reconnais plus, une ville d'exploitation et populacière (qui me prépare au Sébasto [1], ce qui n'est peut-être pas un mal !) bref pour rien au monde je n'y jouerais actuellement

Un comble : je regrette à peine que tu ne partages pas cela !

tu imagines, donc, le peu de chaleur, le peu de joie, le peu de vérité qu'on rencontre

---

1. La Gaîté-Lyrique est située square du Temple près du boulevard de Sébastopol.

Ma vérité, je t'aime
S

**Paris, boulevard Murat, 1ᵉʳ août 1974, 18 h,
adressée au Cap Ferrat, enveloppe et feuille Carré Thorigny vide bleu.**

Mon aimé, comment résister au besoin de t'écrire la 1ʳᵉ lettre de ce « nouveau » papier que j'ai commandé un peu en pensant à toi, pour t'épater, pour t'imposer le Carré, pour t'écrire surtout.

Seule, dans mon bureau, à 2 heures, sans manger, sans boire, à la recherche de ces fameuses photos envoyées en « recommandé », à la recherche de Joseph Bouglione dont l'inertie me cause tant d'ennuis, seule avec toi, par temps chaud et inutile, seule chez Thoto le bientôt démoli et que je n'aime plus.

Il n'avait qu'à tenir bon !

Je crois, oui, que j'aime les forts. Et tu es un roc. Mon roc. Ma vie. Mon bien

O je t'aime
S

**Chamonix, 6 août 1974, 16 h,
adressée au Cap Ferrat, feuille Carré Thorigny vide bleu.**

Enfin, j'ai « touché » ton télégramme. Il était parti pour Paris, puis revenu. Et devant mes yeux il est sorti du tube. La poste même m'émerveille par ce que cela représente d'ingéniosité. A l'époque de l'atome et du robot ! Mais peut-être suis-je si attendrie simplement parce qu'il s'agit d'un précieux rouleau issu de toi.

Temps inimaginablement beau, alors que la radio annonce le mauvais temps partout

Mais j'ai mal mal mal et je vais peut-être aller à l'hôpital de Chamonix !

mon chéri, juste pour voir ce qui se passe dans ma colonne et t'envoyer le rouleau-radio.
mon Chamonix
où nous vivrons
ton Nice
où nous prendrons l'ascenseur...
mon chéri
S

Lettre sans enveloppe, feuille CT vide bleu.

Cœur de mon cœur, tu viens de descendre. Je me réfugie à ma table. Cette table où j'écrivis tant, en un temps heureux.
Maintenant la richesse t'est venue. Maintenant nous mangeons tous les jours un peu plus qu'à notre faim, sans fin.
Tu vas monter. Et nous allons partir. Et nous ne reviendrons pas. Un vent de rentrée, un air de fin de fête...
et tandis que j'allais me laisser aller à mon cancer
je dis !
que rien n'est fini,
que tout continue,
que nous sommes trop injustes de nous plaindre
puisque je t'aime à toutes les secondes
de ma vie
S

Paris, rue du Louvre, 26 août 1974, 17 h 45, adressée au Cap Ferrat, enveloppe et feuille Carré Thorigny vide bleu.
dimanche

Toi partout, toi partout
leit-motiv
de nos lettres, de nos pensées. Et ce matin, toi sur la terrasse. Soleil et jardin brûlé. Des feuilles mortes qui devraient être

vertes et belles, des boutons désséchés, un tapis d'automne. Quel crime. Alors je coupe, j'arrose sans fin, je repars à zéro. Nue. Mon dos est couvert de balafres. Et je pense à la mer qui cicatriserait, brûlerait, aggraverait la mer vivante, mouvante, la mer-tienne.

Tout à l'heure je répète et prépare déjà l'exposition.
Qué travail
je t'aime
    S

Paris, rue du Louvre, 4 octobre 1974, 12 h,
adressée au Cap Ferrat, enveloppe et feuille CT vide bleu,
timbrée à 0,80 F.

>   Toto 1
>   est mort
>   à
>   minuit
>   *carré dessiné*
>   Nouveau Carré
>   est
>   né
>   et je pars au vieux Toto
> pour 3 jours de télé-toto
>   Aventure !
>   je t'aime
>   S

Monte-Carlo, 28 décembre 1974,
adressée à Courchevel.

C'est merveilleux, merveilleux mon chéri, de prendre un car, d'être assise à côté d'une grosse dame qui me dit « et Pierre ? » et elle t'a conduit son fils il y a 24 ans pour lui apprendre à nager ! et elle t'aime.

Je vois la baie de Villefranche, et Cap-d'Ail, et chaque virage est à nous et tous mes pas t'appartiennent, et *Pucelle* et Claudel, et les *Anes* et l'*Amble* ; et les rues

tout est à nous

O je t'aime

O téléphone qui chaque jour m'empêche de t'écrire car je déverse le trop-plein et garde le reste faute de temps ; et voilà que je n'ai pas envie de te parler mais de t'écrire de cette chambre de Monte-Carlo

je t'aime

1975

Paris, 1ᵉʳ mars 1975, adressée à Courchevel.

O chéri, mon chéri, ce soir drame, catastrophe. Quelle histoire. Le syndicat CGT-FO a envoyé un communiqué à l'agence France-Presse, disant qu'on coupait 5 arbres pour me permettre de planter le chapiteau[1] (autorisation du Préfet). Sans commentaire.

L'agence m'a appelée, puis *France-Soir*. J'ai séparé les 2 évènements. L'adjoint du préfet tente de faire de même. On verra mais je suis inquiète.

Et au milieu de tout cela, le reste.

J'espère que personne ne se «saisira» de l'événement. Watergate, au départ, ce n'était guère plus...

Paris, 1ᵉʳ avril 1975, adressée à Courchevel.

Mon chéri mon mignon mon trésor j'ai peur de gros éléphant qui va arriver, et des poneys, et des voisins, et de la musique, je suis dingue, complètement. Je suis si tranquille entre les pins couverts de blanc à écrire, à lire, à te dire.

---

1. Dans le square situé devant la Gaîté-Lyrique, Silvia installa le chapiteau du Cirque Gruss.

J'ai tout peur. Napoléon avait-il peur ? j'aimerais savoir. Heureusement le Centre Pompidou aussi pense que le Cirque est à sa place sur sa place.

    je t'aime tant !

**Paris, rue du Louvre, 23 juin 1975, 19 h 30,
adressé au Cap Ferrat, enveloppe
et feuilles Nouveau Carré sepia-ocre.**
dimanche

Je suis à la maison. Rentrée tôt. Avec l'espoir, un peu, que tu appelleras. 8 heures environ, du soir. Le Cirque était plein (et bordélique) à cause du temps.

    je t'aime

Le texte d'Hugo[1] est terrible à entendre, peut-être, mais épouvantable à apprendre.

**Paris, rue du Louvre, 3 juillet 1975, 17 h 45,
adressée au Cap Ferrat.**
jeudi 1 h 1/4

Cœur de mon cœur
    je suis seule dans mon bureau. Je viens de t'appeler ; il fait beau chez toi, lourd ici – et pourtant je répète en veste de fourrure ! et j'envoie copie de la lettre que tu m'as rédigée pour mon ancien propriétaire, et je pense à toi, et tu es là, et tu es là-bas, et je vais aller manger « l'omelette » pour t'obéir et grossir, et j'aurai de beaux cheveux à Lucrèce-Avignon, et je voudrais revenir te voir et chaque lettre chaque matin est douce douce douce

---

1. *Lucrèce Borgia.*

O que je t'aime !
ma vie mon bien mon trésor
S

**Paris, rue du Louvre, 23 juillet 1975, 13 h 30,
adressée au Cap Ferrat, enveloppe Nouveau Carré sepia-ocre.**

Ma petite âme, ainsi donc tu vas venir vite vite à Avignon. Alors moi aussi je vais me hâter. Et nous nous baignerons dans le Rhône, veux-tu, et nous écouterons les cigales là où je les ai entendues pour la 1re fois quand je « découvrais » Avignon, et je trouvai très inintéressant, très bruyant et sans saveur ce son.

Mignon, mignon, mignon, cher Michou, le 15 août nous chanterons la chanson
Vive a oûh hou hou hou – je t'aime
S

**Paris, rue Papin, 25 juillet 1975, 18 h,
adressée au Cap Ferrat, enveloppe
+ feuille ÉCOLE AU CARRÉ.**

Mon chéri, mon aimé, voici donc mon école fixée. Et maintenant tout commence, l'organisation de ces nouveaux lieux qui feront tout attendre de nous, alors que nous ne pourrons pas tellement, et les bourses avec des élèves qui nous cracheront au visage, etc.

en bas les caisses du Nouveau Carré se construisent. Rouges, vertes, bleues, elles vont emporter *Lucrèce* et notre matériel, j'aurai le droit de dire mon matériel, mais bah ! c'est assez plaisant de penser que tous le revendiquent.

Et tu me proposes de tout quitter pour diriger *Elle* ? Cela pourrait faire rire. Un peu un peu mais pas tellement. Vite rire ensemble, à gorges déployées hi hi hi hi hi
je t'aime
S

Avignon, 9 août 1975, 20 h 30, adressée au Cap Ferrat, enveloppe + feuille Nouveau Carré sepia-ocre.

C'est le dernier jour de *Lucrèce*. Et demain je serai avec toi. Et après-demain tu recevras cette lettre. Et je t'aime t'aime t'aime ces 3 jours. Mon cœur, ma vie au sens le plus sang qui circule, mon âme au sens le plus élevé, mon épaule, mes mains, mes pieds carrés, mes doigts
    je serai là

et je t'aimerai
  S

Lettre sans enveloppe, Nouveau Carré sepia-ocre.
15 août

    13ᵉ année

    et je t'aime

infiniment plus dans mes veines, dans mon cœur, dans mon cerveau
    enraciné, indéracinable
    et je t'admire infiniment plus, non seulement pour tes vertus propres mais comme bonhomme parmi les autres c'est-à-dire comme être choisi par moi pour être admiré donc poussé au bien par mon admiration permanente et renouvelée
    et je t'attends
      autant
      qu'il y a
      13 ans !
      S

Ferrare (Italie), 20 août 1975, adressée au Cap Ferrat, feuille Hotel Leon Bianco à Padoue.

Oui cœur de mon cœur nous irons à Florence ensemble !
    je viens de t'entendre enfin : 2 heures d'attente inutile et hostile hier soir à Vicenze et 1 heure dans cette Pizza d'aujourd'hui, tandis que je passe par Padoue pour gagner Ferrare !

Ferrare !

Mais, à Vicenze, où il y a un théâtre sublime du Palladio (je te montrerai tout) j'ai négocié le passage de *Lucrèce*. Je me suis fouettée pour *oser* comme tu m'aurais fait oser si tu m'avais tenu la main. Vilar y avait présenté le Cid (sans moi, en 52), et cela valait la peine de tenter la chose. Ils sont intéressés.

Nous irons à Florence, à Sienne, à tout ce qui est beau.
je t'aime
S

Chamonix, 27 août 1975, 16 h 30, adressée au Cap Ferrat.
20 VIII 75

Cher Pierre,
Tu m'as écrit une lettre si gentille, pleine de subjonctifs et de conditionnels passés ! L'ai-je mérité ? En tout cas elle m'a touché au plus vif et en plus amical. J'ai été heureux que Silvia eût (tu vois !...) dans le « Figaro » un papier un peu joli à lire. Il faut se méfier de l'été et – comme on dit – « tout faire soi-même »...
Sais-tu que nous avons skié le 15 août, Tototte, Alcine, Pauline et moi, à Corvetsch. J'ai même convaincu une éphémère compagne de « remontée » de se mettre aux mini-skis !
On se reverra sûrement avant, mais en tout cas à cet hiver à Courchevel. Je suis sûr que les couloirs des théâtres nous réservent des rencontres auparavant !
À vous deux, mille pensées affectueuses
François[1]

Tu vois, tu vois, je te l'ai dit : c'était une lettre émouvante. Et moi, d'ici, je lui ai envoyé mes félicitations (il est officier des Arts et lettres) et un mot allusif et touché.

Peut-être aurai-je une réponse.

Garde bien celle-ci, mon amour aimé
S

---

1. François Nourissier.

**Paris, rue du Louvre, 23 septembre 1975, 20 h 30,
adressée au Cap Ferrat enveloppe ÉCOLE,
feuille Nouveau Carré sepia-ocre.**

Mon chéri, mon pousson,
    retour habituel, avec téléphone détraqué (pas libre, pas libre, et je ne peux même pas brancher mon appareil, que ce dérangement entraîne à marcher sans arrêt) coupures d'eau, factures à régler, et Pithion qui me tracasse pour 100.000 problèmes secondaires, et les grandes voies que je perds de vue,
    retour habituel
    mais
    je te porte en moi, et la distribution de *Lucrèce* est signée, et le décor de Noël est intéressant, et il ne pleut pas !
    et
    j'ai mon billet pour vendredi, ma bonne pour tout à l'heure, mes garages et mes peaux de bête chez la fourreuse !
    mais
    je n'ai pas de pousson pour l'instant
    ô je t'aime
      S

**Paris, rue Jean Richepin, 15 décembre 1975, 19 h 30,
adressée à Courchevel (lettre de 8 pages écrite
avec des feutres de couleurs différentes sur chaque feuillet).**

J'ai tenu – tenu jusqu'à la minute où, repassant le portillon, j'ai vu la voie 13 LIBRE ! c'est-à-dire qu'il était, en quelques minutes, parti, le train. Comme il y a 13 ans. Alors là tout a fondu. Et dans la voiture quel désastre. J'ai pleuré, comme tu pleures, à la manière des enfants hurleurs qui n'admettent pas que leur chagrin ne soit pas le centre du monde. Il y eut la route, il y eut le garage (où je hurlai carrément) il y eut l'ascenseur, la clé, l'alarme, l'odeur de pain grillé, le lit fait, Shakespeare ouvert sur la table..
    où je suis.

Dieux de ma race !

ô ma douleur, comme tu m'es chère.

J'ai été chercher ta lettre. Lettre d'adieux et de réminiscences, certes, mais lettre sur place, où tu savais que j'allais revenir et que des heures encore étaient à nous. Douces heures où tu as voulu me voir faire mes besognes, sans faille. O mon cœur, plus douces heures que je ne le pensais. Mon chagrin coule, coule, coule, j'ai la moitié du corps arraché, et je sais si bien que c'est déjà arrivé, et que cela arrivera encore, et je ne sais si ce sera toujours supportable. Peut-être qu'un beau dimanche le cœur lâchera. Et je l'irai porter dans le coffre, le mien (de cœur) de coffre dont je n'ai pas la clé (la mienne, dans ta poche) et tu l'y retrouveras encore tout chaud. Coule, coule, coule mon cœur.

Civry lundi est terminé.

Voilà, conclusion, tu es tout ce que j'aime, tout ce qui me plaît, tout ce qui est fait pour moi

et je vais te rêver (encore plus parfait s'il se peut) jusqu'à ton retour

je t'aime. Tu es sur les pistes. Il fait ici soleil glacé

Paris, boulevard Brune, 25 décembre 1975, 20 h, adressée à Courchevel.
nuit du Réveillon

C'est Noël. Je rentre, le 25, à 3 heures du matin.

Mon amour, je dois aller au lit. C'est Noël. J'ai joué devant 22 petits chinois. Mais je m'aperçois qu'on ignore tout du Carré. Tu écriras l'histoire, à ta merveilleuse manière... mon amour ?

O je t'aime. Dans quelques heures tu fileras sur les pistes dorées. Et je dormirai. Je t'aime. Joyeux Noël, mon amour

S

fermée à 3 heures 5 le 25

1976

**Paris, rue Jean Richepin, 17 février 1976, 13 h 30,
adressée à Courchevel.**
soir de lundi

Je rentre très vite, après t'avoir appelé une fois encore.
et maintenant j'ai un peu mangé, et je pense à la mort, bien sûr, comment pourrais-je ne pas y penser ?
ô dieux ! je pense que ce doit être intolérable. Imagine ! Oui, je pense que je ne te survivrai pas
parce que « ça » ne m'intéressera plus. Quoi ? le reste. Tout ce qui n'est pas unique, puisque toi seul es unique
et je vais dormir en t'aimant
S

**Paris, rue du Louvre, 18 février 1976, 17 h 45,
adressée à Courchevel.**
mardi soir

Triste triste. J'ai attendu jusqu'à minuit 40 minutes à recevoir des admirateurs, à couper les fleurs, signer du courrier, classer des idées.
40 minutes sans poussin.
Et maintenant je vais enfin aller manger un steak je pense en lisant les journaux.

Et quand je rentrerai à la maison, il sera trop tard pour t'appeler
Triste triste, je m'en vais. Moi je t'aime tout
S

Paris, rue du Louvre, 18 février 1976, 17 h 45, adressée à Courchevel.

La mort, la mort, la mort partout. Songe. Duhamel, ministre, que nous sommes allés voir ensemble – tu attendais dans la petite rue, et je lui racontais je ne sais quoi – Et je ressortis. Et le Préfet Verdier [1], je le vois, me recevant pour me proposer la Gaîté. Et le Président qui a tout fait, tout voulu, tout aidé, tout motivé. Et tout est mort, sauf le grand cube à la con où je fais entrer des subventions, des idées, des hommes, des femmes, des bêtes... et maintenant à la radio, j'entends que ce petit garçon est mort, dans une chambre d'hôtel avec un assassin. Et les parents doivent hurler : pourquoi ? En tout cas moi, si tu meurs, plus de moi. Voilà
S

Paris, rue du Louvre, 27 février 1976, 17 h 45, adressée à Courchevel.
vendredi

Il m'est arrivé ce matin, amour mon amour – ou plutôt ce midi – une chose invraisemblable, inattendue, troublante

j'ai ouvert la fenêtre et le printemps chaud était là. Et j'ai coupé les rosiers, retourné la terre – le front au soleil, et maintenant je t'écris la fenêtre grande ouverte, et j'ai seulement peur que, chez toi, il fasse gris et terne.

---

1. Le préfet de police.

Je crois qu'il y aura une mauvaise petite période, vois-tu, jusqu'au 16 ou 17, chez toi et que quand j'arriverai les grenouilles chanteront.

Je t'aime, tu es là, je suis là. Les jonquilles pointent et les tulipes.

Je t'aime
S

**Paris, rue La Boétie, 28 février 1976, 17 h 45,
adressée à Courchevel.**

Un homme à la radio qui dit qu'il a lutté contre le cancer, en prenant l'avion, en marchant, en VIVANT, quoi.

Mais c'est vite dit
Moi je dis que je t'
S

**Paris, rue du Louvre, 4 mars 1976, 17 h 45,
adressée à Courchevel, une jonquille dans l'enveloppe.**

Pour ton anniversaire – tout juste j'espère, cette 1re fleur de notre jardin, que chaque matin j'arrose, je coupe, je retourne, je regarde, j'aime

et aussi mon amour sans borne
je t'aime
S

Carte déposée à Madame Gruneberg avec des fleurs.
6 mars 76

avec ma reconnaissance pour avoir mis Pierre au monde
tendrement
S

Paris, rue Papin, 11 juin 1976, 10 h 45,
adressée au Cap Ferrat, enveloppe sepia, feuilles sepia-ocre.
jeudi 10 juin

O cœur cœur cœur mon cœur, j'ai l'impression que tout se dénoue un peu

j'ai un administrateur, vaille que vaille,

et, tout à l'heure, Jenkins[1] est passé, lui-même, avec 2 maquettes de la *Dame*[2]. Il a enlevé ses chaussures, il les a mises au mur, il les a regardées, il riait.

Cher homme, et cher ami que ton cœur a provoqué. Ronse[3] trouve que c'est un très bon signe et va lire la pièce cette nuit. Avec Ronse je suis heureuse, c'est déjà beaucoup, même s'il me prend pour un producteur. Tant de femmes acceptent d'être heureuses à n'importe quel prix.

Audition cette après-midi de la pièce *Parole de femme*[4]. Intéressante avec des moments forts. On la présentera. Et puis des femmes, mises à l'honneur par moi, dans mon théâtre, c'est pas mal. Et moi je t'aime. Et quand tombe doucement la nuit j'ai envie de crier pour que tu viennes t'enfouir en moi.

Le bureau de 20 h 45 m'étouffe lorsque je sais que tu n'en ouvriras pas la porte. Mais je t'aime
S

Paris, rue Saint-Martin, 21 juin 1976, adressée au Cap
Ferrat, enveloppe Nouveau Carré sepia.
lundi

Aujourd'hui, 1er jour de notre 13e été ; et je reçois une lettre de toi, m'aimant

---

1. Peintre américain. Fit l'affiche de *La dame de la mer*.
2. *La dame de la mer* d'Ibsen, fut joué au Nouveau Carré en 1976, dans une mise en scène de Jean-Louis Thamin. Silvia jouait Ellida. Le rôle masculin était tenu par Michel Auclair.
3. Henri Ronse, metteur en scène.
4. D'après le livre d'Annie Leclerc, pièce jouée au Nouveau Carré par le groupe LLL, au début de la saison 1976-1977

« à toutes les heures »
les heures de l'été, de l'automne et de l'hiver, et du printemps ! toutes les heures de ta vie, de ma vie de notre vie.

Mon chéri que j'aime.

Et lundi recommence, et les téléphones, les rendez-vous, mais j'ai mes places ! et je viens, je viendrai, j'arrive, dans tes bras, dans ta mer, dans ton lit, dans ta grotte.

Je pars pour le théâtre et je vais t'appeler, t'entendre
O bonheur simple
S

**Paris, rue du Louvre, 5 juillet 1976, 24 h,
adressée au Cap Ferrat.**
lundi nuit

Mon cœur, je suis au théâtre.

Je suis seule dans le théâtre ? Où est le gardien ? étrange sensation. Cette grande maison à moi. Aucun sentiment de possession, ni de fierté, mais le poids ! je t'aime
S

**Paris, 12 juillet 1976, 16 h 15, adressée au Cap Ferrat.
Lettre de Pierre Gruneberg incluse.**
Pendant ton sommeil de Lundi

Mon cœur
Nous venons de nous aimer à 6 h du matin... c'était bon chaud sensuel... tu sentais bon, tu étais belle. C'était la jonction rarissime corps-cœur... le mari-mâle-aimant-amant. De la tête aux pieds, de l'odeur aux poils, habillée, à poil
Je t'aime.
P.
lettre pousson à classer

Non mon âme, pas « à classer » à relire, à t'envoyer, à se recevoir, à caresser ô mon cœur, ce dimanche ! à 46 au soleil, classant !

mais après la douche de 7 heures du soir, je suis assez contente (...)

À présent, je t'écris à 37 à l'ombre, et je t'aime tout en haut du thermomètre
S

Paris, rue du Ranelagh, 15 juillet 1976, 16 h 15, adressée au Cap Ferrat.

Mon chéri, c'est le matin du 14 juillet. Une pluie fine. Et l'envie pour moi de m'envoler vers toi, ce que je vais peut-être faire.

Feuille de route :
vendredi 16, arrivée chez Pousson 1er à 22 h 20
dimanche 18, départ de chez Pousson 1er à 20 h 50 !
!
S

Paris, rue Papin, 26 juillet 1976, 16 h 15, adressée au Cap Ferrat.
Brangues

Brangues[1] ! comme une cloche de bronze !

M'y voilà. J'y suis. J'y ai même déjà dormi – avec petit déjeuner – obligatoire – apporté – par – servante – chargée – de – vous – réveiller. Alors que je dormais si bien après avoir lu (car j'ai la chambre avec livres). Et maintenant sous mes fenêtres ça caquète, ça commente, ça accueille... pour ces rencontres-retrouvailles claudéliennes.

Superbe château XV-XVIIe et pourtant d'une grande unité. Grand par ces salamalèques, grande famille et petites occupations.

---

1. Château acheté par Paul Claudel, dans l'Isère, où il est enterré.

Mais cela avait sûrement du charme et surtout permettait une énorme stabilité. Et puis, ici, l'ombre du maître par crucifix, petites notes encadrées, portraits, dessins rapportés du monde entier, une certaine et gigantesque facétie aussi.

Moi je t'aime. Je relis *Ces chênes qu'on abat*[1] Malraux-de Gaulle, et je me retrouve non pas même gauliste mais gaulienne !

Et je t'aime
S

**Paris, rue Papin, 26 juillet 1976, 16 h 15,
adressée au Cap Ferrat.**
dimanche nuit

Que je t'aime ! enfin à la maison, avec du papier, des enveloppes
et toi toi toi
et je classe le livre que j'ai emporté de chez Claudel (ils me doivent bien ça et je ne l'avais pas achevé) et je vois tout Balzac, et je pense aux jours des Tournées où tu lisais Balzac méthodiquement
et je t'aime et je t'écrirai plein demain
Car je suis crevée
je t'aime
S

**Paris, rue du Louvre, 27 juillet 1976, 13 h 30,
adressée au Cap Ferrat.**
lundi nuit

Oh oui mon cœur, la joie de te réentendre pour de vrai, pour de chaud, et sous l'orage !

---

1. *Les chênes qu'on abat*, où André Malraux relate sa dernière rencontre avec le général de Gaulle en 1969. Publié en 1971.

Journée terrible à Paris, et ce n'est pas fini si je veux gagner quelques jours auprès de toi mon âme. Toi que j'aime follement. Toi que j'aime.

Et Ibsen ? Clavel enchanté de lui-même dès ce matin (appel réappel) sans doute parce qu'il craint que je ne le monte pas... Grinevald qui veut foncer quand même, le décor qui se précise, etc.

Je t'aime et j'ai beaucoup de mal à m'intéresser à *tous* mes problèmes. Je suis, comme une boutique, fermée. Rideau de fer baissé ! Je voudrais écrire sur la table ronde
    S

Nouvel [1] très mignon mais plein d'illusions sur l'avenir du théâtre...

Roissy, 2 août 1976, 9 h 45, adressée au Cap Ferrat, enveloppe Nouveau Carré sepia.
dimanche 1er août

je me réveille. Il fait frais, beau. Il est 8 heures 20. Je vais, je vaque.

Cette nuit, jusqu'à 1 heure, tentative de décryptage du 2e acte du Clavel [2] avec Grinevald [3]. J'emporte le texte, méditative....

Plus de directeur technique, plus d'équipe, plus d'auteurs
  vive les vacances !
Au 15 août mon cœur
pour notre bonheur
  je t'aime
    S

---

1. Jean Nouvel, architecte, auteur du projet de réhabilitation de la Gaîté-Lyrique et de la salle souterraine sous le square du Temple.
2. « Irène ou la résurrection », adapté par Maurice Clavel, d'après « quand nous nous réveillerons d'entre les morts » d'Ibsen.
3. Jean-Christian Grinevald, metteur en scène et comédien.

**Abano terme, 4 août 1976, hôtel Salus terme,
adressée au Cap Ferrat, feuilles hôtel et Carré.**
Carte postale des thermes : femmes recouvertes de boue

Dans un temps gris j'ai abordé Abano, puis rangé, puis lu, puis vu le médecin (quelle farce !) stupéfait par mes 50 photos de la colonne, et, du coup, m'ordonnant boue (fango) sur toute la colonne, et sur un bras, et sur l'autre, et inhalations, et massages (oui voui voui) qui me trouva une tension scandaleusement basse et me dit que les bains m'épuiseront et qu'il me faudra prendre des gouttes pour compenser !
je doserai.
je pense qu'il pense que je paie.
Hôtel nouveau, et médiocre.
    Demain je verrai. Mais je ne te verrai pas. Mais je t'aimerai
        comme toujours.
        Mon cœur
         S

En me regardant dans la glace de l'ascenseur, bronzée, superbe, triomphante malgré si peu de sommeil et tant de soucis ce dernier jour à Paris
    je me suis rappelée notre montée dans l'ascenseur de la clinique le jour où l'on « m'ouvrait le sein ».
Indestructible.
N'est-ce pas ?
Et nous aussi, n'est-ce pas ? Toi fait de moi, moi fait de toi.
        S

Feuille Nouveau Carré sepia-ocre.
mercredi soir (17 h 30)

Bien aimé,
    Je n'ai pas quitté Abano.
    Quant au maître nageur, replet, assis et flottant sur son siège, il me regarde sans que je parvienne à connaître son sentiment.

Il doit penser à autre chose. Ici, tu ferais fortune. Aucune dame ne sait nager. Elles barbotent dans la piscine couverte, les grosses dames, un pneu sous les seins, et prennent le soleil au bord de l'autre. L'eau est chaude, et on tient bien en équilibre. Vrai, tu verrais défiler la ville.

 je t'embrasse d'amour
 S

Abano terme, ? août 1976, adressée au Cap Ferrat,
enveloppe Hotel Salus terme,
feuille Nouveau Carré sepia-ocre.
Abano, vendredi 6 août 76

Le dernier mot de Claudel fut : « Tu tiens un triomphe ! » Ô merveille, ô innocence, misère !

Mais enfin mais enfin la pièce est achevée. Grinevald a repris le train, et je bénis Michèle de s'être battue, par reconnaissance, pour ré-obtenir ma cure, car sinon je n'aurais pas encore quitté Paris et c'est <u>moi</u> qui prendrais le train pour Vézelay ! et c'est moi qui aurais remis en ordre ma technique (alors qu'Hilbert + la trouille de l'équipe ont fait de même et c'est moi qui aiderais à chercher acteurs et actrices.

Certes je vis dans la boue et les douleurs mais au moins j'ai pris mes distances avec tous ces tracas qui m'auraient aussi sûrement tenue éloignée de toi sans pour autant me laisser espérer une amélioration de mes maux. Et puis je dors énormément ! j'ai la chance aussi que le temps soit juste bon (quand je pense à Août de l'an passé !)

Ma seule peine est de ne rien partager avec toi (que des appels si désespérés qu'on peut tout juste crier « je t'aime je t'aime ». Des bouées.

 je t'aime
 S

**Abano terme, 9 août 1976, adressée au Cap Ferrat,
enveloppe Abano, feuille Nouveau Carré sepia-ocre.**
dimanche soir

J'ai pris un bain de Venise.

Ce qui est étrange, pour moi, chaque fois que je pénètre une ville du passé, c'est que je suis sur le champ citoyenne de ce passé. C'est la vie des siècles des demeures qui se réanime. Peut-être est-ce pour cela qu'en fin de compte le tourisme outrageant, dérangeant me semble juste étude ethnologique. Je traverse mes contemporains, et demeure avec les pierres.

Oui il fallait sauver Venise. Pour quoi ? c'est autre chose. Mais c'est miraculeux. Ces 17 îles réunies en une pareille harmonie alors que tous les siècles ont laissé leur empreinte et que les voies, les assemblages de maisons, les entremêlements de ruelles, de canaux, de ponts – tout cela est *un*.

Comme j'y ai soupiré d'être sans toi !
Comme je t'aime
S

**Paris, rue du Louvre, 25 août 1976, 13 h 30,
adressée au Cap Ferrat, timbrée à 1 F, enveloppe Nouveau
Carré sepia, feuille Nouveau Carré sepia-ocre.**
mercredi matin

Tout à l'heure, mon cœur, nous n'aurons peut-être plus de Chirac. Et Michel Guy [1] (absent à la réunion <u>exceptionnelle</u> de ce matin…)

Mais je t'aurai, tu m'auras et les cons ne nous auront pas.

Mon Mignonet !

jusqu'à cette nuit, le travail avec Clavel, que j'ai fêté, emmené à la brasserie Julien, etc.

---

1. Fut Ministre de la Culture.

Aujourd'hui, lecture. J'ai peur non plus en directrice, en animatrice, en responsssable mais en petite actrice infiniment débutante

je t'aime. Ta mère, appelée par moi, n'est pas chez elle, la coquine

ou morte

je verrai demain

je t'aime

S

Paris, rue du Louvre, 14 septembre 1976,
adressée au Cap Ferrat, enveloppe Nouveau Carré sepia,
feuille Nouveau Carré sepia-ocre.
lundi soir

O triste, triste, triste journée mon cœur. Pinoteau [1] dépose – signé par lui d'abord – un ordre de grève parce que Delahaye [2] hésite (sur mes ordres) à débloquer des crédits pour de l'air liquide – non prévu !

et Gruss a encaissé en poche le chèque de 6 millions de la Fête de l'Huma que la fête de l'huma lui a remis – contre tout contrat – à lui personnellement (nous devions lui donner 3 millions etc.)

et il est tard, et il faut que j'apprenne le 2e acte, et j'ai retrouvé dans ma poche la lettre que je t'écrivais hier (heureuse au souvenir de notre dernier week-end)

mais bientôt notre vie ne sera plus qu'un week-end car tout ça m'ennuie à pleurer

je t'aime, toi, le merveilleux toi pour moi

S

---

1. Réalisateur de cinéma.
2. Administrateur de Silvia.

Paris, gare Montparnasse, 26 septembre 1976, 19 h, adressée au Cap Ferrat, sepia + sepia-ocre.
samedi matin

je travaille. J'apprends.

j'essaie d'apprendre. C'est dur. La concentration me fuit. J'ai mal dans mon ventre à moi (comme dirait un dialogue de Clavel). J'ignore quelle décision fut prise après ma réunion syndicale d'hier soir. Mais j'en ai marre, marre. Barre aussi a des soucis. Mais lui n'a pas fait la France comme j'ai fait le Carré, n'est-ce pas ?

et toi tu as fait la mer. Et nous referons la vie.
je t'aime
S

Je suis, c'est vrai, un peu fatiguée, mais bien plus l'âme encore que le corps. Je t'aime et un jour sûrement, l'âme ravie, je quitterai cette méchanceté humaine
pour aller vers toi qui n'es qu'amour
je t'aime
S

Paris, rue Jean Richepin, 30 septembre 1976, 14 h, adressée au Cap Ferrat, sepia + sepia-ocre.
mercredi

Cœur, mon cœur, me voici à la maison, après une dure journée, car je t'ai à peine entendu. J'étais avec Berlin !

Et puis, la nuit dernière, je m'étais couchée à 3 heures du matin, invitée (te l'ai-je dit ?) à voir *Cyrano* au Palais des Congrès, puis à souper au 7e avec les auteurs de tous pays, invités par la Société des auteurs pour rencontrer tous les confrères

je reprends le matin, car hier j'étais tombée poum.

Dès l'aube, J.-L. Thamin[1] pour *la Dame de la mer...*

---

1. Jean-Louis Thamin, metteur en scène de *La Dame de la mer*.

la mer....
ta mer où tu t'épanouis en permanence, et puis la neige -
S

**Paris, rue du Louvre, 5 octobre 1976, 12 h,
adressée au Cap Ferrat, enveloppe Nouveau Carré sepia,
feuilles de carnet à spirales.**

Le filage [1], (2 actes seulement) d'hier m'a un peu inquiétée et beaucoup alertée, ce qui est positif. Demain, bien sûr, je retrouverai un nouveau ton, un nouveau jeu pour tout ce qui n'allait pas, et je me battrai encore, et jusqu'au bout, ce bout dont tu verras le résultat. J'ai un peu peur, les photographes convoqués hier ont peu suivi. Tout dépendra du snobisme, de l'ordre donné par quelques penseurs. Et puis zut.
je t'aime
S

Paris, 28 décembre 1976, adressée à Courchevel.
mardi matin

beau matin, où j'ai, déjà, entendu ta voix. Ma voix, disait Électre en parlant d'Oreste. Mais pensons à Ellida, ce nom de bateau... Hélas la mer m'inspire peu. Mais notre montagne, mon cœur, toute embrumée et neigeuse à petits flocons ce matin – comme Paris. Je vais remettre chapeau de laine et partir essayer, puis répéter, puis diriger, les poumons emplis de notre bonheur.
Je t'aime
S

---

1. Répétition d'une pièce d'un bout à l'autre, en principe sans s'arrêter.

**Paris, boulevard Murat, 29 décembre 1976, 16 h,
adressée à Courchevel.**
1977

Première nuit, première aube de janvier, de 1977.

Mon chéri, ainsi donc comme 77 (j'aime ces chiffres) dans la pensée absolue, impatiente, de toi. Toi mon cœur endormi à cette heure et qui sommeilles tranquillement dans le mien.

Que d'années, que de ferveur que rien n'a pu corrompre, abîmer, entacher. Que de patience active, heureuse, suffisante dans les grands trous d'absence.

Je t'aime
en 1977
S

ô mon cœur, serons-nous un jour un peu plus réunis ? je crois que j'en serais fort aise

Je t'aime
   S

1977

**Paris, rue du Louvre, 5 janvier 1977, 24 h,
adressée à Courchevel.**

Mon cœur, mon cœur, mon cœur,
Tout à l'heure je t'ai dit : il faut que je t'écrive. C'est que j'avais des démangeaisons dans les doigts. T'écrire, te toucher… il n'y a qu'un pas. Oui, t'écrire, c'est autre chose encore que te parler.
Écrire pour ne rien dire. Écrire pour tout dire. Écrire pour aimer, pour prouver, pour perdre un temps con.
Écrire mon amour je t'aime
Ça fait du bien
S

**Paris, rue du Louvre, 20 janvier 1977, 12 h,
adressée à Courchevel.**
nuit de mercredi

Mignon, mignon, mignon, j'ai suivi ton conseil : j'ai été manger, des côtelettes, à la tour de Montlhéry, invitée par Auclair [1]. Et nous avons parlé de toi, et de la pièce, et de Thamin…

---

1. Michel Auclair (1922-1988), comédien, l'un des interprètes de *La Dame de la mer*.

et maintenant il est trop tard pour t'appeler. Et cela te ressemble : ma nourriture plutôt que mon appel à toi
chère âme !
et il a neigé chez toi, et tu es entre le départ des poètes et l'arrivée de quelque prince
mais la *Dame de la mer* te fera revenir
mon doux aimé, mon doux chaud de la nuit, mon amour
je vais apprendre un petit peu, car je veux t'émerveiller, et j'en suis loin !
je t'aime
S

Paris, rue du Louvre, 4 février 1977, 19 h 30, adressée à Courchevel.

J'ai l'impression de ne pas t'avoir écrit, de ne pas avoir écrit, de ne t'avoir rien dit depuis si longtemps ! est-ce vrai ?
le stylo tient mal entre mes doigts un peu nerveux. Je vis, c'est vrai cela, survoltée et abattue tour à tour, mais songe songe à ce que ce serait si la *Dame*[1] avait été mal accueillie et mal accueillie chaque soir, alors que, de soir en soir, ça plaît mieux. Encore une lettre, aujourd'hui, de Ziegler[2], enchanté !
Et toi, là-bas, qui me tiens par la main sur les pistes du Carré. Je glisse glisse sur le doux tapis de mon doux ami.
En doux amour.
Sache que je voudrais t'écrire à toutes les minutes de ma vie, t'aimant de même
S

---

1. *La Dame de la mer.*
2. Architecte.

Paris, gare PLM, 29 mai 1977, 15 h,
adressée au Cap Ferrat, enveloppe Nouveau Carré bleu foncé,
feuille bleu et vert.
nuit 1

Au cours de la réunion du soir, où j'ai lu ma réponse à leurs 5 points, dans la salle, mangeant sur mon temps de dîner,

ils prononçaient le chiffre de mon salaire mensuel (à un sou près, moi qui l'ignore) avec la saleté de maniaques (maniant des petites culottes cochonnes)

et maintenant, j'entends à la radio, de nuit, une émission bouffonne sur Giscard d'Estaing. J'ai honte. La sottise, la vulgarité – l'horreur.

Et je pense à toi de toute mon âme
S
Close le matin, sans la relire, matin superbe.

Paris, rue du Louvre, 24 juin 1977, 13 h 30,
adressée au Cap Ferrat, enveloppe Nouveau Carré bleu
foncé, feuille Nouveau Carré bleu et vert.

Tous les soirs Ils aiment la pièce
et dire que c'est cela seulement que je pourrais faire ! comme ils admirent, si tu savais comme ils sont touchés, dans la salle, puis ils viennent me voir...

Oui, mais pour que je fasse cela seulement il faudrait que la société, le syndicat des acteurs, la curiosité du public, l'argent consacré au théâtre, tout cela évolue

bref tout va bien mon chéri, et je te donnerai à nouveau très prochainement de mes bonnes nouvelles.

je t'aime
S
va avoir lieu

Chamonix, 11 août 1977, 16 h, adressée au Cap Ferrat.

Cœur de mon cœur, oui je pense à toi sans cesse, oui je t'aime. Oui je te découvre et redécouvre sans cesse, bon, ouvert, tendre, attentif, heureux, obstiné, aimant, aimant... aimé !

Oui je t'aime, et j'avais presque décidé de revenir le lendemain de mon arrivée, mais déjà, le 2e jour, je me sens d'autres poumons, une autre « assise » – comment dire : la santé ?

je t'aime
S

Chamonix, 12 août 1977, 16 h, adressée au Cap Ferrat.
Chamonix soir du 11 août 77

15 août approche. 14 ans. Ces 15 août que j'ai vécus sur l'Atlantique souvent, près de toi quelquefois. Ces mâts du temps, ces bornes kilométriques.

Quand nous nous retrouverons nous aurons 14 août échus.

Nous pourrons dire être dans la 15e année ! À les loups ya ! les loups sont chassés. Rien de mauvais ne peut plus nous arriver.

je suis heureuse
Bref je t'aime
S

Chamonix, 16 août 1977, 10 h 30, adressée au Cap Ferrat.

Il m'est arrivé quelque chose d'extraordinaire, mon amour, à Courmayeur. Je me suis aperçue dans une glace, et pour la 1e fois depuis... depuis ?

je n'ai plus vu cet effondrement des traits qui te faisait de la peine.

Si c'était vrai.

J'ai aussi trouvé un jouet quotidiennement nécessaire
pour ton 15 août.

Oui, j'avais été m'asseoir à Courmayeur, cette ville de montagne, de l'autre côté du tunnel et qui me justifie la voiture.

Et puis, le matin, j'avais fait une extraordinaire promenade. Du pied du Brémont à la Flégère. Je marche, je marche, mais je pense à tes recommandations, et, quand il le faut, je m'épargne.

Épargne-toi aussi, bien aimé. Notre vie commencera bientôt. Plus tard. Je t'aime
S

**Paris, rue du Louvre, 13 septembre 1977, 15 h,
adressée au Cap Ferrat, feuille NC bleu et vert.**

1 heure du matin, et je n'ai ni vraiment soupé, ni vraiment rien ; revenue-simplement-

Hier, c'était la piscine, les Nourissier (qui se vantent de nous avoir fait rencontrer !) madame d'Ormesson, et les autres

aujourd'hui c'est les techniciens en paresse, Delbée en folie et le travail qui saoûle

et toi

entr'entendu à 8 heures

et je vois une silhouette, en tenue sage, sur la promenade des anglais, une bourgeoise

et j'entends la radio de nuit, et tout se brouille, et j'ouvre ta lettre où tu me promets de m'expliquer le sadisme, la perversion (après *Salo*) et la volonté de puissance

et je vois le texte de Nuova Colonia,

et j'envisage l'énorme travail de tout, et le silence des autorités

et je vais prendre la force d'aller me coucher

en t'aimant
S

**Paris, rue du Louvre, 20 septembre 1977, 15 h,
adressée au Cap Ferrat, feuille Nouveau Carré bleu et vert.**
samedi

Cher cœur,
je suis dans mon bureau. Je n'ai pas dormi de la nuit. Réveillée par l'angoisse du Préfet, être à l'heure, triompher, continuer...

et cela s'est passé

et le Cirque va continuer dans le square, et Gruss pensera que les matinées c'est insuffisant, et les techniciens monteront la sono, et mes techniciens accuseront de nouveau Gruss de tout voler tout casser...

Il est temps que la décadence s'accentue et que tout éclate. Il est temps que les êtres humains frottent le silex, il est temps qu'ils se battent pour manger, avoir chaud, vivre.

Nous, nous ne sommes jamais battus pour autre chose qu'avoir chaud au cœur,

Et j'ai chaud au cœur parce que, venant t'appeler (bien qu'en retard) je t'ai entendu aussitôt

Vive Nice, vive toi
S

Paris, rue du Louvre, 22 septembre 1977, 17 h 45, adressée au Cap Ferrat, enveloppe Nouveau Carré bleu foncé, feuille Nouveau Carré bleu et vert, prospectus-programme joint.

Et voilà mon cœur ce qui se fait distribuer, où, par qui, mystères que je ne prends plus la peine d'élucider – on verra. Un nouvel administrateur travaille là-haut, un ancien (si fugitif) veille sur lui, le comité d'entreprise parlotte, les ouvriers contestent, Anne Delbée répète

et moi je suis censée apprendre mon texte dans mon bureau

et je t'écris, en douce,

guettant les pas qui pourraient me surprendre.

Chez toi, il pleut. Ici, soleil inutile et grand froid. J'ai déjeuné avec la costumière (bons projets pour ma personne)

je pensais à ton regard

qui

bientôt

va me recouvrir

je t'aime
S

**Paris, rue du Louvre, 27 septembre 1977, 15 h,
adressée au Cap Ferrat, feuille Nouveau Carré bleu et vert.**

Il fait si beau mon cœur, et je vais m'enfermer dans le froid théâtre

hier, Anne[1] a fait « enchaîner[2] » la pièce. Et j'ai constaté que, moi seule, n'en savais pas un mot. Panique cette nuit pour essayer d'apprendre.

Et ce matin j'ai peur qu'il pleuve chez toi tant il fait beau ici, au soleil des 2 terrasses. Les roses repousseront si ça continue. Et je lis 3 lettres d'amour de toi. Ma vie *(cela dure une colonne verticale entière)* et je t'aime
S

**Paris, rue du Louvre, 5 octobre 1977, 12 h,
adressée au Cap Ferrat, enveloppe Nouveau Carré
bleu foncé, feuille Nouveau Carré bleu et vert.**
mardi

Cher aimé,

Dure répétition. Mais ça viendra. Quand je gagne « l'état » je perds le texte – Et puis période fatiguée de la troupe. On y est et on n'y est pas. On croit pouvoir jouer et ça fuit. Et on compense

Mais je t'aime.

Hier soir j'ai vu un filage de la *Guerre Civile*[3]. Belle écriture scénique, simple, rigoureuse. S'ils arrivent au dépouillement extrême ils gagneront.

Et voilà. Et toi tu découpes les murs, tu « nous » prépares. Mais je dois jouer serré. Même Brajot est prêt à céder devant toute force extérieure, aussi bien de la Ville ou de l'État, à tout compromis.

---

1. Anne Delbée.
2. Équivalent de filage.
3. Pièce de Henry de Montherlant, mise en scène par Régis Santon.

Veiller, veiller sans cesse, à droite, à gauche, au centre de tout et de chaque chose. Cela fait mal, cela use, cela vide. Au lieu d'aller, en avant, comme ça !

O je t'aime. Je t'aime. Follement et du fond des âges
S

Mercredi 22 décembre 1977, adressée à Courchevel.

Je crois en vérité que le théâtre en France n'a plus aucun intérêt.

Une chose qui me fait penser que Nice serait bien, c'est que l'étau de Paris se resserre. La presse ne parle plus de rien. Paris ne vaut plus rien. Mais je n'ajouterai pas, parodiant Malraux, que rien ne vaut Paris. Je voudrais devenir colonie italienne, anglaise, persane ou turque ! Voyager aussi peut-être. Avec toi que j'aime.

Mercredi 29 décembre 1977, adressée à Courchevel.

Deux lettres (de 11 ans !) retrouvées dans le dossier *Électre*, l'Électre des Mathurins qui m'a tant meurtrie.

Et maintenant j'y songe comme au Paradis...

Je viens bientôt. Je t'aime, et m'emmerde au Carré.

1978

2 janvier 1978, adressée à Courchevel.
lundi 2 janvier 1978

Lundi 5 heures et quelque...
Lundi 2 janvier. Tu m'as appelée. Je t'ai rappelé. On a parlé. Et puis et puis et puis
Landowski [1] m'a appelée
il a dit : voilà, on fait les travaux
j'ai voulu te rappeler pour que tu sois le 1er à le savoir : pas de ligne pour Courchevel !
alors je me suis dit que pour une fois ce serait par la lecture que tu connaîtrais une importante nouvelle et non par l'oreille et c'est doux de penser qu'en d'autres temps il aurait fallu tout ce temps pour communiquer mais qu'à présent il suffit d'un bout du doigt pour former un numéro qui te porte à moi
nous sommes un peu trop simplifiés
et nous voici dans le difficile acheminement d'une nouvelle importante
et je t'aime (sans la moindre difficulté)

---

1. Marcel Landowski, compositeur. A l'époque, directeur de la Musique au Ministère de la Culture.

2 janvier 1978, adressée à Courchevel.
1978

Cœur de mon cœur,
puissions-nous compter 79, 80, 81, 82, 83,
et voir l'an 2000
je t'aime

3 janvier 1978, adressée à Courchevel.
mardi 3 janvier 1978

Oui, je viens, mon amour, j'arrive. Quoi qu'il advienne, et quoi qu'il puisse arriver.

Ce n'est ni Gruss, ni Landowski pas plus qu'Essel ou Decaux qui me referont de la santé quand j'en mendierai.

Moi je suis joyeuse, joyeuse de mes billets en poche
Je t'aime

19 janvier 1978, adressée à Courchevel.

Cher cœur,
J'ai reçu la visite d'un américain « épris » de moi depuis la Libération (faite ensemble.. ?) et qui m'a montré un gros livre américain sur le XXe corps. J'ai photocopié pour toi.

À l'heure où tu liras cette lettre je finirai de déjeuner (vers 17 heures…) chez Alexis W.[1]

Mais je ne t'oublierai pas.

Pas plus que cet américain qui, 30 ans plus tard, tremblait d'émotion dans mon bureau se demandant comment il « oserait » dire à sa femme qu'il était venu me voir. Il était venu rallumer la flamme de l'arc de triomphe.

Je t'aime sur ton édredon de neige.

---

1. Weissenberg, pianiste.

25 mars 1978, adressée à Courchevel.
mercredi

Chéri, levée dès potron-minet, j'essaie de t'appeler. On me répond : circuit complètement coupé. La tempête ? et je mesure ce que devait être la séparation avant l'existence du téléphone. Et je me retrouve stupide sur la banquette de l'entrée.

Mais je t'aime. Sois prudent sous et sur les neiges

15 avril 1978, adressée à Courchevel.

Mon amour, je t'ai enfin entendu rue de Civry, 3 fois cette nuit, puis 2 fois ce matin.

Ne meurs pas.
Ne tombe pas malade.
Ne change pas.

Mais il me semble que, puisque depuis 15 ans (le 15 août) tout cela ne s'est pas produit, il y a de fortes chances pour que ça n'arrive pas.

Sans enveloppe

Comme toujours
mon amour
ce fut merveilleux !
même : mieux

je t'aime
et pas en pleurant

Vive la mer
vive la vie !

Sans date

Si tu savais avec quelle tendresse j'ai fait ton lit

Paris, rue Jean Richepin, 7 juillet 1978, 13 h 30,
adressée au Cap Ferrat, cube éclaté + feuille Nouveau Carré
bleu et vert.

Je t'aime tant mon amour, dans cette grisaille glacée de Paris où je me démène comme le ver soyeux du chemin qui montait à la nourriture du dimanche. Je me tortille, me redresse, et poursuis le chemin jusqu'à la secousse suivante. Mais tu es là-bas. Tu es là. Tu es.

  Et sans cesse je te vois, t'imagine, te recrée, et je vis dans ton idée
    je t'aime
    S
j'ai retenu des places d'avion !

Lettre dans enveloppe « Pierre Gruneberg »

Tu trouveras cette lettre dans ta boîte, ce soir, et je connais ton geste pour fouiller la boîte, et je connais ta manière de la refermer
  et pendant ce temps je partirai pour chez Kerchbron[1] travailler la *Maréchale*[2] (gagnée durement) et que tu me feras réciter en Août
  Cher Août !
  mon amour
    S

Paris, rue du Louvre, 25 juillet 1978, 24 h,
adressée au Cap Ferrat, feuille Nouveau Carré bleu et vert.

Que je t'aime !
mes soucis sont au-delà de ce que je prévoyais. Plus absorbants. Plus fous : brusquement les Tuileries, pour le Cirque, se réveillent !

---

1. Jean Kerchbron, réalisateur de télévision.
2. *La Maréchale d'Ancre*, c'est-à-dire Leonora Galigaï. Drame d'Alfred de Vigny.

Et tout et tout.

Et Jacques Noël qui vient me réclamer de l'argent pour ne pas en demander à la Télévision. Et ce n'est pas tout. Mais c'est tout le temps. Bélier. Ou un auteur, à l'improviste. Un journaliste pour le Cirque. Un autre pour la Télé du 18 août. Et Stoléru [1], et la responsable du Cirque rue de Valois.

Et toi, toi mon amour de la fatigue, et mon amour des bébés, etoi mon amour de l'harmonica et toi mon amour de la Ferme (téléphone à la Ferme pour le châle) toi mon amour aux fesses de sel sec sur maillot marron
  je t'aime
  S

Chamonix, 31 juillet 1978, 18 h 30, adressée au Cap Ferrat, carte postale Gravures anciennes :
la Mer de Glace vue de la Flégère vers 1850.
dimanche soir

Voilà, mon cœur, ce que j'ai vu aujourd'hui. Chaque jour, j'essaierai de te faire participer à ma vie. Tu auras (peut-être) des surprises. Ce pays, que je re-marche sans cesse me semble souvent inconnu. Pour un 1er jour c'est une rude ascension. Et je cours poster cette carte dans l'espoir qu'elle t'atteigne vite
  car je t'aime
  S

Chamonix, 1er août 1978, 16 h, adressée au Cap Ferrat.
Chamouny

Oui, je suis arrivée à Chamouny et je suis atterrée par ce qu'ils en font : des places piétonnières avec de faux bancs de

---

1. Lionel Stoléru, qui fut ministre.

pierre et des pierres pour faire de faux lieux, et la voyoucratie galopante, et l'âme envolée

alors je vais faire mes adieux aux sommets

et sur les sommets.

Il faut sauver Saint-Jean qui, pour l'instant, garde son âme, et son odeur, et sa vie Notre vie. Notre belle vie que bientôt je rejoindrai

Car je t'aime, dans l'affliction d'une ville dont je t'ai cent fois dit qu'elle me paraissait inatteignable

et que 70 000 voyageurs ne parviendraient pas à l'abrutir.

La multitude (et la sottise de la nouvelle municipalité) en auront raison

alors louons louons louons (en silence et en contrat) car rien ne sert de lutter

S

je t'aime

Chamonix, 3 août 1978, 16 h, adressée au Cap Ferrat.
mardi soir

drôle de journée. Journée « rattrapée ». Ce matin, tous ces coups de fil qui m'ont irritée, coûtée ! mal reliée – et toi trop vite trop court

et le temps gris

alors j'ai été manger des crêpes de froment et je suis montée quand même du côté du Brévent et sur le petit balcon vers la Flégère. Et après une bonne marche en dure montée d'une heure 1/2, les gouttes ont commencé à tomber et je suis redescendue au pas de demi-course (le meilleur, le seul, disais-tu) pendant 3 quarts d'heure. Puis bain de piscine sous la pluie. Puis travail, là au chaud du peignoir rouge, et une grosse viande de même couleur dans le frigidaire. Pardon de manger de la viande, mais cela ne m'a pas trop mal réussi jusqu'à présent. Et je t'aime avec vigueur sur ta côte grise aussi de ce matin (Bisson n'a pas rappelé l'assistant de Kerchbron [1]

---

1. Jean Kerchbron, réalisateur de télévision.

et l'assistant de Kerchbron, l'innocent, s'étonne). Ce septembre non programmé : pas d'emplacement, pas de contrat télé, pas de vraie distribution, pas de licenciements acceptés, pas de deux mon amour ! cela seul. Je t'aime
 S

Ce pas de demi-course rencontré sur le circuit du Cap avec toi – ô doux moment.

Chamonix, 10 août 1978, 10 h 30, adressée au Cap Ferrat.
mercredi

 Cœur de mon cœur, temps moins mauvais, et j'ai pu faire une courte mais bonne promenade. Quelle merveille de préparer Courchevel.
 Il est vrai que je prépare aussi, intensément, la *Maréchale*. Je me suis aperçue, sur le plan du travail, que nous avions 2 fois 5 jours pour apprendre et répéter ! C'est dément. Et l'on s'étonne que la TV soit médiocre. Heureusement, j'ai ma répétitrice, et je fais des pas de géant en chaussettes de laine
  je t'aime
  S

Lettre sans enveloppe

 Mon cœur de mardi soir, c'est demain que j'entre à l'école. Un peu peur. Un peu fière. Tu me tiendras la main. Ici je passe mon temps à faire mon testament. Qu'est-ce qui suivra ? Mais la *Maréchale* va tout prendre de moi. Corps et bien. Le bien surtout, j'espère. Demain, une piqueuse va venir à la maison poursuivre ma repigmentation. Je t'aime et t'écris sur une feuille pré-signée

 Silvia monfort

**Paris, rue du Louvre, 7 septembre 1978, 19 h 30,
adressée au Cap Ferrat, cube éclaté, feuille Nouveau Carré
bleu et vert.**
jeudi

Demain j'essaie mes costumes (avec le corset de la *Dame de la Mer*) et hier mes cheveux bouclés Louis 13 chez Bertrand [1]. La vie va. Les syndicalistes jettent dans mes couloirs des boules puantes, la comptable se plaint de Chosson [2] et de Fleury [3], Fleury se plaint de la comptable, la vie va – et je t'aime à toutes les minutes
S

**Francfort (Allemagne) 9 septembre 1978,
adressée au Cap Ferrat, carte postale Boeing 727.**

Cher amour, nous voici à Frankfurt et nous avons voyagé là dedans. Malgré ma permanente agressivité contre les représentants de cette nation maudite, le voyage, en son milieu, s'effectue convenablement
    A Berlin, la suite du récit
    S

**Roissy, 11 septembre 1978, 9 h, adressée au Cap Ferrat,
enveloppe avion allemande, papier Lufthansa.**

entre Berlin et Frankfurt
    en l'air

et me voici en l'air, 24 heures plus tard, mon amour, mais seule car bien entendu Jando [4] m'a plaquée pour rester faire

---

1. Célèbre perruquier de théâtre.
2. Claude Chosson, assistant de José Bidegain, trésorier du Carré Silvia Monfort.
3. Administrateur.
4. Dominique Jando, responsable de l'École du Cirque.

M. Loyal 1 ou 2 fois de plus (car Gruss l'avait récupéré dès le matin du départ.) Opération qui coûte bien cher au Carré pour pas grand'chose. Aller chez ces gens là entendre et voir un spectacle de Cirque que je connais par cœur… Boh ! cela entretient les bonnes relations. Gruss était touché. Et, surtout, ce matin, ayant trouvé à mon hôtel la lettre d'une femme comme jadis au TNP et m'invitant à me montrer Berlin – à peine éveillée par le jour, je l'appelai. Grâce à quoi j'ai vu Berlin. Et à pied. Et très bien. Cet immense jardin d'animaux au centre de la Ville, et l'académie des Arts (moitié Maeght moitié théâtre national de Londres) et les rues reconstruites

et cela valait la peine. Dormir ce matin eut été stupide. Mais nous nous sommes couchés très très tard, car après le spectacle, concert à la Nationale Galerie et visite d'une superbe exposition sur le Cirque + expo Picasso-cirque.

Le Maire m'a déclaré que le seul art respectable était le Cirque. Comme il est allemand, que je m'ennuyais fort je l'ai laissé tomber pour manger un sandwich au départ : je suis actrice.

mais je suis dans l'avion pour la France. Notre France. Quel bonheur que tu aies quitté hommes et pays de ce goût là

Mais nous irons à Munich quand tu voudras – ensemble
je t'aime
S

Paris, gare Montparnasse, 14 septembre 1978, 20 h, adressée au Cap Ferrat, cube éclaté, lettre écrite au dos d'une enveloppe idem, prospectus annonçant le Carré au Jardin d'Acclimatation.

Oui, je pleurais, pleurais, pleurais parce que je ne t'ai pas écrit, pas envoyé cette enveloppe nouvelle/et non adoptée, car on cherche un nouveau sigle CARRÉ Silvia Monfort et que celui-là est hâtif et plat

pleuré aussi parce qu'une certaine forme de fatigue me fait sucer le porte plume quand je suis seule à penser à toi, et non t'écrire

pleuré parce que je t'aime tant et tant, et que j'arrive, mon cœur !
S

Paris, rue Duc, 26 septembre 1978, 12 h,
adressée au Cap Ferrat, cube éclaté + feuille bleu et vert.

Mon chéri, mon amour
2e matin de tournage. Et je vais tenter de t'appeler car c'est insupportable une journée sans ta voix. Mais, du studio, il est impossible d'appeler la Côte. Excellente organisation, que je leur envie par ailleurs.

Pépin, hier, avec l'inspection du travail, paraît-il. Il m'arrive de soupçonner Fleury de complicité... ? J'en saurai davantage demain, mais cela m'a empêché de bien dormir. J'enrage. Mais tu nages nages et je te sais dans l'eau heureux et cela me fait fondre le cœur et ses angoisses
S

Paris, 7 octobre 1978, rue du Louvre, 9 h 30,
adressée au Cap Ferrat, cube éclaté + feuille NC bleu et vert.
vendredi matin

Cher amour,
Apprenant qu'il y a <u>encore</u> de nouveaux problèmes avec la technique

je termine calmement ma correspondance à la maison. De plus en plus je sens couler dans mes veines que-je-n'ai-rien-à-en-foutre. Vivre dans le Vieux Nice pour quelques sous, telle est devenue ma seule ambition. Hommes qui songez à votre gloire...

Cherche moi un petit pas de porte librairie. Et nous prendrons un abonnement pour le théâtre de Nice.

Car je t'aime, et la mer, et le ciel, et la montagne ! (jardinière des neiges...) et la vie va vite.
je t'aime
S

Paris, rue du Louvre, 18 décembre 1978, 17 h 45, adressée à Courchevel.

Ne meurs jamais, je mourrais

Lettre sans enveloppe ni date, 23 ou 30 décembre 1978 ?
samedi

Cœur de ma vie, ta voix, d'abord, à l'arrivée.
Et toi heureux que je sois vivante,
lundi je vois Dux.
et
j'aurai Pousson dans la salle !
   Mon
   Pousson
que j'aime
S
j'ai parlé avec le notaire, dans l'avion.
Pour nos testaments, tout est à refaire : je t'expliquerai.
De toutes manières, je hurlerai mortellement sur ta tombe !

1979

**Paris, rue du Louvre, 3 janvier 1979, 12 h,
adressée à Courchevel.**
jour de rentrée

Oui, mon chéri, le petit est malade malade parce qu'il ne veut pas travailler !

le petit est malade. Mais qui lui fera le mot d'excuse ? alors que toute sa famille, père, mère, frère, fils, se promène sur les pistes ensoleillées ? à longueur d'hiver.

Bah ! le petit va mourir. tout seul. Et personne ne sera là pour le pleurer, le réchauffer, le mettre en boîte de satin.

Pauvre petit. Qui t'a tant aimé

**Paris, rue du Louvre, 29 janvier 1979, 13 h 30,
adressée à Courchevel.**
dimanche du retour

Que c'est dur que c'est dur que c'est dur. Toi pas là. Moi pas là-bas. Et on s'appelle, sans cesse, sans fin. Et ça ne change rien : c'est toi là-bas, et moi ici.

Ici, où je me bats dans la générosité (ou dans la bonté, je ne sais plus) comme dit Claudel qui, il faut bien le reconnaître trace rapidement et d'une main sûre les relations entre l'œuvre de Vigny et moi-même.

Au 19ᵉ siècle on allait voir, on aimait les acteurs
voilà toute la différence. Une pièce pour un rôle ne vaut plus rien. Personne n'aime plus personne.
Sauf
toi-moi
et moi-toi
quels jours radieux
(et pourtant, quels jours ! sans soleil, sans subvention, sans théâtre ; sans trop de succès sur place, sans camaraderie, sans chef)
ô ces jours
comme je les revivrais !
je t'aime

Paris, rue du Louvre, 30 janvier 1979, 17 h 45, adressée à Courchevel.

Je t'aime follement et m'ennuie de toi
à bientôt, à tout de suite, à tout le temps
je t'aime

Paris, rue du Louvre, 31 janvier 1979, 13 h 30, adressée à Courchevel.

O mon cœur, que nous mourrions ensemble, par grâce.
Je t'aime

Paris, gare du Nord, 25 février 1979, 19 h 30, papier Hôtel de la Couronne, Liège.
dimanche

de Charleroi, où il n'y a pas de papier mais j'avais prudemment emporté celui de Liège de Charleroi où je t'ai appelé cette nuit jusqu'à minuit mais il y avait le répondeur

de Charleroi où j'ai triomphé hier soir (1 500 personnes hurlantes)...

... Il est un mot que je ne peux plus entendre prononcer, celui de Solidarité. Il masque actuellement toutes les lâchetés, toutes les hypocrisies, la peur, la bêtise, la méchanceté. Le plus beau mot pourtant, au départ.

Moi je t'aime

**Paris, rue du Louvre, 2 mars 1979, 17 h 45,
adressée à Courchevel.**

Je t'aime
j'ai passé la matinée à chercher « comment » venir te voir à Courchevel
Tout est bouché
mais je t'aime

**Paris, gare d'Austerlitz, 4 mars 1979, 19 h,
adressée à Courchevel.**
dimanche 4 mars 79

O cœur de mon cœur, tu retournes le couteau dans mon cœur
comme si je ne m'étais pas souciée d'être près de toi à la veille de ton anniversaire !
mais que faire alors que le destin parisien, l'aboutissement de la pièce est en jeu. Comment revenir broyée parmi des camarades à qui j'aurais refusé cette ultime chance ? j'ai tout retourné dans ma tête. Et puis j'ai pensé que pour nous, toujours, Noël fut chaque jour.

Le 7 juin non plus nous ne sommes pas ensemble ! Et hier, j'ai cherché un cadeau, et je n'ai rien trouvé qui me fasse battre le cœur. Alors, là non plus, pas de pierre qui tombe au fond de l'eau. Le 9, le 11, le 15, peut-être rencontrerai-je ce qui sera beau pour toi. Moi en ce dimanche de grisaille ici, de casseroles… làbas, sache que ton anniversaire a commencé dans mon cœur. Vive ta vie !

Paris, rue du Louvre, 20 mars 1979, 17 h 45, adressée à Courchevel.
dimanche

Cher cœur,
Que t'écrire, alors que tu m'appelles à tout instant, que tu me tiens le petit doigt en vérité. Il m'en reste 4 pour rédiger.
D'abord cette phrase admirable de P. Valéry sur Freud (en son tout début !) « *Ne vous gorgez pas de Freud. Je ne le connais que par ouï dire. Mais je subodore la mauvaise qualité. On ne flambe pas les instruments dans cette clinique. On les infecte au préalable. On adapte à toutes les saletés imaginables le principe de Pascal (Tu ne me chercherais pas si tu ne m'avais déjà trouvé)…* »
La plus grande intelligence du siècle, je crois, Valéry.
Et puis j'ai été couper mes rosiers. Il fait doux et chaud dehors, alors que, avant-hier, il neigeait. Et puis je sortirai, je te promets, pour manger. Mais il faut bien que je lise et travaille, mon cœur
je t'aime

Paris, 21 mars 1979, télégramme.

C'est aujourd'hui le printemps et je t'aime
Silvia

Paris, rue du Louvre, 21 avril 1979, 24 h.
Samedi

Un ras-le-bol de lettres, de factures, de retards d'impôt, de remerciements pour mon grade d'officier des arts et lettres,
et puis,

toute lunette ôtée, à l'aveuglette, des grands mots tout de travers pour mon amour

je t'aime. Il fait gris. Chez toi aussi. Les Gruss ont oublié de prévenir le contrôle, (et j'ai téléphoné à Mme Gruss à 1 h) les Dhéry sont repartis, tant pis

pour les Gruss

bientôt ils n'auront même plus d'emplacement

et j'aurai moi toujours la bêtise de m'en tourmenter

mais je t'aime

S

grâce à ça j'ai fait courrier + rangements

Paris, rue du Louvre, 11 juin 1979, 19 h 30, adressée au Cap Ferrat, enveloppe Carré S.M., papier Le Nouveau Carré.
Samedi

Mon amour chéri,

Il fait 30° à Paris. Mais je ne suis pas très bien.

Depuis plusieurs jours je « traîne », dans des activités intenses cependant. Je ne parviens pas même à t'écrire. Je pense avoir attrapé ce virus dès St Jean. Car au moment de mon départ, dans la voiture, j'étais déjà abrutie. Et puis, ensuite, 1/4 d'heure de mal de gorge, puis une demi-heure de fièvre, etc.

j'ai tout fait, oui. Et l'Élysée et l'appartement, et le Cirque (ces 5 cirques français, quelle farce !) et si tu savais la satisfaction du ministre, remercié, décoré par Maunoury[1] qui présentait le spectacle et rendait hommage à chacun et à tous, de Guy des Cars à chaque directeur de cirque. Et tout cela, avec un spectacle, en gros, Richard-Bouglione, fort médiocre. Et ensuite, sur la piste, Buffet. Et les vieux de la vieille, (Paul Carrière[2], Brajot lui-même !) ricanaient, mais ils ne l'écriront pas, ils ne te

---

1. Probablement Maurice Bourges-Maunoury, ancien président du conseil.
2. Écrivain.

diront pas... ces vieux. Enfin ! Maunoury, presque à la fin du spectacle, me rendit hommage : « Si un jour un cirque français se dresse sur la place de Paris, eh bien ce sera grâce à moi » ! Que faut-il entendre. Le cirque français s'y dresse, et personne ne m'en sait gré. moi Silvia (quand même pas grâce à lui !)

Mais enfin ! Angrémy [1] m'avait fait venir à côté du ministre et j'eus droit à autant de flatteries que les autres.

Oui j'ai été travailler dans l'appartement [2]. Nouvel voit très bien le toc et l'excès de poutres et la mauvaise qualité des robinets (pour ma douche, il faut tout casser) mais il aime et t'approuve. Il a conçu et conseille une loggia légère, suspendue, et la sortie par la fenêtre, et toute cette partie du haut remplacée par de la vitre. Et d'autres choses. J'attends les plans de l'architecte (un peu dépassé)

Mais je t'aime et je vais, à cause de cela, mettre une robe de laine par ce soir brûlant, et aller fêter Nanou [3]. De toute manière, l'angine est là.

je t'aime.
S

Paris, rue Saint-Martin, 12 juin 1979, adressée au Cap Ferrat, papier Carré.

Cœur de mon cœur,
eh bien je l'ai vu [4]. Triste. Fatigué. Sans flamme. Sans grand intérêt. Comme presque tous les vrais écrivains à la ville. Mais

---

1. Jean-Pierre Angrémy, haut fonctionnaire. Véritable nom de l'écrivain Pierre-Jean Rémy alors directeur du théâtre et des spectacles.
2. Nouvel appartement acquis par Silvia et Pierre, rue des Gravilliers, tout près de la Gaîté-Lyrique et acheté pour se rapprocher du « lieu de travail ». Mais en 1979, Silvia émigra au Carré Silvia Monfort, 106 rue Brancion, dans le 15ᵉ arrondissement.
3. Nièce de Pierre.
4. Il s'agit sans doute de Milan Kundera, qui avait adapté *Jacques le fataliste* de Diderot.

sympathique, évidemment, avec une actrice-directrice qui se propose de le monter. Le théâtre ne l'intéresse pas particulièrement. Toutefois, il a du goût pour le Diderot qu'il a adapté. Gentil. Mais, vrai, je ne prendrai pas le 1er avion pour Prague avec lui lorsque la tchéco-slovaquie sera libérée.

Demain, à 9 heures, je vais aux abattoirs [1]. Horaire fixé par l'architecte responsable (que n'avait pas même prévenu de mon projet Ligen ! Quelle humanité médiocre.)

– je me suis arrêtée pour faire repousser le r d v. à 10 heures. C'est fait.

O mon chéri sur la planche, que cette image me berce tendrement. Que je l'aime. Bientôt tu me mettras dessus, et je ferai plouf dans l'eau
    Je t'aime
    S

**Paris, rue Papin, 20 juin 1979, 19 h,
adressée au Cap Ferrat, enveloppe et papier Carré.**

Mon cœur, mon cœur, mon cœur j'ai mis la robe espagnole achetée avec l'argent suisse et dans la rue j'ai l'impression de tenir ta main.

Les heures passent comme des projectiles, bang contre une décision prise, bang contre un rendez-vous achevé, hier surtout. Mais ce fut très doux, à la fin, la grande rencontre avec Alexis (Weissenberg). Il est convaincu. Il va venir ouvrir mon chapiteau. Avec Rostro [2] (que je vais demander à Chirac), de préférence. J'ai vu aussi l'homme de Bas [3] (avec Guette) dépassant de beaucoup les limites humaines de la vanité sotte. Et puis, et puis, et puis je m'occupe de l'appartement. Énormément.

---

1. Abattoirs de Vaugirard, désaffectés. On y abattait les chevaux. C'est à leur emplacement que Silvia va installer son chapiteau et c'est au même endroit que sera construit le Théâtre Silvia Monfort. Le parc Georges Brassens fut implanté à côté.
2. Le violoniste Rostropovich.
3. Pierre Bas, adjoint au maire chargé de la culture.

Mais tu es là, ma force et ma raison. Mon attente et ma perpétuelle présence. Boule au bras je t'aime. Quant à *Électre* – c'est fait. Et le réalisateur pense à Depardieu pour Oreste !

je t'aime
S

Paris, gare PLM, 24 juin 1979, 20 h, adressée au Cap Ferrat, enveloppe Carré, plan des abattoirs au dos de la lettre.

Seule au théâtre, ce samedi après-midi, après appel à Pousson, après à tout...

Et je regarde ce plan d'avenir possible, et j'hésite à téléphoner à Dux, et je flotte en attendant une autre heure

– Sous ta pression ! j'ai appelé Dux qui part pour 1 mois ! Je n'aurais jamais su.

Donc, Chirac et Pierre Emmanuel[1] ? à fond pour mon action. Les travaux... ? mais l'idée du chapiteau approuvée. Donc, à mon sens, j'aurai l'aide pour Vaugirard etc et le théâtre sera différé... après tout ? c'est peut-être aussi bien

je t'aime. Toi qui me mènes par la main
S

Sans Guette... hein ? ce serait le désastre. (j'ai du génie)

**Paris, rue du Louvre, 26 juin 1979, 17 h 45,
adressée au Cap Ferrat.**
lundi

je t'attends. Il n'est pas minuit. Je vais te parler. Et tout ce que j'ai fait jusqu'à cette heure était guidé par l'idée que j'aurais à te le raconter. Mon témoin. Mon pousson. Mon tireur.

Ou bien j'ai la promesse de la reconstruction du Carré, ou bien j'abandonne l'action culturelle de Paris. Ce sera transmis.

---

1. Jacques Chirac était alors Maire de Paris. Pierre Emmanuel, poète, académicien. Fut administrateur du Festival d'Automne.

On verra.

En clair, je m'en fous. Beaucoup de moyens pour une vie nomade à Paris, peut-être est-ce mieux que ce théâtre en dur...

Que sais-je ? mais alors il me faut une caravane. Avec mes frères Gruss.

(Et dire que Danet a le chapiteau modèle et que personne ne songe à l'utiliser pour Paris !)

Dire, dire, dire que ça se passe pareil pour le nucléraire !
et dire que je vais t'entendre dans quelques minutes...
je t'aime
S

Chamonix, 4 août 1979, 10 h 30, adressée au Cap Ferrat.
samedi matin tôt

Cœur de mon cœur, j'ai passé des heures avec Lauzin, gros et gras, en convalescence au plateau d'Assy, mais hélas avec déjà consommation de gros rouge !

Mais nous avons parlé Audiberti.

Et j'ai visité la fameuse chapelle du plateau, chapelle-test où les grands créateurs contemporains ont fourni côte à côte nourriture spirituelle au culte. Un très beau Bonnard, un Chagall sans intérêt, des vitraux Rouault, une tapisserie Lurçat et un forklore Léger à l'extérieur.

Orage et soleil, mais bon air ô combien.
Vive la voile
je t'aime
S

Chamonix, 7 août 1979, 19 h, adressée au Cap Ferrat.
mardi

Moi aussi mon cœur, tu es mon souffle d'air frais, et ma pensée, et mon but.

Après t'avoir appelé je suis partie pour faire quelques pas, devant rencontrer Lauzin en fin de journée, et je suis montée jusqu'au Parc Merlet (1 534 m d'altitude) sans vraiment m'en apercevoir. Ce qui prouve que mon souffle est meilleur. Comme je voudrais être en forme pour mieux supporter les insuffisances de mon équipe. Ils me font appeler ici par les metteurs en scène et engagent des entreprises pour surveiller les travaux de la Ville, ce qu'ils devraient faire eux-mêmes. Il faut, tout doucement, laisser mourir l'entreprise...

d'ailleurs, même Jaunay [1] me disait qu'il préférait faire des croquis de chapiteaux à n'en plus finir que l'idée d'avoir de nouveau à gouverner les hommes. Il me quittera, c'est sûr – et le pire est que je le comprendrai.

Et nous, nous marcherons de Nice à Chamouny, par les Grandes et Petites Alpes, et nous nous aimerons, et nous chanterons sur la folie des hommes

ô que je fus heureuse à la minute où je te retrouvai – t'en souviens-tu ? – entre le théâtre et le coin de rue de ta mère le jour de la signature. Toi, que j'avais cru perdu. Toi
    je t'aime
    S

**Paris, rue du Louvre, 22 août 1979, 12 h,
adressée au Cap Ferrat, enveloppe Carré.**

Cœur de mon cœur,

Voici la couverture du « dépliant » que nous envoyons à 19 000 personnes ! à l'intérieur, tous les programmes. Je me sens sur un tapis roulant de bluff – et peut-être tout cela deviendra réalité...

Lauzin me téléphone des noms d'acteurs,

Elia Clavel [2] est heureuse de l'hommage que je rends à Maurice [3],

---

1. Bernard Jaunay. Scénographe, chargé des travaux.
2. Veuve de Maurice Clavel.
3. Silvia rendit un hommage à Maurice Clavel, notamment en jouant *La Terrasse de Midi*, mise en scène par Christian Benedetti.

j'ai pu prolonger d'une semaine au Jardin, les Gruss...
bref, je t'aime
et sans toi la vie est morte

**Paris, rue du Louvre, 30 août 1979, 13 h 30,
adressée au Cap Ferrat.**
mercredi soir

    aimé, mon aimé, peut-être me recevras-tu avant cette lettre. J'ai bien travaillé, aujourd'hui. À Vaugirard. Et aussi avec Lauzin et les autres. Et j'ai été dîner chez Lipp. Et on m'a mis Debré[1], sa femme et son fils à la table à côté. Je les intéressais (je lisais, je recevais, je ne m'intéressais pas à eux) à tel point qu'en partant ils m'ont dit bonjour et serré la main. Drôle, non ?

    Et me voilà. Rangeant un peu, lisant un peu, regardant un peu la télé. Mais je vais venir
    et te raconter
    car je t'aime !
    S

**Paris, rue Saint-Martin, adressée au Cap Ferrat,
enveloppe et papier Carré.**

O mon amour, toutes tes lettres de la semaine dernière,
que je n'avais pas reçues,
et qui m'attendent,
là.
Et je les lis. Ces petits morceaux, ces paillettes d'amour, de vie à nous, à toi, à la vérité de nous.
    O que je t'aime !
    S

---

1. Michel Debré, qui fut premier ministre.

Lettre de Pierre

voilà qu'ils vont mettre de la laine de verre et plein de peinture et de tapis partout !...

ô ce sera bien... surtout pendant ton absence !

Il faut faire confiance. Dis toi que tu en baves moins que ton pousson... pour... Gravilliers.

Courage. Mais tu es fatiguée et tu vas te reposer à Chamonix... et le futur coupe le passé... ce qui était souci est passé dans l'oubli.

O que Sagan parle bien de la littérature de la joie qu'elle procure

Mais je suis trop fatigué pour lire...

juste bon à pousser sur le bouton Télévision !

mais je t'aime

P.

Paris, rue du Louvre, 12 septembre 1979, 23 h, adressée au Cap Ferrat, enveloppe + papier Carré.

1er soir encore, 1er soir sans toi pour la cent millième fois, 1er soir là, et toi là-bas

et je trouve une lettre de toi, et je retrouve une carte de la Drouant (jointe)

et le reste, les photos de nous, de toi, les lampes de Grenoble, la télé de fonction

et une émission radio José Artur (à Beaubourg) qui débute avec Barrault, 69 ans aujourd'hui vieux jeune jouant sur la jeunesse vieillesse, éternel et plus trop neuf, mais présent chez Artur encore ! quel mérite. Nous, nous serons aux sommets d'autre chose je te le promets. Faire les vieux singes, pour qui ? c'est trop bête.

Bon dîner avec Patrick Bureau [1] qui, comme Kerchbron, est plus obsédé par les

crédits télé que par l'émission. La société a tari l'imagination ?

---

1. Réalisateur de télévision.

Moi je t'aime
   S
Tout le monde m'a trouvée exquisement reposée. Cela te fait plaisir, non ?

**Paris, rue du Louvre, 20 septembre 1979, 12 h,
adressée au Cap Ferrat, enveloppe Brancion timbrée à 2,40 F,
invitation pour la conférence de presse et inauguration,
papier CARRÉ SILVIA MONFORT A VAUGIRARD.**

Mon cœur
Texte dactylographié imprimé
Je serais heureuse de vous accueillir à l'inauguration publique du chapiteau de Vaugirard conçu pour le théâtre et la musique. Nous couperons ensemble le cordon.

Alexis Weissenberg ayant pris la généreuse initiative de convier quelques artistes de ses amis, il me serait agréable que vous participiez à cette fête qu'en terme de musique j'appellerais une « ouverture ». En effet, en politique musicale, nous souhaiterions que l'improvisation de ce soir-là, cette liberté, cette rencontre, donnent le ton.
                En vous espérant…..
                    SM
        Voilà, mon chéri, à quoi je viens de passer une partie de la nuit. Chaque invité a sa lettre complétée par moi. Et je t'envoie, aussi, les 2 cartons, de la conférence, et de la soirée...
    j'ai vu le futur spectacle Gruss. Des choses éblouissantes, et des redites des années passées. C'est pourquoi je renouvelle complètement le public. C'est l'un, ou l'autre
    (lune ou lautre – te souviens-tu ?)
    mon chéri sans soleil, alors qu'à Paris il a fait si beau. Je suis heureuse des répétitions que je vole au milieu des journées. je suis heureuse que tu existes
        je t'aime
        S

Paris, gare Montparnasse, 20 septembre 1979, 18 h, adressée au Cap Ferrat, enveloppe Carré.
jeudi matin

Mon cœur,

Tu m'as appelée, je vais te rappeler, et pendant ce temps le fil est accroché comme celui de l'acrobate au sommet du cirque.

Ici aussi le temps se gâte mais moi c'est sans conséquence (sauf que la terre du chapiteau va être mouillée, que la toile ne pourra pas être tendue, que les hommes seront découragés

Sauf que ce serait le désastre ! et le ciel de minute en minute s'obscurcit

 grâce, grâce
 mais je t'aime
 S

Paris, rue Jean Richepin, 25 septembre 1979, 13 h, adressée au Cap Ferrat, enveloppe + papier Carré.

Cœur de mon cœur, chapiteau pousse, et le mur, et les gradins, chaque jour, chaque nuit

hier, souper avec les Russes sous chapiteau Gruss, froid de canard mais chaleur : j'ai parlé et dit que, grâce aux écoles russes, américaines, j'avais osé ouvrir une école sous le ricanement français, et il y avait aussi Monsieur Cirque. Non seulement ils n'ont pas pipé, mais le chef russe s'est dressé, a ôté sa propre médaille des 60 ans de cirque et me l'a épinglée !

Forte émotion soviétique mais, hélas, ce sont des morts.

Et ce matin je retourne à Vaugirard (sans voiture, elle a rebrûlé) mais je t'aime bien qu'il fasse gris

 S

**Paris, rue Jean Richepin, 28 septembre 1979, 13 h,
adressée au Cap Ferrat, papier Carré.**

Je t'aime.

Hier, appel de Kerchbron. Il voulait me proposer Sapritch pour Œnone. Se moque-t'il ? veut-il m'humilier ? est-il sérieux.

La vie va. Les obstacles se sautent. Mon cœur bondit de l'un à l'autre et reste en place pour toi.

M'as-tu vue dans le livre ? je t'aime
S

1980

**Paris, gare PLM, 13 janvier 1980, 20 h,
adressée à Courchevel.**
Samedi

Avant de faire un énorme courrier, ô mon cœur, toi d'abord. Sur la table de petits-déjeuners. Sache d'abord que je dors longtemps, et bien. C'est extraordinaire. Le sauve-qui-peut. Sache ensuite que j'ai eu un certain plaisir dans l'appartement blanc des Gravilliers. Je crois que ça peut être très plaisant. Belle nouvelle, non ? Sache enfin que je lis, vis, travaille en pensant à toi (ci-joint petite preuve d'un article qui te concerne plus que moi)

je suis heureuse que tu apprennes l'espagnol. Par discipline mentale. Je pourrais essayer d'apprendre la *Terrasse de Midi*, en étranger, pour te suivre. Mais en Clavel c'est déjà pas mal. Le cycle[1] jouit d'un très beau prestige (et est connu !). Reste à savoir qui viendra.

Je t'aime
S

---

1. Silvia préparait un cycle Crommelynck : elle programma « Le cocu magnifique » et joua « Chaud et Froid », mais elle avait envisagé de monter d'autres pièces.

Paris, rue Jean Richepin, 11 février 1980, 12 h, adressée à Courchevel.
dimanche

... la plus belle soirée du chapiteau fut *Électre*, ton Électre, cette Électre que tu as su rattraper en route après un si long chemin sans toi, cette Électre qui est devenue tienne par les Grands Ensembles de Danet et le Trésorier de la Ville de Paris ! Tout est tien...

Paris, 3 juin 1980, 19 h, adressée au Cap Ferrat, enveloppe Carré Brancion.
Samedi soir

C'est l'heure, mon amour, c'est l'heure du « et toi ? raconte » – et rien ne vient. Le silence. La solitude. Le retour atroce, que j'avais prévu. Car ici rien n'est moi, tout est Toi pour moi. Et j'erre du tourne-disque (où j'ai placé Robeson [1] pour me retrouver) aux 3 projecteurs d'aujourd'hui, aux sacs de plastic, à la terrasse. Il fait un peu froid, j'allume. Je suis d'abord restée assise à côté du téléphone parce que tu avais dit : « 9 heures » et que j'ai couru pour être près du téléphone à 9 heures. Et je te vois, le front en sang, dans ton bel aquarium vert kaki, et je te vois plantant, rangeant, vidant, et je te sens dans le dernier fauteuil télévision, tout chaud, endormi contre moi, et j'essaie d'attraper une vie personnelle, une vie solitaire parmi ce magma, ce brouhaha pousson-pousson. Notre Pentecôte ! jours bénis où la maison-nôtre tentait de se construire. Et la voilà retombée au chantier avancé que ton amoureuse énergie a rendu vivable. Mais vivable pour <u>nous</u>. Il va bien falloir qu'il devienne mien.

Flottant entre la maison-Électre et l'ébauche maison-poussons
   (vrai j'aurais pris l'avion pour Nice si je ne tournais pas lundi)

---

1. Paul Robeson, chanteur noir américain, décédé en 1976.

j'attends ta voix

J'ai appelé l'hôtel. Le cher portier de nuit t'a aperçu à 19 heures, <u>en pleine forme</u>

Alors, tout va. Car j'avais appelé Gravilliers à midi ; personne. Ta mère à midi 1/2 : personne.

Donc tu es parti, arrivé. Tu es vivant, et là bas. O appelle ;
Robeson chante. Robeson est mort. Robeson me rassure. J'entends Robeson depuis tant de maisons. O maison-pousson, maison saumon, maison bouilloire neuve. Maison achevée pas commencée. Maison de mille images de toi, dont chacune me fait battre le cœur à mourir. Maison Pousson-Lulli, maison clous, vis, marteaux maison Pousson !

Ah tu m'as joué un drôle de tour : tu m'as enterrée dans ton cercueil, et tu es parti pour un autre monde.

Le sang sur ton front. Ta tête ouverte que, tant de fois, j'ai aperçue dans un cauchemar – quand tu traverses en courant, quand je n'ai pas de nouvelles de toi, quand je joue à me faire mal. Cette dernière image...

O appelle, bon dieu ! t'es-tu endormi tout habillé sur ton lit, dès 20 h 30, as-tu oublié le n° d'ici, tu t'es fracassé en 2 chevaux sur la route de Nice ? ô ton front ouvert, là même où tu ne fus qu'amour, de la cuisine à la chambre, de la terrasse à la cave. Amour, mon amour, comme je t'aime. Le petit bonhomme kaki et fœtal, le petit bonhomme aquarium, le petit bonhomme sac de plastique à la main, siège de bois dans le métro, quel extraordinaire trajet tu fis durant ce mois de mai. Cette si belle énergie humaine au profit de l'amour humain.

Robeson chante Jericho. Lui seul, lui d'abord, parce qu'il est chaleur humaine, ouverture, don.

Et moi j'attends ton appel. Désespérément.

je t'aime
S

l'ascenseur cogne. Ce ne peut être toi...
NE MEURS JAMAIS

Tu as appelé ! de St Jean.

« Dans la ville les loups dévorent les enfants », chante Béart, (il me rassure, il est dans notre vie, et toi tu es là bas, déjà sur la planche de demain – mon aimé, ne meurs pas.
   je t'aime
   S

Nappe en papier CREP'S GRIL sans date.

Cœur de mon cœur, je suis venue, toute seule, au grill, au vieux grill du temps ancien de Réaumur – où j'ai dîné, dîné, dîné avant de jouer *La Dame de la mer* et *Irène* et Pirandello, et *Lucrèce* ! Et toi là – souvent. Et je relis mon texte et j'apprends, et je pense à nous, à toi qui fis la Gaîté si proche, et si proche l'avenir que tu nous supposais et qui, par miracle, est devenu présent. Car c'est à côté de mon cher travail actuel que je demeure – Et je pars à 10 heures demain répéter après avoir quitté nocturnement la répétition. Tes vœux, tes rêves sont accomplis. Par la danse !…

Espace prévu, espace inventé, donné, un nouveau chant s'inscrit dans ton insoupçonnable projet.

O ma merveille. Je t'aime
   S

Arles, 4 août 1980, 18 h, adressée au Cap Ferrat.

O mon cœur, cette nuit seulement je peux prendre la plume, me poser, t'écrire. Depuis le départ, feu flamme incendie, tout s'est déroulé dans la panique d'un incendie mal maîtrisé. Répétitions, enregistrements (3 dans la nuit qui précéda l'émission en direct – jusqu'au petit jour ! pour le cas où les éléments auraient empêché le spectacle du 2 août.) Et le 2, le jour même, j'ai vu sur le petit écran, et je me suis affolée : je surjouais je déclamais, je faisais de la fausse danse (rien n'est plus contagieux que de travailler avec des danseurs sans l'être) alors, terrible rétablissement ! j'ai gommé, gommé tout : les excès de gestes avec Russillo [1], les excès de voix et d'intonations, et je savais que tu serais au bout le soir même et cela me soutenait, m'étayait me galvanisait. Toi, là bas, solide, immuable présent pour moi toujours

Voilà, mon amour, en bref, ce que furent ces jours. Et le sommeil et la vie chez des gens charmants et la route, et le travail et le bavardage la nuit
    et toi, bientôt
    je t'aime
    S

Avignon, 6 août 1980, 17 h 30, adressée au Cap Ferrat, serviette en papier.

manger : se nourrir, se conserver, s'amplifier, s'enfler, s'occuper : de soi. Un enfant (11 ans) mange. Dans un restaurant. Appliqué. Je l'imagine aussitôt en classe – qui est-il ? Là, il a un petit dos, des petits cheveux, des mains et des doigts empressés à saisir. Mais ailleurs ? Un petit profil. Une petite mère, sur le siège à côté, petite par le teint, le buste, le ton.

Et moi je suis avec toi, toi soudain démesurément amplifié, ton fort buste, ta forte volonté de chaque minute, ta force constante d'amour.

Je reviens au bistrot, on me drague. Je me fais passer pour une danseuse. « Cela ne m'étonne pas » dit le dragueur, « cette taille, cette silhouette » Être anonymement admirée, la merveille ! Comme tu dirais « pour mon standing sexuel ! c'est le pied ».

Zut, on est venu me demander un autographe, je signe « Jennifer Muller » danseuse américaine réputée qui s'est fait

---

1. Il s'agit d'un enregistrement pour la télévision de *Edgar Poe*, par le ballet-théâtre de Joseph Russillo, musique de Patrice Sciortino, qui avait été joué par Silvia (rôle de la mère du poète) au festival de danse de Châteauvallon en 1975, puis au Nouveau Carré.

esquinter à Avignon. Cette imposture inutile (et méchante pour tous, moi compris, me plaît : tout est en ordre) je t'aime
S
je viens de lire une critique dans le *Provençal*

Chamonix[1]**, 19 août 1980, 10 h 30, adressée au Cap Ferrat.**

Eh bien oui mon amour, le demi beau temps d'aujourd'hui m'a permis de partir vers un petit sommet (j'ai monté de 600 mètres, juste pour un premier jour, et déjà la douce fatigue et la saine respiration me font penser que je pourrais repartir d'un pas plus léger). Peu de promeneurs – un dimanche du week-end de 15 août et dans une ville bondée. Ils prennent les téléphériques, regardant les nuages et redescendent en maugréant que la montagne c'est bien décevant.

Cher Mont Blanc devant lequel peut-être (ici ou là) nous mourrons, main dans la main en regardant ciel ou mer
Cher montblanc à nous
comme tout est à nous
nous
je t'aime
S

Chamonix, 20 août 1980, 10 h 30, adressée au Cap Ferrat.
Chamouny

Je relis *Conversation*, pas très bien parti, car Gélin ne peut pas en septembre, Rimbaud ne peut pas après, Géret[2]... ? Il faut

---

1. Depuis quelque temps, Silvia passait les vacances d'été à Chamonix, l'air de la montagne étant préférable pour sa santé à celui de la mer et du Midi.
2. Daniel Gélin (1924-2002), Robert Rimbaud (1928-1995), Georges Géret, comédiens, interprètes de « Conversation dans le Loir-et-Cher », adaptation de Silvia d'après Claudel.

vraiment mettre les acteurs sous contrat-contrainte et ne jamais se fier à leur enthousiasme de travail.

On verra.

Du côté Russillo, rien n'est prêt non plus dans leurs têtes.

Mais entre temps je reviendra à toi, car je t'aime
S

Paris, rue du Louvre, 22 septembre 1980, 13 h 30, adressée au Cap Ferrat, enveloppe Brancion, une lettre, une carte Brancion, une nappe papier Crep's Gril.
Dimanche

cœur de mon cœur, je t'ai entendu. Puis je suis montée au soleil – soleil brûlant – d'où j'ai engagé Cuny[1] Topart et peut-être Toja[2] pour mes lectures de l'exposition du boulevard du Crime[3] (ci-joint).

Et j'ai lu, mangé, bougé, écouté *Électre* (retransmis de l'hommage Clavel) sur cette terrasse. Après, bain bouillonnant (très difficile dans cette baignoire) puis cinéma « le dernier métro » bon feuilleton bien joué mais finalement, comme c'est difficile de faire vivre les gens de théâtre. Pas supérieur aux *Anes rouges*.

Et je t'aime
S

Lundi

Après une répétition de *Conversation*. Seule. Mais que de fantômes. Te souviens-tu de la bouteille offerte à mes techniciens un soir de générale ? 3 des pires !

---

1. Alain Cuny (1908-1994), comédien, connu du grand public pour son rôle dans le film *Les visiteurs du soir* de Marcel Carné.
2. Jacques Toja (1922-1996), comédien. Fit la plus grande partie de sa carrière à la Comédie-Française. Créa une fondation pour aider à la production de pièces contemporaines.
3. Silvia fit une exposition sur les Théâtres du Boulevard du Crime (1752-1862) au Louvre des Antiquaires.

Mais aussi, ici, que de fantômes de toi, de nous. Et ce soir, où j'ai si froid, je t'ai entendu tout à l'heure dans le grand beau chaud de St Jean. À Vaugirard. À Réaumur il fait encore plus froid. Il est vrai que j'ai dormi 6 heures, et travaillé depuis : enregistrement pour Poe, perruque (à nouveau loupée !) exposition (Sando à jamais loupé) rendez-vous, administratrice, etc. puis Claudel à côté d'ici. Presque 24 heures que je suis debout. Pour quoi ?

 Mais pour toi je sais tout et je t'aime
 S

Paris, rue du Louvre, 26 septembre 1980, 13 h 30, adressée au Cap Ferrat, enveloppe et carte Brancion + prospectus « Les théâtres du boulevard du crime ».
vendredi

O cœur cœur cœur, je pars pour vernissage de notre exposition. 1e manifestation du Carré cette saison, et j'y pars bien tranquille malgré l'heure, Sando, l'insuffisance, le Ministre qui s'est décommandé, les inquiétudes stériles de Guette, et le reste. Oui pas étonnant que je m'y repigmente – à cette façon nouvelle de vivre la vie au carré.

 Immuablement
  je t'aime
 S

Paris, boulevard Lefebvre, 26 septembre 1980, adressée au Cap Ferrat, enveloppe bleu foncé timbrée à 2,50 F.

Ouf ! je déjeune à côté du Louvre, à côté du vernissage, où Bertrand Eveno est venu remplacer le Ministre « parti pour la Bourgogne ». C'était mieux ainsi, car j'ai pu dire à Eveno que j'attendais mon argent. Mieux : il m'a raconté qu'au cours d'une conversation avec Boutinard-Rouelle, ils avaient envisagé de me donner l'argent repris à Maurice Guillaud[1] (!) dont ils ont marre. Amusant, non ? Succès incroyable, mais succès. L'exposition est distinguée et « culturelle ». Pour te faire rire, faute d'objets trouvés par Jando, j'ai envoyé ma vieille petite malle arrivée de la Falaise et pleine de toutes les archives Silvia comme « malle attribuée à Marie Dorval[2] ». Faut l'faire dans le domaine des antiquaires !

Et voilà. Cette après-midi à 5 h 1/2, ça recommence. Puis je répète avec les Russillo. Ça aussi passera. Seul l'amour que j'ai pour toi et l'amour que tu as pour moi
  demeure
  S

Paris, rue du Louvre, 29 septembre 1980, 17 h 45, adressée au Cap Ferrat, enveloppe Brancion.

Au moment de partir pour le cinéma, je fus retenue par l'*Henri V*[3] de la BBC
le théâtre tel que je l'aime, s'avouant ouvertement historique, simple, grand.
Nos petits maîtres, ici, crachent sûrement sur cette série.
  S

---

1. La subvention du Centre Culturel du Marais, que dirigeait Maurice Guillaud.
2. Actrice célèbre (1798-1849), interprète des grands drames romantiques. Elle fut aimée notamment par Alfred de Vigny et Alexandre Dumas père.
3. *Henry V* de Shakespeare dont Laurence Olivier fit un film et la BBC une remarquable réalisation pour la télévision.

**Paris, rue du Louvre, 1ᵉʳ octobre 1980, 17 h 45,
adressée au Cap Ferrat, enveloppe Brancion,
2 lettres + invitation « Les théâtres du boulevard du crime ».**
lendemain de la 1ʳᵉ

Cher cœur,

Hier soir, donc, première au Carré de notre Poe. Peu de monde. Beaucoup d'enthousiasme. Après Arles, ce me fut très agréable. Puisse la générale lui ressembler. J'ai même connu de la joie. Spectacle resserré sans bavure ni temps mort. Jando [1] est très très frappé. Mon administratrice juge (comme toujours) Russillo mysogine. Quant à Jean Nouvel et ses amis architectes, très contents. Un vrai public, non spécialiste ni du spectacle ni de la danse.

J'ai soupé chez eux ensuite. Très sympathique ? Son ami va faire un reportage, peut-être, sur notre abattoir [2] qui l'a séduit.

Voilà pour la 1ʳᵉ avec fleurs de Lucette, de mon perruquier ! et des roses blanches des Russillo. Ils peuvent. Mais je les aime. Pour preuve, je suis mieux avec Joseph dans mon antichambre loge que sans lui.

Pour le reste, Benedetti [3] se prend pour Strehler, et François Darne [4] a des relents du Santon de jadis. Tout va, quoi
puisque je t'aime
et qu'il fait si beau à Gravilliers sur scène !
S

---

1. Dominique Jando, responsable de l'École du Cirque chez Silvia.

2. Allusion aux anciens abattoirs de Vaugirard, sur l'emplacement desquels furent installés le chapiteau du Nouveau Carré Silvia Monfort, puis construit l'actuel Théâtre Silvia Monfort. 106 rue Brancion, Paris, XVᵉ.

3. Christian Benedetti, comédien et metteur en scène, avait monté en 1979 *La terrasse de midi* de Maurice Clavel au Nouveau Carré.

4. Décoratrice et costumière de *La Dame de la mer*.

Paris, rue du Louvre, 23 décembre 1980, 17 h 45, adressée à Courchevel.
lundi nuit

Je serai seule tu seras seul avec toi avec moi et ce sera Noël mercredi et je dirai juste un poème que j'ai appris, que je ne sais pas, et je laisse les Gruss organiser cette veillée alors que l'an passé je faisais tout et le tourment et l'événement et la présence et la quête c'en est fini de tout cela, à d'autres à d'autres, qui se foutent de tout ce que je fais pour profiter profiter, à moi de profiter, je dirai mon petit poème et me retirerai sur les bancs après avoir joué mon Claudel partout sélectionné c'est un succès, un succès fou et je m'en fous, comme se foutent de mes ennuis, de mes problèmes, les Gruss, les Gélin, les Rimbaud (pauvre lapin, m'a dit Géret le plus tendre)

tandis que je marchais, exquis parcours sous une petite bruine où je me disais « c'est ça de pris pour ma santé, ça qu'ils n'auront pas, ils ne m'auront pas »

et je traversais l'hôpital Broussais (croyant prendre un raccourci qui me ramenait au point de départ « sortie des véhicules » même à pied), et j'entendis quelqu'un du 14ᵉ me dire « la rue Brancion ? ça c'est le 15ᵉ ; après le pont, nous c'est le 14ᵉ ! ô

racisme de tous les mètres et de tous les maîtres, et un chauffeur de taxi m'abrutissait le matin en me parlant des noirs, et bruns qui se font de l'argent sur les blancs.

Ce soir je me sens tellement mieux d'avoir

marché malgré 7 heures de sommeil et quelques coups sur la tête... ?

bientôt bientôt je serai dans ton lit

et je t'aime

S

1981

**Paris, rue du Louvre, 26 janvier 1981, 13 h 30, adressée
à Courchevel, au dos de l'affiche de « ARIANE A NAXOS [1] »
opéra-duo-drame de Georg Benda au Théâtre
de la Ville de Rennes (direction Chérif Khaznadar).**
Rennes, jeudi nuit

Cœur de mon cœur, je viens de t'appeler, de cette ville où tu m'envoyas dès le mois de juillet du Cap – et m'y voilà, avec le petit orchestre de Rennes, notre chef d'orchestre d'un soir de Claudel en commun, notre Rochefort [2] divorcé, futur père et refusant un nouveau mariage, et Ariane-moi allant au canon de toute la force vive de mes forces-vives de création et de combat. Après toi j'ai appelé les Khaznadar pour leur suggérer de mettre sur scène l'orchestre, etc. Toujours au front, pour 5 minutes de bonheur que je ne peux m'empêcher d'éprouver dès que je suis sur scène. Oui, vraiment, c'est là ma place. En voyant Khaznadar dans la salle (il fait à Rennes un travail admirable) je sentais combien j'étais déplacée quand, au Carré, je m'asseyais sur un fauteuil pour regarder les autres évoluer sur MON plateau. Oui, cœur, je suis heureuse de

---

1. Silvia joua dans ce spectacle mis en scène par Françoise Grund à Rennes et au Théâtre des Champs-Élysées à Paris.
2. Jean Rochefort, comédien.

mettre une belle robe et de me coiffer et maquiller en maugréant pour, en fin de compte, clamer un texte médiocre que tous trouvent tout à fait intéressant parce que parce que parce que... je le dis avec conviction.

Et tu me tiens par la main

comme ce jour où je jouai en direct le sphynx de la *Machine Infernale* et que tu étais, pour la 1re fois – à l'autre bout. De bout en bout

je t'aime

S

Paris, rue du Louvre, 20 février 1981, 17 h 45, adressée à Courchevel.
jeudi 19.2.81.

Bien aimé,

le retour fut difficile. Sans enlever le manteau, je suis montée, descendue, j'ai rangé le sucre et le miel, et les œufs, tout ce qui avait été choisi avec tant d'amour

puis j'ai regardé les photos et l'idée m'a traversée de *te* découper, toi, bronzé et en laine rouge, heureux, détendu, je t'ai cerné, arraché à ce couple d'inconnus et à ce couple d'amis – sans regret et mis dans mon portefeuille. Et au moment de jeter les restes j'ai eu l'idée de traiter de même pousson 2 pour te l'envoyer. Tu peux le réduire à ton tour et le mettre dans ton portefeuille. Je l'ai juste collé pour éviter qu'il se perde au fond de l'enveloppe, ou se frippe, ou se froisse. Et nous voilà tous 2 récupérés, séparément, par l'amour.

Les travaux m'ont beaucoup occupée. Il est trois h. Je vais dormir sans toi. C'est affreux. Que j'ai de chance de t'aimer ainsi ! Et aussi d'être tant et tant

aimée de toi mon amour

S

Tu roules, tu dors, tu rêves, je t'aime

ô merci d'être venu. Toi, mon patrimoine acquis depuis 18 ans.

Télégramme reçu à Courchevel le 6 mars 1981.

Je te tiens la main pour un demi-siècle encore
Silvia

**Paris, rue du Louvre, 11 mars 1981, 17 h 45,
adressée à Courchevel.**
mardi nuit

C'est étrange, le temps a passé depuis notre appel – après lequel je voulais me coucher. J'ai lu, mangé, médité. Et, automatiquement, j'écris ton nom sur une enveloppe à ma portée : Pierre Gruneberg. Ce nom que j'aurais pu ne jamais connaître, ne jamais prononcer et qui est aussi évident que pour d'autres papa maman Paris ou leur propre identité. Et avec ces quelques lettres s'ouvrent ses livres d'images, battent des pulsions, se forment des mondes.
Je t'aime
S

**Paris, rue du Louvre, 23 mars 1981, 17 h 45,
adressée à Courchevel.**
Lundi

Très très long, mon amour, depuis hier 18 heures au théâtre ! Sans voix, ni toi ni moi. J'allai voir le *Napoléon* de Gance, superbement refait grâce à Lelouch (ce qu'il aura fait de mieux – ce sont ses Gruss) film parlant et reconstruit, sublime. Il devrait être imposé à tous les écoliers. Le souffle de l'épopée bonapartiste. Le génie tentant de faire saisir le génie. 4 heures 1/4 sans entracte et j'en aurais supporté le double. Peut-être se jouera-t'il encore en mai, pour toi. Une poignée de spectateurs. Misère. Je vais suggérer à la Ville de Paris d'en faire la promotion...
Et moi je ne partirai pas d'ici avant 2 heures 1/2 (dans l'espoir de t'entendre à ta dixième césure de la journée. Car, le film

s'achevant à 1 heure du matin au retour j'ai lu du Cocteau jusqu'à... puis je me suis réveillée à 12 heures 10 !

Mais je t'aime. Tant
S

**Paris, rue du Louvre, 25 mars 1981, 17 h 45,
adressée à Courchevel.**

Cœur de mon cœur, encore un matin sans toi. Un matin de soleil d'aujourd'hui. Et, de chaleur, dis-tu, pour toi. Je vis dans l'angoisse du « midi », heure à laquelle, bien sûr, tout le monde appelle ! Et je te sais, cependant, près d'un appareil téléphonique, attentif, furieux, aimant.

La vie va. Mars s'en va. Avril-mai s'avance. Et juin du Cap, et juillet du chaud, et Août à nous.

Sous quelle présidence ? Jullian me dit que le symposium pour intellectuels de Mitterand fut bouleversant. Silence bien sûr partout à ce sujet. Mais tout cela hélas n'est que frémissements en vue d'élections. Ah le malin Mitterand. S'il avait voulu être à cette hauteur là il ne se trouverait pas en marche vers ces autres sommets.

Je t'aime
S

**Paris, rue du Louvre, 7 avril 1981,
adressée à Courchevel, enveloppe Carré.**

Où étais-tu jusqu'à 11 h 45 alors que tu me disais, à 20 h, d'aller juste dîner au Coq avec un ami ?

je suis restée au Carré jusqu'à 23 h 30, donc – pour t'attendre, pour ne pas risquer de te réveiller ensuite.

Et maintenant, la douce pluie, goutte à goutte, tombe sur notre toit, et je dépouille enfin le courrier du jour car, ici seulement, j'en prends vraiment connaissance, hors du chaos du Carré.

Comme chaque soir, bouleversants témoignages d'amis connus et inconnus – de Joseph [1] à des étrangers et je me dis que Brialy et Marais – dont j'ai vu les demandeurs d'autographes à la fin dans leur loge auront été moins vus et entendus que moi dans cette pièce [2]. S'il n'y avait pas le problème de recette qu'aurait-on à faire de ces spectateurs téléguidés qui n'entendent rien. Je me rappelle la tournée de Dario Fo [3], avec des salles pleines dans certaines villes – qu'en reste-t'il ?

Un garçon, ce soir, de la télé, me disait que les spécialistes du car versé dans les salles auront été les fossoyeurs de la curiosité théâtrale. Hélas il a raison mais hélas cela fait les recettes.

Il pleut toujours, doucement. Où es-tu ? À minuit et quelque, en rentrant, je n'ai pas voulu t'appeler (et si, dans l'intervalle, tu étais tombé endormi... ?)

Cher sommeil
de mon cher amour
je t'aime
S

**Paris, rue du Louvre, 17 juin 1981, 20 h,
adressée au Cap Ferrat, enveloppe et feuille Carré.**

Cœur de mon cœur, enfin frais, enfin gris. Je ne regrette plus de ne pas être au soleil. Je respire. J'écris. Je téléphone. Je rêve à pousson qui est là. J'ai entendu Madeleine Chapsal [4] dire une chose très émouvante. Elle parlait de son oncle, veuf à 80 ans. « Il est beaucoup plus serein, disait-elle, sa femme est en lui de façon permanente. »

C'est bien ça.

---

1. Peut-être Joseph Russillo.
2. Sans doute *Petit déjeuner chez Desdémone* de Janus Krasinski, joué par Silvia à partir du 17 février, dans la mise en scène de Jaroslav Vizner.
3. Auteur dramatique et comédien italien. Prix Nobel de littérature.
4. Écrivain.

Vendredi, je vais à la 1re du Cirque à Amiens. En train. Je préfère y coucher. Adrian [1] m'appelle la nuit. Il veut que Vallone [2] ait *très* envie de travailler avec lui ! Je vais transmettre la question. Ce qui est bien dans Vallone, c'est qu'il ressemble à un galérien (le personnage a fait les galères). O que n'es-tu là à tout instant...
 je t'aime tant
 S

Paris, 19 juin 1981, 18 h, adressée au Cap Ferrat, enveloppe et feuille Carré.
jeudi minuit

la maison. J'essaie d'appeler ce Noble. Chez sa maîtresse, chez lui. Sonnerie. Rien. D'habitude il appelle. J'ai vu les *Mystères de l'amour* de la fameuse Viviane Théophilidès [3] avec sa fameuse Micheline Uzan [4]. Parodie de l'amour du mariage de la société (une certaine) par Vitrac [5] au départ, par ces femmes communistes à l'arrivée. J'ai peu ri. Mais je me suis sans cesse demandé ce que le public pouvait souhaiter voir (là, il y en a un peu). Et cette *Duchesse* [6] ? Notre cher Arnaud de Mezamat de Lisle fait des comptes. À 1 million quotidien, on peut tenir. Il veut un succès d'une saison. Il est très émouvant. Sait-on jamais ?

J'ai rappelé... Avec Vallone c'est OK, alors j'ai dit que le décorateur était trop cher, et que Adrian le fasse baisser. Voilà. Voilà chaque jour et chaque nuit
 Tout me ramène à nous et je t'aime
 S

---

1. Adrian Noble, metteur en scène de *La Duchesse d'Amalfi*.
2. Raf Vallone (1916-2002), comédien italien. En France, il avait joué *Vu du pont* d'Arthur Miller au Théâtre Antoine, et tourné dans *Thérèse Raquin* de Marcel Carné avec Simone Signoret.
3. Metteur en scène.
4. Comédienne, interprète favorite de V. Théophilidès.
5. Roger Vitrac, auteur dramatique (1899-1952). Écrivit entre autres pièces *Victor ou les enfants au pouvoir*, *Le coup de Trafalgar*, *Le sabre de mon père*, etc.
6. *La Duchesse d'Amalfi*.

**Paris, rue du Louvre, 8 juillet 1981, 18 h,
adressée au Cap Ferrat, enveloppe et feuille Carré.**

Amour mon cœur, dures journées. C'est payer bien cher ces dix jours lumineux, radieux, ronds et pleins.

Depuis ce matin, c'est comme si l'avenir me tombait sur la tête. D'abord, à l'aube, au ministère, le gentil Abirached devenu en 15 jours cet homme paniqué, déchiré, incertain puis le directeur du parc m'annonçant que pour le Cirque il fallait voir (plans à l'appui) et que pour le théâtre c'était vu. Alors, course après Billaud, Boutinard and Cie. Billaud tout de même m'a rappelée. J'ai tout dit : que je croyais en la parole de Chirac, que j'en avais marre d'entendre l'opinion offrir la Gaîté à tout le monde et Boutinard se moquer des promesses du Maire. Où devais-je aller ? <u>Il fait le point</u> et m'appelle demain.

Et puis tout le reste : Fréjus, Cogolin, et ce pauvre Alexis [1] en retard sur son horaire de plusieurs heures, conduisant des 100 tonnes parmi les chantiers de Vaugirard, recevant les paquets d'inquiétude que je lui transmets et continuant. On continue, c'est ça. Et le parc devient planté, et ma tente se déplantera, et je te retrouverai dans 1 jour, 2 jours, 1 vie

Car je t'aime. Et il faisait si beau sur Paris !
S

**Chamonix, 24 juillet 1981, 10 h 30,
adressée au Cap Ferrat, enveloppe Carré.**
Jeudi

Cher amour, enfin 3 lettres de toi, ensemble, si bonnes, si belles, que je trouve dans l'euphorie de mon retour de chez Filippo. C'est un Gruss de l'hôtellerie (en plus il gagne des courses de voiture – il est marié, 2 petits enfants) et manifeste une grande joie à m'accueillir. Nous avons rêvé. Peut-être prendrait-il mon appartement de Chamonix et me donnerait-il, tout

---

1. Alexis Gruss.

en haut de ses terres, une petite maison des abeilles, 2 chambres un séjour et le confort. Ce serait gai, non ? Juridiquement, je ne sais ce qu'il faudrait faire, mais avoir notre refuge au dessus de Courmayeur, voilà qui est fait, non ? pour nous.

O je t'aime. Et déjà j'y vois notre future vie.

Oui, tes lettres douces, bonnes, chaudes, par temps de pluie et de soleil, reçues après t'avoir écrit que durant une vie entière j'avais médité ma chance. Quelle réponse !

En revanche, pas de chance avec le temps. Gros orage et pluie continue aujourd'hui. Venir te rejoindre me talonne. Mais ils annoncent que notre pluie va descendre chez toi. Comme tu serais triste si tu m'accueillais sous la pluie. Alors je prends patience en travaillant

– et en t'aimant
S

**Avignon, 30 juillet 1981, 16 h,
adressée au Cap Ferrat, enveloppe et cartes Carré.**
nuit d'Avignon,

ô cœur, mon cœur, tu as toujours raison : à Avignon, j'aurais pu passer plusieurs jours. D'une certaine manière, oui, mais fallait-il sacrifier la santé de Chamonix, le bonheur de St Jean, le travail indispensable du film ? non. En 36 heures j'ai fait le maximum. J'ai fait changer les dates de mon exposition du Boulevard du Crime, c'est-à-dire qu'elle aura lieu <u>pendant le festival</u> de l'année prochaine ! Les ministres, les festivaliers la verront (y compris ma revendication de la G. Lyrique qui y était exposée). J'ai vu un journaliste catholique ami qui est sollicité souvent pour les discours de Chirac et qui va explorer à mon sujet. J'ai vu Puaux[1] et 2 spectacles que j'aurais risqué de prendre sur le petit triomphe de la renommée locale, qui ne

---

1. Paul Puaux (1920-1999), ami, collaborateur de Jean Vilar et son successeur à la direction du Festival d'Avignon. Fondateur de l'Association Jean Vilar à Avignon.

valent pas tripette et qui se seraient effondrés au Carré. J'avais vu des bribes de *Titus Andronicus* que je ne prendrai de toute façon que si la presse est bonne.

Bien sûr, demain, j'aurai vu la pièce en générale, et Abirached qui arrive, et le 30, Lang peut-être...

Dans ma chambrette chaude et solitaire je ne pense qu'à toi. J'ai mal au ventre, et à l'épaule
<u>et je bénis la santé</u> de Chamonix et le <u>bonheur</u> de nos 2 jours.
Voilà la conclusion : je t'aime
S

**Paris, rue du Louvre, 10 août 1981, 12 h,
adressée au Cap Ferrat enveloppe et feuille Carré.**
dimanche soir

Arrivée à Paris bien mélancolique, mon amour. Excellent voyage, facile, et tout, et me voilà, toute bête, valises défaites et cartable pour demain tout prêt – comme une gourde, comme une seule, comme une mutilée.

O jours radieux et comme il fut doux de prendre le temps de s'aimer. H. Thomas m'avait raconté qu'en mourant sa femme, encore jeune, lui avait dit doucement « on aurait du prendre plus de temps pour faire l'amour ». Cela m'avait beaucoup frappé, ce remords de veuf (très éprouvé par cette soudaine absence qui lui reprochait gentiment une autre absence).

Nous prendrons le temps, tout le temps, et l'amour
je t'aime
S

**Paris, rue du Louvre, 15 août 1981, 18 h,
adressée au Cap Ferrat, enveloppe Carré.**
81

15 août, mon cœur, 15 août, mon âme. Il y a 18 ans que je suis passée par St Jean à cause de la *Pucelle* d'Audiberti et pour

rencontrer, en vain, Vitaly. Et aujourd'hui je suis à Paris pour apprendre le tango que danse *Adrienne Bolland*[1]. Et pendant ces 18 années tu m'as tenu la main de rôle en rôle, de joie en détresse, de pays en pays. Pour commencer. Je pense à 1999, dans 18 ans. Nous approcherons de cet an 2000, tranquilles enfin, de Chamonix au Vieux Nice et nous constaterons le calme étonnant dans un amour qui, paisible dès l'origine, ne cesse pas de nous tourmenter par ses départs, ses absences, ses inquiétudes.

Oui, que je t'aime !

George Sand parlant du plus long amour qui a occupé sa vie dit de l'homme qu'elle aime : « Il se met tout entier dans le verre d'eau qu'il m'apporte ou dans une cigarette qu'il m'allume ! » Ainsi de nous.

Je passe par la poste du Louvre pour cette lettre du
15 août 1981 !
ô comme je t'aime
S

Lettre sans enveloppe ni date

et maintenant : 16 août, 1ᵉʳ jour de l'an 19, et ça continue, ça continue, ça continue.

Je me suis réveillée tôt, selon le nouveau rythme que je vais devoir modifier (nous avons des nuits dès la semaine prochaine)

– J'ai des journées de 14 heures ! je ne sais même pas si je devrais accepter

Exemple : mardi, 10 heures de tournage, 2 heures de préparation, 2 heures de voyage jusqu'à Gournay !

Voici ma semaine, mon cœur, pour que tu me suives de tout ton cœur. Ton cœur adoré :

---

[1]. Première femme à avoir traversé la Manche en avion. Allusion au téléfilm *Le rêve d'Icare*, que Silvia tournait sous la direction de Jean Kerchbron.

lundi – 9 heures, projection à Bry-sur-Marne
puis voyage jusqu'à Rochefort-en-Yvelines
tournage à 12 h 30
fin à 20 h
retour Paris 21 h environ
essaie de m'appeler vers 23 heures

mardi tournage 10/20 h à Versailles
départ de la maison vers 8 heures
retour 20 h 30
MAIS diner avant d'être à la maison donc, retour vers 22 h 30
appelle, si tu peux, entre 10 h 1/2 et 11 h

mercredi (pour moi Comité d'entreprise à Vaugirard pour renvoyer la caissière à MIDI) – Tournage à Gournay 17 heures 2 heures du matin donc maquillage à 15 h 30, départ du Carré, ayant mangé ? à 14 h 30
je te téléphonerai à 13 h 15

jeudi Gournay à 17 h 02 h
donc départ de Paris vers 14 h 30
(1 h de voyage, 1 h 1/2 de préparation)
je t'appellerai à 12 heures

impossible de prendre un avion vendredi, j'enrage !

**Paris, rue du Louvre, 20 août 1981, 18 h,
adressée au Cap Ferrat, enveloppe Carré.**
nuit de mercredi 19 août 81

Encore un retour sans lettre. Ce 15 août a tout coupé. Tu n'as pas dû recevoir les miennes. J'ai essayé de t'appeler après le comité d'entreprise, du théâtre. Tu naviguais en voile, André, très gentil, t'a-t'il fait le message ?

Journée à Gournay-sur-Marne ensuite, et nuit jusqu'à 3 heures ! Je rentre. Un peu fâchée parce que Kerchbron s'est arrangé avec les horaires pour que je ne voie pas la projection. J'ai résisté à faire un éclat – et c'est <u>rentré</u>

Et puis j'enrage surtout de ne pas t'avoir entendu depuis si longtemps, malgré un horaire préparé astucieusement, pensai-je ? Mais tu es là, avec moi, cette nuit. Et je t'aime. As-tu vu le beau *France-Soir* ? et, dans le même journal, l'affreuse photo de Lang et ses filles ? Eh oui ! c'est ça le pouvoir, le pouvoir est le seul moyen pour eux d'ouvrir un journal et de s'y voir ! c'est encore plus enivrant que voiture et chauffeur. Mais toi tu es tout le temps dans le journal, pour tes exploits ! ô que je t'aime
S

Dans l'enveloppe : talon de chèque de 1 126,00 F émis par ANTENNE 2 le 14 août 1981, pour frais divers. Silvia a écrit : Mon billet du 15 août. C'est autant de pris au socialisme –

**Paris, rue du Louvre, 24 août 1981, 12 h,
adressée au Cap Ferrat, enveloppe Carré.**
dimanche

Mon cher cœur, j'allais descendre l'immense sac à ordure (sans ascenseur), mais ton coup de téléphone me fit penser que le *France-Soir* avec ma photo – et celle de Lang ! – devait être au fond du sac. Les doigts pleins de mouton et de mégot je l'ai enfin récupéré. Je découpe, pour moi, le Jardin des plantes et pour toi cet autre zoo où vraiment l'espèce humaine n'est pas à son avantage. *(Photo de Jack Lang jouant au scrabble avec ses 2 filles.)*

Et voilà. Pendant ces 2 jours, encore, j'ai tout fait mais je souffre beaucoup de la colonne. Peut-être est-ce aussi parce que je vais vers ma règle (et, bien sûr, c'est maintenant que je vais tourner les plans dans l'eau !) j'en ai vu, nous en verrons d'autres

et je t'aime
S

**Saclas (Essonne), 2 septembre 1981, 16 h,
adressée au Cap Ferrat, enveloppe et carte Carré.**
mardi soir

Cher cœur, tu dois être à Monaco, puisque tu ne m'appelles pas. J'ai travaillé dur. Kerchbron, en venant de Paris, ce matin, sous une petite pluie, s'est foutu dans un fossé. Cheville foulée en descendant de voiture (voiture en miettes) mais enfin il est encore là, plus antipathique que jamais. Rien n'y fait, ni n'y fera. Et c'est l'ancien opérateur qui a repris du service. Je continue, vaille que vaille. L'auberge est un havre. Le patron (71 ans) a vécu dans le Cirque, et m'en parle. Les Bouglione c'est pas grand chose (je le savais) il attribue la vraie mort du cirque à Jean Richard (ça se sait). Et toi tu amateurises à Monte-Carlo. Je ne sais que faire pour Sallanches, la semaine prochaine. J'aurais aimé t'en parler. Je peux dormir à Chamonix... ? On verra. Je t'aime
S

**Saclas, 4 septembre 1981, 16 h,
adressée au Cap Ferrat, enveloppe et carte Carré.**
Jeudi

Cœur de mon cœur, et me voici de retour dans mon auberge de luxe après 20 mn de routes campagnardes (à 40 à l'heure) car on n'a pas fini, bien sûr. Une grande partie de la journée juchée dans un petit avion monté sur une énorme grue mobile (nommée cul de poule) pour faire croire que l'avion est en vol. A présent, je sais diminuer les gaz et même couper. Le vent de l'hélice dans la gueule, les lunettes me coupant la figure – et Kerchbron en bas, fier comme un petit banc de pouvoir se payer un tel déploiement pour faire – hélas – des plans sans intérêt.

J'ai appelé l'hôtel à l'heure de ton dîner, pour te prévenir. Tu n'es pas là, et je t'imagine m'appelant à Paris de l'*Hôtel de Paris* de Monte-Carlo, et cela me fait mal.

Demain, 7 heures, ça recommence.

Et le Carré vit sa vie, pourquoi pas, il y aura 3 ou 4 acteurs par rôle pour Noble [1] – samedi-dimanche – et tout continuera

Peut-être en arriverons-nous à changer de vie, avec la vie, qui va nous pousser, nous cerner. Ensemble.

Je pars, donc, mardi pour Sallanches… Chamonix. J'ai décidé de prendre un avion, de louer une voiture, d'être autonome. Finir (presque) le film à l'Aiguille du midi, me plaît. je t'aime
S

**Paris, rue du Louvre, 8 septembre 1981, 12 h,
adressée au Cap Ferrat, enveloppe Carré.**
lundi soir

Cher cœur

Je viens d'offrir « le pot » à l'équipe des Andes. J'avais fait venir l'auteur Serge Ganz et l'opérateur de talent. Une fois de plus, l'équipe m'a assurée de son admiration pour mon « professionnalisme, mon courage, ma gentillesse ». Ils haïssent Kerchbron parce qu'ils craignent qu'il ait saboté le film par connerie !

On verra. Peut être que la chaleur humaine passera quand même. Mais quel travail pour 1 h 1/2 douteuse !

Je t'ai appelé deux fois de Bry [2], je suis heureuse, et je t'aime
S

**Paris, rue du Louvre, 9 septembre 1981, 12 h,
adressée au Cap Ferrat, enveloppe Carré.**
mardi soir

Mon cœur, mon cœur, j'ai oublié de te dire, aujourd'hui, que j'avais vu 1 heure de projection ce matin, concernant les plans

---

1. Adrian Noble, metteur en scène de « La duchesse d'Amalfi » avec Silvia et Raf Vallone.
2. Bry-sur-Marne, en banlieue parisienne, où sont installés les studios de tournage de la télévision.

d'aviation, et que j'avais été séduite par la chaleur qui se dégage de mon personnage – de moi ! – et que j'avais un peu repris confiance.

Dure journée, assise dans des avions devant des transparences, et mimant l'effroi, la joie, les virages, les loopings, tandis que des ventilateurs me jetaient dans la figure du fumigène à haute dose.

Bref je pars pour la montagne un peu moins déprimée. Et puis, il y aura Chamonix ! Sans toi. Toujours.

Je ne sais quand je pourrai t'appeler. Au retour, le soir peut-être. Mais tu me sauras main dans la tienne. Je t'aime
S

Paris, rue du Louvre, 16 septembre 1981, 13 h, adressée au Cap Ferrat, enveloppe Carré.

Mon amour chéri, je n'ai pas le temps de te dire la moitié de tout – ni de rien. Cette nuit, j'ai lu « mon » *Mermoz* de Kessel, édition originale numérotée – quelle vie, et quelle œuvre. J'aimerais t'en citer tout. Et c'est grâce à ma générosité (avortée, contrariée) que je lis cette merveille.

Oui mon cœur, tout et tant. Gruss a engrossé sa femme ! Ce qui prouve qu'en ce moment il n'est plus très sûr de la vocation. 38 millions de découvert à leur banque. Je ne sais que faire. Ils sont quand même les meilleurs. A bien des points de vue. Je vais voir lundi matin le nouveau responsable du Cirque rue de Valois.

Quant à D..., son amour s'exprime ainsi : c'est la plus cultivée que j'aie eue comme femme. Au reste tout va bien : il déjeune avec sa femme (qui est si heureuse de cela !) et dîne avec sa maîtresse.

Et nous, nous, sur les ailes du plus merveilleux accord, venu du fond des âges, pérenne et quotidien
prenons garde à nous !
je t'aime
S

**Paris, rue du Louvre, 17 septembre 1981, 18 h,
adressée au Cap Ferrat, au dos d'une facture Gallimard
du *Mermoz* de Kessel.**
jeudi 17 septembre 81

Voilà, cher cœur, la facture de cette édition originale et numérotée, introuvable, que j'ai été chercher (avec toutes les interventions du chef Gallimard rencontré dans le couloir) pour Kerchbron !

Quand tu sauras qu'à la fin d'une journée (la dernière) où il m'a fait envoyer le gaz carbonique de l'échappement d'air d'un 2e avion pour que l'hélice soit encore plus vraisemblable – et qu'un début d'asphyxie m'a fait tourner de l'œil, et qu'à la fin de cette journée donc, sur le grand plateau de Bry, tandis qu'il me disait vaguement au revoir, je lui ai dit : « – marchons ensemble jusqu'à la grande porte – oui... » (j'étais prête encore à l'emmener dans ma loge le lui donner) et quand ayant dit adieu aux autres je me suis retournée – il n'était plus là – alors tu comprendras que ce livre si beau eut été tellement détourné de sa fonction que c'eut été un gachis.

En revanche, j'ai décollé les 2 petites photos d'un médaillon que je devais jeter par dessus bord
pour te les envoyer.

Dans l'une, je danse le tango, dans l'autre je suis simplement heureuse.

Et j'ai, aussi, le gros cahier de polaroïds ?
et
je t'aime

**Paris, rue du Louvre, 18 septembre 1981, 13 h,
adressée au Cap Ferrat, enveloppe Carré.**
vendredi

Mon cœur, j'étais si malheureuse hier quand tu m'as rappelée, j'avais une discussion avec Gruss – peu plaisante. Ensuite je suis restée tard et j'ai reçu beaucoup de téléphones de gens qui voulaient louer et j'ai appris que le téléphone de la caisse avait été en dérangement tout le jour et que le n° sur *Pariscope* était faux ! et j'ai, aussi, dû trouver un nouveau cardinal, Leuvrais [1] exigeant par son impresario d'être à égalité avec Vallone, avant le titre ! en vérité il est dans l'espoir d'un film et fait durer. J'ai donc téléphoné cette nuit à l'adorable Raymond Jourdan (Turenne de la *Fourmi dans le corps*[2]) qui, miraculeusement, sera libre ! et il passe chercher sa brochure. Tout cela m'avait énervée. J'ai été souper chez Lipp. Draguée par mon voisin, un jeune et beau industriel belge qui construit des cercueils en carton. J'ai approuvé son projet et il a payé mon dîner. Puis j'ai oublié ma brochure, mes journaux. Et, à la maison, voulant vider les ordures j'ai tiré la porte sans avoir la clé. J'ai tambouriné dans la vitre de notre bonne bonne, qui m'a ouvert ! Car je n'avais pour tout bien que le sac d'ordures. Je n'aurais pas même pu aller dans un hôtel !

Nuit agitée après tout cela.

Ce matin il pleut à torrent. Comme toujours les jours de première au Carré. Dommage, car, vraiment, le Carré a changé de figure. Avec son petit chemin dallé entre les graviers, ses peintures fraîches, son beau café-théâtre exposition, son grand hall d'entrée avec kiosque de vente, etc.

Des torrents d'eau, qui, aussi, pénètrent à Gravilliers.

Alors j'ai téléphoné à Inter et retenu 2 places aller-retour. Sans doute les utiliserai-je. Demain matin 10 h 10, c'est-à-dire 11 h 25 à Nice et un supplémentaire de 19 h 30 dimanche. Te voir. Me baigner dans ton eau. Me rouler dans ton lit. Te toucher. Te parler. T'aimer.

je t'aime
S

---

1. Jean Leuvrais, comédien.
2. *La fourmi dans le corps* d'Audiberti fut joué par Silvia au Carré Silvia Monfort en 1979. Raymond Jourdan, comédien (1930-1990).

Lettre dans enveloppe « Pierre » sans date.

O le recommencement du départ proche, de la lettre que je ne peux m'empêcher d'écrire, là, à 1 heure des bagages, avant d'y toucher.
    le soleil dehors,
    ta présence en bas
    les souvenirs des heures passées – déjà souvenirs
    (ma main qui tremble, ma crainte que tu ne puisses pas lire)
    et je continue en m'appliquant, tremblant davantage, t'aimant davantage s'il se peut
    des images : ton beau costume dans le restaurant inattendu avec ta tête fiévreuse de fatigue – une image rare ici
    toi dans les eaux un peu remuantes allant vers Kuch,
    etc etc etc jusqu'au plus doux.
    Je reviendrai, mais je ne quitte pas, et je pense qu'il viendra bientôt, le jour où nous nous quitterons moins
    mais nous ne nous quittons pas
      je t'aime
        S

Lettre sans date, enveloppe « Pierre », écrite sur l'intérieur d'une enveloppe dépliée.

Oui mon amour nous avons l'essentiel puisqu'on a nous. Ce petit mot, ce matin, c'était si doux lorsque je l'ai trouvée alors que je hurlais « pousson, pousson », ton pas sans doute encore dans l'escalier.
    Silvia Monfort
    Mais il reste
    cette nuit puisque j'ai eu la bonne idée de ne partir qu'au matin de demain. Et je
      t'aime
      dimanche matin

28 décembre 1981, adressée à Courchevel.
lundi 14 h 15

L'osthéopathe sort d'ici.
1/ je suis de travers, sans doute après un accident
2/ l'enveloppe de mes muscles est complètement figée
3/ contre 200 francs elle me tripote le sacrum, mesure la pulsation de mon crâne (chose difficile entre toutes, elle y a mis 7 ans) et me fait bloquer la respiration et soulever vers l'avant les doigts de pied.

Elle me promet également, après tout cela, courbatures et somnolence – surtout à l'heure de la représentation. Je la revois mercredi. Je lui ai déjà annoncé que le rythme s'espacerait après le 10 janvier pour qu'elle ne fasse pas trop de projets de budget et de placement). Moi, je t'aime.

1982

22 janvier 1982, adressée à Courchevel.
vendredi

Qu'est-ce que je t'aime ! Je ne suis pas trop découragée, parce que tu existes et que je sais le peut-être et le peu de chose de toutes activités humaines hors de l'amour. Oui, l'amour que j'ai déployé pour le Cirque – là, ça a causé problème dans sa déception. Mais ça passe. Et le reste, je le maîtrise parce que tu as dit à juste titre que ça leur ferait trop plaisir si j'abandonnais. En fait, j'ai un peu lâché, mais en 15 jours, je reprendrai tout. Dès que je joue, c'est vrai, le reste compte peu. Trop peu peut-être... ?

Bref je t'aime

1er février 1982, adressée à Courchevel.
jeudi

Tu es zeuheux zau Prat
tu es zeureux zaussi
parce que je vends Desdémone
et l'âme enchantée
je suis zeureuze que tu sois
zau grand soleil du Prat

avec des Véné zuéliens
toi zé moi !
Zilvia

3 février 1982, adressée à Courchevel.

Voilà mon cœur, j'ai été voir ta Chantal dans l'*Ile*[1]. Après une journée consacrée à l'Association Audiberti, pourquoi pas une soirée Betti ? *L'Ile des Chèvres* ! Bouleversante Chantal devant 4 spectateurs un samedi soir ! et elle pleure, et elle est tout entière là ! les autres aussi. Le garçon[2] pas mal du tout. Bon travail de Thierry[3] pour la mise en scène. Et je pensais que Chantal s'est trompée de siècle. Elle joue et « croit » comme les grands du 19e siècle. Maintenant je mange (à la maison) et tu n'es pas dans la tienne.

Je t'aime quand même, et pars demain pour Zurich !

18 février 1982, adressée à Courchevel.
jeudi matin

Qu'est-ce que je m'emmerde ! et je ne fais – depuis 2 heures – que classer (pré-classer !) mes papiers pour les impôts, que je dois déposer avant samedi pour que… travaille pour de vrai !

Et dire que la Malène m'admire. Quelle imposture. Je ne pourrais même pas être aide-comptable au Carré. Ma tête s'affole.

TU VIENS D'APPELER : le paradis est sur terre parce que tu skies au grand soleil, que je t'aime et que tu m'aimes.

---

1. Chantal Darget,(décédée en 1988), comédienne, épouse d'Antoine Bourseiller, joua *l'Ile des Chèvres* d'Ugo Betti. La pièce avait été créée par Silvia, dans une adaptation de Maurice Clavel, au Théâtre des Noctambules, en 1953, avec Alain Cuny et Rosy Varte.
2. Gérard Darmon.
3. Louis Thierry.

24 février 1982, adressée à Courchevel.

O cher cœur, me voilà à mon beau bureau : la tête entre les mains : que faire ?

Trop de Phèdres !

Bien sûr si la presse accueille avec sympathie ma *Phèdre*, c'est une bonne chose, peut-être... Sinon, la catastrophe certain.

On n'en a jamais fini, cette Phèdre ! pour laquelle je me suis tant battue et qui me revient en boomerang !

O mon cœur, ô mon cœur. Et puis le souvenir du méchant accueil d'*Électre* me reste toujours en travers de la gorge et me fait appréhender le pire. S'ils se déchaînent dès les avant-premières je suis foutue. Au moins il faudrait interdire une projection pour les journalistes. Ce serait moindre mal car les critiques du lendemain passionnent beaucoup moins. Bref je tourne en rond.

Cette *Phèdre* pendant laquelle tu voulais te suicider ! Et maintenant c'est moi qui suis dans l'anxiété. Bref, il ne faut pas toucher aux Tragiques.

Mais je t'aime

25 février 1982, adressée à Courchevel.
jeudi matin

Cher cœur, ouf, c'est fait. Ce matin Desgraupes a fait dire à Badel[1] de trouver autre chose. Je crois vraiment que la presse aurait dit (dans la conjoncture actuelle) que l'on ne joue plus la comédie comme ça et que pour Pâques on n'a pas le droit d'emmerder à ce point les gens en vacances. Et puis imagine le pourcentage minable de *France-Soir* si un film passe sur les autres chaînes. Et puis, et puis... bref ce n'était pas le moment. Car je CROIS au travail de Rougerie[2].

---

1. Pierre Badel, réalisateur de télévision.
2. Jean Rougerie, comédien et metteur en scène (1931-1998).

Quoi qu'il en soit ce qui était fait a pu être défait. Et quand je songe au mal que je me suis donnée pour faire tourner *Phèdre* ! C'est la vie. Demain matin je visionne à Bry-sur-Marne. J'ai peur. Je vis avec ton soleil. Car je t'aime à la folie

4 avril 1982, adressée à Courchevel.
vendredi nuit

À 13 heures, j'étais chez l'ostéopathe. Aujourd'hui elle m'a consacré 1 heure, parce que « ça marchait ». Elle m'a enfoncé les doigts dans les pieds, travaillé la colonne et le crâne, du fait, elle a soigné la rate, la vésicule, les reins, et même le cou dont je souffre. Elle est intelligente. Tout comme Michel Auclair elle me déclare « en béton ». Musculature née de mon seul cerveau et qui ferait pâlir les « amateurs de gonflette en salle de gym ». Finalement, quand je dis « c'est une question de vie intérieure » je suis tout près de sa conclusion médicale.

Toi qui me caresses, sois béni. Je t'aime

Paris, rue des Archives, 8 juin 1982, 16 h 15,
adressée au Cap Ferrat, enveloppe et feuille Carré.
nuit de dimanche 6 juin 82

O mon cœur cher cœur, par je ne sais quel miracle, au petit matin du 7 j'ai descendu les ordures et remonté le courrier. Ce qui m'empêchait, depuis plusieurs jours, l'ascenseur en panne et la minuterie en panne (ajoute à cela qu'il pleut de nouveau chez nous)

et là j'ai trouvé 1 lettre de toi me disant de chercher mon cadeau, ce que je me suis empressée de faire. O merveille. D'abord, de nouvelles photos de toi, et puis de moi, et un cahier si joli. Et un testament qui m'a mis les larmes aux yeux.

Oui tu as passé cette nuit d'anniversaire et d'orage avec moi. Et je t'en aime encore davantage.

S

**Paris, rue des Archives, 8 juin 1982, 16 h 15,
adressée au Cap Ferrat, enveloppe et feuille Carré.**
mardi matin

Je fais un filage de la pièce samedi soir après la représentation et ça va faire tard, bien sûr. C'est la seule heure où l'on peut répéter sous le chapiteau sans tourner de l'œil de chaleur. Sipriot est venu hier soir. Emballé, lui, le sceptique, l'observateur. Transporté. Il est vrai que (selon Meriko[1]) hier soir j'étais « géniale »... On a fait plein de projets, il travaille dur sur la correspondance de Montherlant, et si j'ai une petite salle je pourrai faire lire ses lettres à sa grand-mère (avec réponses) qui sont provocantes à souhait.

Je t'aime et t'embrasse
S

**Paris, rue du Louvre, 5 juillet 1982, 18 h,
adressée au Cap Ferrat, enveloppe Carré,
lettre au dos du bordereau recettes.**
samedi

La dernière, mon cœur, de cette première Phèdre au Carré. Qui m'enlève tout remords d'avoir arrêté, car, ce samedi-ci, c'eut été encore en baisse sans aucun doute.

Mais il est vrai que la pulsion quotidienne qui lui donnait vie avait d'autres retombées que la simple recette

Bref, à cette heure du soir, je range, classe, écris

pour avoir l'esprit tout libre dans 8 jours

    8 jours, à peine...

      je t'aime

Tout est rentré dans l'ordre. Je t'aime. je m'appelle TOI
S

---

1. Maria Meriko (1919-1994), comédienne, joua notamment Œnone dans *Phèdre* avec Silvia, dans la mise en scène de Jean Rougerie.

Chamonix, 16 août 1982, 15 h 30, adressée au Cap Ferrat, enveloppe et feuille Carré.

Et cette fois, c'est le 15 août. Un 15 août tout ensoleillé. Mais un tout petit 15 août : 19 ans. Ah ! l'année prochaine, où que nous soyons il faudra bien que nous soyons ensemble. Une sacrée fête. 20 ans. Est-ce possible ? est-ce vrai ? Temps pas plus qu'espace n'ont de sens. Toutefois 20 ans, c'est 20 ans.

Bref pour ce petit 15 août d'aujourd'hui je me contente de penser à toi de toute mon âme, et je te vois descendre à la piscine, t'asseoir, te lever, mener le bâton et la parole, bref vivre.

Moi je t'aime
S

Chamonix, 20 août 1982, 15 h 30, adressée au Cap Ferrat.
vendredi matin

je les prends comme ils viennent, les jours, et si le matin il pleut, je mets mon imperméable. Dire que lorsque tu recevras cette lettre je serai à Paris. Sans vraie joie puisque je n'y retrouve ni toi ni *Phèdre*. Je vais donc surtout travailler à placer *Phèdre* dans des pays où j'irai avec toi !

Ce soir je vais chez mon Filippo voir ma maison des abeilles. (et dîner). MON dîner en ville du séjour. Si les douaniers italiens me laissent passer sans passeport.

tu m'aimes
moi aussi
S

Paris, rue du Louvre, 24 août 1982, 12 h,
adressée au Cap Ferrat, enveloppe et feuille Carré.
lundi

Cœur de mon cœur, rien ne m'a plus émue que ta question ce matin, soudaine : est-ce que tu m'aimes ? Si je t'aime ! ô mon cœur. Je ne vis que ça.

À preuve : le ministre socialiste Lemoine, maire de Chartres[1], me demande d'aller présider le 25 août les fêtes de Chartres, eh bien je dis non j'ai mieux à faire.

À preuve, je regarde ma montre toutes les 5 mn, pour ne pas risquer de louper 18 heures ! À preuve, à preuve, à preuve
ô je t'aime
S

**Paris, rue du Louvre, 1ᵉʳ septembre 1982, 20 h,
adressée au Cap Ferrat, enveloppe et feuille Carré bleu.**

Cœur ô mon cœur, il y a eu la nuit, et le matin, et maintenant qu'il fait si beau je n'ai pas encore l'impression d'être revenue de chez toi. Le soleil. La joie. Tes mots (rapportés) et que je relis, tes petits mots sur papier carré blanc, comme isssus d'un bloc qu'il sera impossible d'épuiser.

La vie va, lentement.

Les « gens » ne reviennent pas, ou reviennent démissionnés, sans bien savoir où ils en sont, où nous en sommes. Je travaille à nos voyages de *Phèdre* et au train train non plan plan. Il fait beau et je t'aime
S

**Paris, rue de Vouillé, 15 septembre 1982,
adressée au Cap Ferrat, enveloppe et feuille Carré bleu.**

Cœur de mon cœur, c'est mardi soir. A peine 24 heures que je suis à Paris. Et il me semble t'avoir quitté l'année dernière. Étrange fatigue. Il faut dire que de voir se dissoudre une société (présentement A2) dans la passive morosité de son Président que l'avenir de la prochaine société rend encore plus

---

1. Silvia et Maurice Clavel avaient participé à la libération de Chartres et de l'Eure-et-Loir. La reconnaissance des habitants perdurait.

sceptique et morose n'a rien d'exaltant. Et puis tous les petits soucis du Carré. O les bonnes époques où je plonge dans la création ! Mais il faut ceci pour cela. Et là, à Gravilliers, je me retrouve toute bête, avec une télévision sur la libération de l'esclavage, une tranche de jambon et les livres, chers livres, à ranger. Encore 1 cahier vert en double ! Je vais te l'envoyer. Cela en fera 3 et je t'aime trois fois plus à chaque livre. Je t'aime
    S

Paris, gare PLM, 26 décembre 1982, 20 h.

Cher amour, quand je pense aux longues journées que nous avons passé à faire l'amour – était-ce du temps perdu ? non, le creuset de notre vie – et voilà que ce jour de Noël, je travaille, tu travailles, nous travaillons, eh bien soit

il y aura encore les longues nuits, longues, de plus en plus longues, Dieu soit loué peut-être que c'est ainsi, je pense, que les nuits remplaceront les jours mais que le temps continuera à couler tout contre

puisque je t'aime
S

1983

Paris, 7 janvier 1983, 18 h, adressée à Courchevel.

… pourquoi est-ce que je m'attaque toujours aux poètes maudits ? sans doute parce que ce sont les poètes…

**Paris, rue du Louvre, 17 janvier 1983, 18 h,
adressée à Courchevel.**
Vienne

Depuis 9 heures du matin, j'essaie de t'appeler : France occupée ! j'enrage, j'aurais tant voulu te faire cette surprise. Et te dire, aussi, que la place est conquise, que le rapport sera très bon, je pense, et que nous avons pu jouer *Phèdre* sur cette scène dégueulasse et avec des enfants dans la salle. Toutes les joies. Mais il y avait 100 spectateurs de plus, sur les marches, sur des chaises et pour les organisateurs c'était la merveille espérée. Tous très sympathiques. La France culturelle éternelle, sceptique, provinciale, apolitique en fin de compte et d'esprit – chaleureuse.

Je vais encore visiter un ou deux palais. Hier, j'ai vu Schoenbrun !

A Paris, mon amour
je t'aime
S

**Paris, rue du Louvre, 8 février 1983, 18 h,
adressée à Courchevel.**

Oui mon cœur, j'ai pleuré. En découvrant au centre du paquet de victuailles ces deux petits pieds chauds, couleur téléphone du haut que tu aimes tant, j'ai pleuré. Je me suis assise devant la table pour pleurer. Ni plus ni moins. Mais je n'ai pas voulu te rappeler il était trop tard.

N'envoie plus rien mon amour, le frigidaire est plein et j'ai perdu l'appétit ! Il reviendra quand la gangrène reculera. Et surtout quand sera passé *Chaud et Froid*[1]. Que de soucis encore ! de problèmes, d'essayages et de répétitions dans le froid ! Mais je ne fume plus, donc je n'aurai plus de bronchite. Et je t'aime t'aime t'aime
S

**Paris, gare PLM, 20 février 1983, 20 h,
adressée à Courchevel.**

eh oui voici repris le train train plan plan de ta trop longue absence. Mais enfin tu peux connaître Boucicaut[2] la nuit *Chaud et froid*. Plusieurs fois les camarades, la générale et mon pauvre gros doigt (sans compter ma fesse...) et la représentation quotidienne. Oh que d'efforts pour arriver à cette libération ! à cette joie pure, active.

Bienheureux les acteurs du vieux temps qui jouaient toujours les mêmes rôles – les peaufinant... aurai-je le temps de peaufiner Leona ?
je t'aime
S

---

1. *Chaud et Froid* de Crommelynck fut joué par Silvia (rôle de Leona) dans une mise en scène de Pierre Santini.
2. Hôpital parisien du 15ᵉ arrondissement, fermé lors de la construction de l'Hôpital Européen Georges Pompidou. Silvia y était allée pour un panaris.

**Paris, rue du Louvre, 28 février 1983, 18 h,
adressée à Courchevel.**

Il neige chez toi mon amour. Depuis des jours. Et ta voix est plus triste. Sans que tu le saches sans doute. Car toujours tu vas tu cours, sur les pistes et dans les rues et jusqu'à ta Facim [1] etc. Mais le soleil va revenir. Je suis dans une étrange situation, je ne songe même pas à programmer et pourtant je songe sérieusement à arrêter les représentations. Oui, non. Comme dit Léona. Les jours poussent les jours. Le Japon ? je ne leur réponds pas. Je le ferai juste après ma rencontre avec Orliac. De toute manière, donc, je devrai programmer fin mai...

En tout cas le cycle Crommelynck s'arrêtera. Beaucoup à cause de l'indifférence du fils. Pas un mot, pas une fleur, pas un appel... mais quoi ? à vrai dire : ça ne m'intéresse pas. Ce qui m'intéresse c'est ce que nous ferons de notre vie, nos voyages, nos vacances, nos concerts. Ceux du Carré ?... l'indifférence. Ils sont arrivés à user mon énergie. Faut le faire.

Mais jamais ils n'useront le fil qui me lie à toi
car je t'aime
S

**Paris, rue du Louvre, 7 mars 1983, 12 h,
adressée à Courchevel.**
6 mars 83

Oui, mon cœur, c'est dimanche et tu as aujourd'hui cinquante-deux ans. Et cette étrange impression que cela ne veut rien dire, c'est vide de tout sens. Car enfin tu aurais du mourir à 7, 8 ans si les choses s'étaient passées autrement. Et cela n'aurait pas davantage de sens. Mais tu vis,

et tiens ! je vais tenter d'aller embrasser ta mère ce dimanche-ci !

je te quitte

---

1. Probablement Fondation pour l'action culturelle en montagne.

pour elle
je t'aime
S

**Paris, rue du Louvre, 30 mars 1983, 18 h,
adressée à Courchevel.**

Cœur de mon cœur, il fait enfin beau chez toi, et ici c'est gris et triste. Mais bientôt je te verrai, et je verrai, aussi, le même ciel. Je tire un lourd chariot, pour l'instant, et il ne faut pas que je lâche, par risque de lâcher tout à fait. Il est encombrant. Mais je ne leur donnerai pas la joie de partir si allègrement.
PAUVRE de tous (sauf nous en fin de compte ; je t'aime)
S

**Paris, rue du Louvre, 3 juin 1983, 12 h,
adressée au Cap Ferrat, enveloppe et carte Carré bleu.**

Gildas Bourdet [1] me relance pour le *Saperleau*. O dieu que je suis tentée... Faut voir. Je t'aime. À tout de suite
S

**Paris, rue du Louvre, 3 juin 1983, 19 h,
adressée au Cap Ferrat, enveloppe et feuille Carré bleu.**
nuit du 2 juin

et voilà, mon cœur. La générale a eu lieu [2]. Dans l'indifférence générale de l'équipe. Une salle mal remplie (malgré 100 avertissements de ma part – et à temps !) un public toutefois ravi, un

---

1. Metteur en scène, décorateur et auteur de plusieurs pièces, dont *Le Saperleau* créé en 1982, actuel directeur du Théâtre de l'ouest parisien (TOP) à Boulogne-Billancourt.
2. *Chaud et froid.*

temps sec (alors que la 1re hier avait été couverte par l'orage) – bref

rien ne se passera et je vais perdre beaucoup d'argent.

Mais, Dieu soit loué j'ai choisi la solution de licencier. Des êtres neufs seront peut-être davantage concernés. Cela ne peut pas être pire.

Et me voici toute seule, avec des œufs, un chou-fleur retrouvé, et de la bière à flot.

Et toi, partout.
je t'aime
S

**Paris, gare PLM, 7 juin 1983, 17 h,
adressée au Cap Ferrat, enveloppe
et 2 feuilles Hôtel**** Terminus Lyon Perrache.**
dans le train de retour

Nous nous sommes couchés à 3 heures du matin et je prends le train de 10 h et quelque. Ton pousson-voyageur.

Je t'ai peu et mal entendu hier (tu devais téléphoner de comptoirs) ô vite l'hiver à tout moment tu tends le fil !

Donc j'ai été voir *Le Saperleau* à Villeurbanne. Un langage inventé par Gildas Bourdet « en colère contre la critique qui, à propos de ses 2 premières pièces s'était permise de déclarer qu'il n'était ni Joyce[1] ni admirable. Alors, en un langage venu de nulle part et sans système il a écrit une grosse farce diablement mise en scène. Bien sûr, ici, dans une salle de 200 places construite à Lille et transportée sur une pelouse il jouit des abonnés de Planchon[2] – qui rient. Qui viendra rire au Carré ? De toutes manières il vient demain à Paris regarder ma tente et rien n'est fait. Je finirai par monter *Bérénice*. Mais qui viendra pleurer au Carré ?

---

1. James Joyce, écrivain irlandais (1882-1941).
2. Roger Planchon, comédien, metteur en scène et auteur dramatique lyonnais.

Le TGV est une belle réalisation
et je t'y aime
S

J'ai retenu une place d'avion pour jeudi soir.

**Paris, boulevard Lefebvre, 20 juin 1983, 18 h,
adressée au Cap Ferrat, enveloppe Carré bleu,
lettre sur fiche de lecture A2, timbre à 2,00 F**
19 juin 83

Mon amour chéri,
Et me voici toute à toi, toi toi dont la voix est plus enrouée que ne le fut la mienne et que je t'imagine (à tort) les pieds dans l'eau et la tête au soleil brûlant. Alors que tu baignes seulement dans une grisaille infiniment plus dangereuse en lisant, par surcroît, un médiocre livre.
Et moi j'ai donné compte-rendu d'une adaptation d'un roman d'Elie Wiesel sur toute la misère du monde juif – encore une fois et pourtant d'une façon nouvelle !
Quel soleil à Paris. Quelle injustice. Dans des cauchemars fous je vois tes leçons courir à toutes jambes hors de la piscine, je les vois se noyer, disparaître, te battre... ô je suis avec toi, en toi
plus qu'ici même.
je t'aime
S

**Paris, rue du Louvre, 25 juin 1983, 18 h,
adressée au Cap Ferrat, enveloppe et feuille Carré bleu.**
samedi

Je t'aime. Et je pars voir A. Fratellini[1], convaicue que son combat fut pire que le mien, et le demeure, car elle n'est pas en mesure, elle, de s'en foutre

---

1. Annie Fratellini, (1932-1997), issue d'une célèbre famille de clowns, fonda avec son mari, Pierre Etaix, une école de cirque, à l'exemple de Silvia.

Et puis, et puis, Etaix ne l'aime pas comme un pousson doit aimer
    S

Marseille, 29 juillet 1983, 19 h, adressée au Cap Ferrat, LE GRAND HÔTEL NOAILLES.
Marseille, le 29 (c'est-à-dire le jour de la 1re)

Cher aimé,

C'est comme ça : la vie s'organise et se réorganise à toute heure. Une vie Marseille-Frioul[1] a pris corps, avec ses appareils téléphoniques à pièces dont je connais les emplacements, ses vedettes sans horaire, sa crique et son hôtel climatisé (oui JE climatise, c'est te dire s'il fait chaud).

Heureusement que Rougerie est venu. Je ne m'en serais pas sortie avec les comédiens, le lieu les techniciens locaux (très gentils). Rougerie te regrette ! Alain mon régisseur parle de toi gentiment.

    O je t'aime
    Mais j'ai le trac
    S

Saint-Jean-Cap-Ferrat, 8 août 1983, 17 h, adressée à Silvia par Pierre, Poste Restante, CHAMONIX 74.
samedi matin... 7 h 30

Hier soir j'ai rencontré ton secrétaire général qui allait à un mariage au G.H.... avec sa fiancée pharmacienne... Je le trouve toujours très *sympa... je pense, j'espère que tu ne seras pas*

---

1. Les îles du Frioul, au large de Marseille, accueillent un festival de théâtre. En 1986, Silvia y jouera *Bajazet*, dans la mise en scène de Jean Leuvrais. Le spectacle sera filmé pour la télévision.

déçue... et qu'il remplace avantageusement Jando et Paula[1]*... on verra*

Donc tu as moins « forcé » le deuxième jour que le premier Bravo... Inutile d'exagérer... apprends donc le crawl dans la belle piscine de Chamonix (celle du centre sportif) je sais bien que tu ne le feras pas... car tu ne fais que ce que tu veux.. Peut-on te le reprocher.. Non VRAI, je n'ai aucun reproche à te faire... et je suis prêt à renouer avec toi un bail de 20 ans... Tu te rends compte... 20 ans... Boof... on verra comment tourne la vie... la politique... Que va-t'il arriver ces 20 ans qui viennent !.. on a beau essayer de réfléchir ?.. Quoi, comment... quand... l'Homme organisé pour « se souvenir » mais incapable de « projeter », « d'imaginer »

O je t'aime à Chamonix et au Cap... je travaille bien... et puis DEPUIS TON DÉPART IL Y A DES MÉDUSES..
Dieu te la garde..
Tu la mérites...
LA MER
et l'amour
P.

Chamonix, 8 août 1983, adressée au Cap Ferrat.
dimanche

Cher cœur, les heures poussent les heures, mais – ô chance, à 1 000 mètres minimum. Eh oui je poursuis mon petit bonhomme de chemin avec mes mollets, mes fessiers, et même mon cerveau. Je lis, travaille, marche, mange (et dors énormément). Et je pense à toi. Toi parmi tes méduses de toutes espèces, qui te collent à la peau, te cicatrisent, mais que tu supportes vaillamment.

La température idéale me permet toutes activités, et je vais même faire de la bicyclette avec le fameux couple (méduse) que

---

[1]. Peut-être Paule Gaillard, attachée de direction de Silvia

je rencontre immuablement ici (Zing impresario et sa femme qui fait des sketches comiques).

Bref le temps me manque, comme partout, comme toujours, mais je sais qu'il me déversera vers toi, sans faute, le 12 août, et c'est la joie !

Ah que ce 15 août me tourmente. Ces beaux skis (je le savais) ne font pas l'affaire, alors merde tu auras des draps et des slips à n'en savoir que faire ! C'est ça l'amour utile.

Par ailleurs je t'aime
S

Chamonix, 10 août 1983, adressée au Cap Ferrat, enveloppe Carré bleu.
mardi

O mon chéri, qu'est-ce que je bosse. Après avoir défriché, deterré la terrasse j'ai verni banc et table. Un travail beaucoup plus dérisoire qu'il n'y paraît. La pierre gobe le vernis et continue à s'effriter. Et puis, sur la lancée, j'ai commencé à passer de l'huile de lin sur les meubles.

Bref, je n'arrête pas.
Vite St Jean où il n'y a que la mer et toi
je t'aime
S

Lettre sans enveloppe.
16 août 83

Mon amour, tu es encore à la piscine et je fais mes bagages : les papiers urgents, les robes nécessaires, car tout cela s'était entremêlé fort agréablement et c'était d'ici que je partais pour Marseille, pour la montagne...

Un horrible bourdon m'est tombé dessus, m'environne, car cette fois c'est quand même pour de vrai que je pars, et peu que je viendrai. Et c'est insupportable. Que te dire de mieux

20 ans après, depuis ce premier départ en 63 où je me suis assise sur le banc de l'escalier de la piscine pour te regarder de loin encore encore

Tu es tout ce que j'aime, et plus que tu ne sais. Au détour de certaines phrases un mot de toi vient me plaire en pleine poitrine. Et vlan ! un geste ou rien de percevable par quiconque. Où tu es tout ce que j'aime, et comme j'aime et je prendrai le temps (car là je crains ton arrivée) pour te dire tout ce qu'il y a en toi de noble, de généreux, de malin, d'astucieux, de charmant.

Adieu mon cœur. Mais, pour quelques heures encore, nous sommes là
    je t'aime
    S

**Paris, rue du Louvre, 25 août 1983, 19 h,
adressée au Cap Ferrat, enveloppe et feuille Carré bleu.**

Ça continue, mon amour, ça continue, hélas toi là bas et moi ici. Et j'attends avec impatience les 17 heures rituelles.

Vu hier le monologue de R. Gérôme sur O. Wilde c'est un superbe acteur, intelligent, astucieux. On va se revoir bientôt.

    Et moi je t'aime
    S

**Paris, gare PLM, 11 septembre 1983, 20 h,
adressée au Cap Ferrat, enveloppe et feuille Carré.**

Eh bien me voici seule, dans mon bureau, vendredi soir. Je t'ai entendu tout à l'heure, et t'ai dit déjà l'essentiel : une grande idée m'est venue pour *Les Perses*. Joie ! et dimanche je déjeune avec Galotta[1]. Etc. J'ai engagé l'administratrice et crois avoir

---

1. Chorégraphe.

fait le bon choix. La nouvelle équipe va être dynamique et (peut-être) heureuse.

Et moi je t'aime. Il pleut ici. Il y a des méduses là-bas. À chacun son temps. Le Dumur est tout à fait bon. Les Guillot [1] sont joyeux. Mais la location ne monte guère.

    je t'aime
    S

---

1. Gilles Guillot et sa femme Isa Mercure, comédiens et metteurs en scène. Ils avaient monté chez Silvia *L'Archipel sans nom* de Jean Tardieu.

1984

**Paris, rue du Louvre, 6 janvier 1984,
adressée à Courchevel, papier japonais.**

ma première lettre après le Japon ! ô mon cœur, est-il possible de ne pas trouver le temps de trouver le papier la plume et l'esprit pour écrire à Pousson ? eh bien oui. Mais ce matin, vendredi, m'étant réveillée beaucoup trop tôt, je passe dans le bureau et m'émerveille d'avoir le loisir de t'écrire. Car je t'aime. À toutes les minutes. De notre vie. Ton froid, ta neige me mouillent, me pénètrent. Tes congères me nourrissent. Te souviens-tu des petits déjeuners au *Ryokan*, et de ces petits cadeaux que nous fit la patronne. Et voici, donc, ce papier de Kyoto. Mon cœur, ma vie. Je t'aime
S

Paris, rue du Louvre, 9 janvier 1984, 19 h.
lundi

O mon cœur, je n'ai plus une enveloppe, plus une lettre après le courrier fait hier. Il reste notre Japon dieu soit loué.
Si tu savais mon écœurement tandis que j'écris les « mots personnels » qui accompagneront les cartons des *Perses* chez les grands. Tout cela va direct, là-bas, à la poubelle.

Au moins je sais la ferveur avec laquelle chaque enveloppe chez pousson est accueillie.

Et ça, c'est la plus grande douceur du monde.

Car je t'aime

S

miracle d'identification absolue.

**Paris, rue du Louvre, 21 mai 1984, 12 h,
adressée au Cap Ferrat, timbre à 2 F, enveloppe Carré,
lettre au verso de 2 dessins de George Sand et Musset
en Italie par Musset.**

Mon chéri, mon propre, mon tout neuf, mon beau, mon cher amour – je me suis tapé 5 heures de *Lorenzaccio*[1] (par les Tréteaux) devant le château de la Malmaison à

Rueil-Malmaison dans une nuit de plus en plus humide et devant une représentation de plus en plus languissante – dans l'espoir que Danet collabore un peu à ma pièce de Dürrenmatt[2].

Mais enfin, dans quelques jours, la Fondation de France me reconnaîtra « d'utilité publique » et Chirac répondra à Claude[3].. et on s'en fout.

Mais je t'emporte, en tous lieux. Et je t'aime

S

**Nancy, 21 mai 1984, adressée au Cap Ferrat,
enveloppe et papier Grand Hôtel Concorde, 2 place Stanislas.**

Écoute, chéri, très franchement la vie de star c'est quéque chose !

---

1. « Lorenzaccio » d'Alfred de Musset, spectacle monté aux Tréteaux de France de Jean Danet.
2. *La Panne* de Dürrenmatt a été joué par Silvia (rôle de Justine) dans la mise en scène d'Oscar Fessler en 1984.
3. Claude Pompidou, présidente de la Fondation de France.

Arrivée à Nancy je fus accueillie par Mira Traïlovic [1], plus Yves Bonnat [2] ! Ils me déposèrent place Stanislas – j'avais demandé le grand hôtel Concorde (où nous logeâmes ensemble) et là, à 14 heures, je mangeai des queues de langouste à 88 F et une sole à 80 + café, glaces, etc.

Une infirmière vint me piquer – car hier soir à Paris je n'en avais pas pris le temps, et la santé c'est sacré

et maintenant je suis assaillie par tous nos souvenirs communs – le Bread & Puppet et quand tu aidais madame Lang pour des histoires d'intendance, et nous et nous et nous

alors vite je t'écris pour te dire que je t'aime
S

Paris, rue du Louvre, 2 juin 1984,
adressée au Cap Ferrat, enveloppe du Carré.
le soir

O mon cœur

Ramenée du Carré par ma chère Anne [3] (qui m'aime) je regarde l'émission *Jeune Danse* qu'elle m'a signalée. Et je repense à cette émission que je regardais à Chamonix (et toi là bas, à St Jean, justement) où nous admirions ensemble l'inconnu Galotta ! Peut-être, dès ton retour regarderas-tu la une !

mon amour
S

---

1. Mira Traïlovic, directrice du BITEF (Festival International de Théâtre de Belgrade).
2. Décorateur et créateur de costumes, (1912-1992).
3. Anne Rodet, Secrétaire général du Carré Silvia Monfort de 1984 à 1989.

Paris, rue du Louvre, 18 juin 1984, 19 h,
adressée au Cap Ferrat, enveloppe et papier Carré.
lundi

Ce matin, entre le trop chaud soleil de la terrasse et la grande bonne pièce, j'ai pris des décisions !

1) appel à Madame Poncet (Aff. Cult.) avec ultimatum : je veux savoir <u>demain</u> ce qu'on me donne

2) j'ai demandé à l'homme à tout faire de Cl. Pompidou de parler avec moi 5mn (elle rentre mercredi) car Danet m'a dit que Chirac n'aimait pas les candidats du théâtre de la Ville et que je devrais bouger

3) je demande à Danet co-production pour ma pièce de Dürrenmatt

4) je <u>monte</u> la pièce de Dürrenmatt (petit rôle qui me permet des vacances) et qui est forte

Voilà. Je te l'avais promis. Tout est décidé et je t'aime
S

Cap Ferrat, 23 juillet 1984, 17 h, adressée à Silvia par Pierre,
Immeuble Beau Site Chamonix 74.
dimanche 8 h

Le cœur a ses raisons que ; ...
oui j'ai un peu de mal à m'y faire... que tu sois en vacances sans moi... et puis je me souviens que je suis allé faire de la planche... et le tour du monde... et que toi je t'ai envoyée et essentiellement pour ta santé...
et dans le fond du fond après avoir rapidement balayé l'instinct biologique de l'absence....
au pote Brassens chante
quand je pense à Fernande
je bande, je bande
quand je pense à Lulu
je ne bande plus
quand je pense à Félicie

je bande aussi
la bandaison, papa ça ne se commande pas [1[...] !*

Chérie, mon amour, je t'ai entendu hier soir... c'était terriblement bon... j'ai tout appris... la voiture brièvement louée le taxi à 1 000 frs... O surtout ne te prives de rien, manges de gros poissons, d'immenses filets (pas trop de viande) ne fumes plus
BRAVO
... Tu auras besoin de TOUTES tes forces pour la rentrée... car la PANNE t'attend !... Chérie... avant il y aura notre 15 Août... à TOI et MOI...

Quelle merveille cet amour qui continue, s'enracine, se perpétue... le plus naturellement du monde... Sincèrement c'est un miracle ce TRUC... là.. la la la la la... P.

**Cap Ferrat, 24 juillet 1984, 17 h,
adressée à Chamonix par Pierre.**
Le 24/7/
8 h matin

Mon amour... je me suis endormi hier soir sur Rubinstein Y. Montand... et les autres (un résumé de Chancel).

C'était bien... Journées chaudes et lourdes mais je « tiens le coup » – Leçons régulières mais je ne suis pas débordé... la crise quoi !..

Et toi et toi... ne marches pas trop, j'ai peur que tu te fatigues trop. Massé Belmondo...

Lang reste... Merde mais Beregovoy [2] *pourra agir pour toi c'est lui qui tient les finances et Schweitzer (adjoint de Fabius) notre ami de Courchevel... devient TRÈS important.*

---

1. Extrait d'une chanson de Georges Brassens : *Fernande*.
2. Ministre des Finances pendant le premier septennat de François Mitterrand.

*… je lui ai écrit une carte car
je t'aime*
P.

Lettre sans enveloppe, peut-être du 29 juillet 1984 ?
samedi

Lentement je mets au net mon courrier. Je vais être terriblement riche quand les subventions tomberont puisque j'arrive à faire marcher la maison avec les recettes ! incroyable. À ne pas dire. À crier.
Je t'aime
S

**Paris, rue du Louvre, 19 décembre 1984, 19 h,
adressée à Courchevel.**
lundi minuit

Amour mon aimé, est-ce imaginable d'être si meurtrie par le départ d'un être ? l'arrachement, chaque fois recommencé. Terne répétition enveloppée de ton absence.
J'avais tant besoin de faire plaisir que j'ai engagé <u>notre</u> régisseur général.
Et que le bon vent vienne !
Peut-être ressemblera-t'il dans 6 mois aux autres. Je ne le crois pas. De toutes manières il m'est impossible de rester seule face à ces trois fainéants revendicatifs. Ô leurs pauvres mines devant l'admirable maquette d'Acquart, décor avec lequel ils vont vivre, dont ils vont vivre…
Vivre. Voici que sans toi je vais devoir vivre. C'est dur. Je ne sais toujours pas si je pars le 24 ou le 26 et toi ! as fait 2 heures de queue, et moi j'en pleurais dans la voiture – voiture que j'ai garée devant la porte – pluie battante – toit qui fuit – contravention assurée
Bah, cela s'appelle une petite faiblesse due à une grande séparation.
D'avec toi. Mon amour

1985

Paris, rue du Louvre, 7 février 1985, 19 h.
nuit de la générale [1]

Ça y est, mon cœur, ça y est : le vin est livré dans la chambre froide, les fleurs coupées dans mille vases, la voiture au garage, le télégramme envoyé, et je suis à table. Avec 1/4 de poulet réchauffé à la vapeur, un peu de fromage et la fin d'une bouteille de Gamay de l'Ardèche (une de tes expériences, ma foi assez réussie). Et la générale est passée. Au mieux. Au mieux pourquoi ? D'abord parce qu'ils étaient tous là et sans problème de places. Parce que Rougerie se crut obligé de me trouver formidable. Parce que mes 2 anges du secrétariat général m'ont permis de passer du brouhaha à la solitude sans peine (eh oui, la séparation c'est parfois dur). Réussie, aussi parce que je me suis trouvée bien (mais hier aussi, alors...). Réussie enfin parce que très peu de gens sont partis à l'entracte, que 100 programmes furent vendus, et 2 000 francs de champagne ! enfin parce que ce monceau de fleurs blanches est, pour moi, la mesure fleurie de l'amour que te porte le genre humain. Tout comme la présence d'Ormesson et celle des Ziegler [2] (plus suspecte...)

---

1. *La Milliardaire* de G-B. Shaw, mise en scène de Jean Rougerie.
2. Architecte.

Bref, mission accomplie. Je t'aime. On s'en sortira
S
Et à partir de demain je m'attends au pire dans les journaux
– et c'est cela, aussi, qui nous rend lucides à l'unisson.

Timbre non oblitéré, peut-être 10 février 1985.
dimanche

Cher aimé, j'enrage de ce soleil sur Paris quand il fait triste chez toi. Fais attention à toi, aux avalanches, au manque de sommeil, à l'implosion. S'il t'arrive malheur
je mets le feu
au Chapiteau
à la Gaîté Lyrique
et je pars pour Chamonix te pleurer dans la neige. Vois tous les désastres que tu peux éviter !
je t'aime
S

**Paris, rue du Louvre, 20 février 1985, 19 h,
adressée à Courchevel.**

Mon chéri, je regarde, comme ça, tout à trac, les photos que j'ai de toi dans mon portefeuille, et cela me rend du cœur au ventre. C'est très dur de jouer cette pièce devant peu de monde et la semaine s'annonce mal. Et je perds des sous. Et je ne sais que faire. Médiocres critiques dans le *Parisien* et *Minute*. Il faut attendre (sans illusion) les grands hebdos, mais je crois que c'est rapé. Et je finis même par me demander si les pièces « passent » bien sous mon beau chapiteau. Mais je vois ta tête en couleur, et la vie reprend. Je t'aime
S

**Paris, rue du Louvre, 21 mars 1985, 19 h,
adressée à Courchevel.**

Dire qu'il suffit que ton téléphone soit en panne pour que le monde chavire. J'ai l'impression de ne pas pouvoir te sauver ! de quoi ? peu importe, cela m'a éveillée plusieurs fois dans la nuit.
    Les locations ne vont pas mal. Ce qui me donne un calme relatif et j'attaque : Ville, État enfin, je tape dans du béton mou ce qui a pour double effet de me blesser et de m'enliser. Mais du béton même on s'en sortira. Car je t'aime
S

**Paris, gare de l'Est, 14 avril 1985, 17 h 30,
adressée à Courchevel.**
samedi

Cher aimé, une souris vient de me passer entre les jambes, et je pense à ce mulot que tu avais pris dans ton gant, à Courchevel... tout au début...
    eh oui, j'aurai tout vu, à Gravilliers ! Un rideau de pluie devant mon bureau, des bêtes grimpantes et filantes, des alarmes sans peur et sans raison... mais le mois de Mai arrive. Cher cœur.
    Besognes, besognes du samedi. J'en ai même rapportées du Carré. Ce qui est étrange c'est mon grand calme : sans secrétaire, sans administratrice... bah ! Mais Mai arrive et j'aurais bien voulu avoir l'esprit libre. Et toi tu neiges, ô folie, douce, chaude, tapissée. Ici il grêle, vente et fait soleil – Folie, mon cœur
    Je t'aime
S

*Lettre de Pierre, sans enveloppe ni date,
peut-être du 1ᵉʳ août 1985.*
le I Minuit

    Ce soir un grand cafard de toi m'a envahi... énorme, immense... le corps et l'âme... ô mais tu le sais bien que j'ai envie de te gueuler : viens.. viens viens viens viens viens viens prends une fusée un hélicoptère, viens, merde, viens... pardonne-moi tout le mal que je te fais viens... Tu m'as dit un jour qu'il était inutile d'aller au Japon.. en effet tu es dans mon putain de sang, dans mon cerveau... tu prolonges mes bras, tu es autour de moi, les personnes à qui je parle s'étonnent de me voir rêver... je pense à toi, je n'écoute pas les mots qu'ils disent.. souvent je réponds au hasard.. ô chérie, j'ai du mal à tenir.. à me tenir loin de toi.. je vais peut-être craquer... O pougner de fatigue ce serait bon...

ô je suis bien mal ce soir.. et tu me demandes, tu espères de toute ton âme que je sois heureux !... ô chérie...

Cap Ferrat, 2 août 1985, 16 h 30,
de Pierre à Silvia, à Chamonix.
le 1er aout 85

<u>Heureux</u> je suis car tu es <u>Heureuse</u> !
– Bien arrivée.
 avec un décor mis en place..
  une chambre fantomatique merveilleusement décrite par ton talent.
  et moi je trime... travaille beaucoup... Ils arrivent.. Tout va je t'aime... <u>Nous</u> montons à Aspremont !
  P.

Cap Ferrat, 5 août 1985, 16 h 30, de Pierre à Silvia,
à Chamonix, timbrée à 2,20 F.
Le 2.8.85

Mon cœur...
Ton coup de fil du soir... je l'attends toute la journée... il me fait vivre et me rend encore plus heureux quand (comme ce soir) tu sembles heureuse.. heureuse du climat, des nouvelles de Paris...
Tu te promènes et je rêve d'être avec toi... mais je tiens ta main... et tu vas revenir avec de l'oxygène plein les poumons et de la santé pour l'hiver... et tu as écrit les 3 premières lignes de

LA CULTURE À L'ABATTOIR [1]
... ô que j'aimerais que tu continues... mais avant y'a Bajazet dans la fosse et ça va... et je t'aime !
P

dimanche 8 h matin

Ce soir, Philippe Labro et moi allons dîner chez Francine [2]*... ce sera formidable pour lui de voir la maison et les peintures... C'est Dimanche, il fait chaud (mais moins) la mer est fraîche (mais plus froide... Elle sera bonne pour ton retour.. O tu ne peux pas savoir l'émotion que j'ai eue ce matin... en regardant le plafond, j'ai vu ton vieux panier plage... et du panier dépasse, telle une petite trompe noire d'un animal inconnu fait d'osier et de caoutchouc* TON TUYAU *à toi... recourbé... le panier respire l'amour et m'a fait t'aimer formidablement !...*

Vas expliquer ça... un tuyau... un tout petit tuyau... mais tant d'images toi les lèvres gonflées respirant soufflant, et crachant... comme je t'aime quoi !
P.

***Cap Ferrat, 9 août 1985, 16 h 30,
de Pierre à Silvia, à Chamonix.***

le 8.8.85
La grande nouvelle, en allant à St Jean je rencontre .... PEREBEAU [3]*... qui m'invite à prendre un pot chez lui !... très très sympa !... je lui dis que malheureusement* RIEN

---

1. Projet d'un livre sur l'histoire du Carré Silvia Monfort à Vaugirard, en référence aux anciens abattoirs, situés sur l'emplacement du théâtre.
2. Francine Weisweiller, mécène de Jean Cocteau, accueillit le Poète dans sa villa « Santo Sospir » à Saint-Jean-Cap-Ferrat. Celui-ci « tatoua » les murs et les plafonds de chaque pièce avec ses fresques. Pierre donnait des leçons de natation à Francine Weisweiller dans la piscine du *Grand Hôtel*.
3. Banquier, ami et élève de Pierre à Courchevel.

ne semble s'être concrétisé pour toi de son côté !.. Il a semblé TRÈS *étonné… car il avait donné des instructions… il va vérifier, faire le nécessaire parler de toi à Chirac… etc. De toute façon il sera de retour ici les 24 25 26 27 28 29 les 25-26… Chirac sera ici il essaiera d'organiser un dîner avec lui (?)… on verra – Chirac sera chez un ami architecte qui l'a invité et qu'il avait rencontré à la Voile d'Or – Voilà… les dernières nouvelles. En tout cas nous dînerons avec les Pebereau. Voilà je n'ai plus rien à te dire sinon que je t'aime et que je vais regarder un peu le père Dux (qui joue bien.)*
  Manges + dors car
   je t'aime –
    P.

 Oui mon amour. par amour et uniquement par amour je vais regarder Apostrophes [1] *au lieu d'aller au Cap-d'Ail !…*
 je ferai cela car je sais que tu regardes aussi et que je t'aime !
  Voilà !
   P.

Paris, rue du Louvre, 19 h, 17 septembre 1985, adressée au Cap Ferrat, papier et enveloppe CARRÉ SILVIA MONFORT **Centre d'Action Culturelle de Paris, bleu turquoise**
mardi

Tu as beau et chaud. J'ai froid et je suis tout seul. Tu vas chercher ton frère. Je ne pourrai pas t'appeler. Mais je viens de t'entendre. Je vois à la télé des extraits de *Jules César*… de Robert Hossein ! Il ne prononce ni le nom de Shakespeare ni celui de Clavel [2] que Maunoury (quand même) lui rappelle. Tu as vu la pièce à Fourvières, et tu es tombé amoureux d'une figu-

---

1. Émission littéraire de Bernard Pivot à la télévision.
2. Maurice Clavel avait fait une adaptation de *Jules César* de Shakespeare.

rante du 1ᵉʳ tableau... qui était moi. Ce n'est pas mieux qu'Hermantier[1], ce que je viens de voir, et c'est d'une convention de théâtre d'avant 14 (la guerre de 14). Mais c'est le nouveau théâtre populaire. Sans âme. Au moins Hossein a la passion (enfin, pas seulement...)

Tu as bien chaud. J'ai tout froid. Bientôt tu seras là. Et je t'aime
S

**Paris, gare de l'Est, 25 décembre 1985,
adressée à Courchevel.**

On est trop malheureux. Je suis dans ma loge, le 24 décembre, entre le 2 et le 3, entre toi m'ayant vue chez Gruss, et toi qui auras dîné. Mon cœur là-bas, mon cœur ici, mon cœur partout. Te souviens-tu de cette brasserie, place du Châtelet, avant une représentation de *Jules César*, quand tu m'as prise en flagrant délit de t'écrire !

Mon amour de Noël et de tous les autres jours de l'an
je t'aime
S

---

1. Raymond Hermantier, comédien et metteur en scène. Il avait notamment monté *Marie Stuart* de Schiller au Vieux-Colombier, avec Silvia et Loleh Bellon.

1986

**Paris, gare de l'Est, 12 janvier 1986, 15 h,
adressée à Courchevel.**
samedi

Moi je t'aime aussi
S
T'ai-je dit le mot de Simone de Beauvoir au sujet de Sartre ?
« je savais qu'aucun malheur ne me viendrait par lui, à moins qu'il ne mourût avant moi ».

**Paris, rue du Louvre, 14 janvier 1986, 19 h,
adressée à Courchevel.**

Chez toi il neige, chez moi il fait gris… et lent. Mais peut-être est-ce ma santé qui ralentit ma vision des choses, je tousse péniblement.
je t'aime
S

**Paris, gare de l'Est, 19 janvier 1986, 15 h,
adressée à Courchevel.**
samedi

J'aime bien, j'aime beaucoup quand je te sais avec des gentils. À l'idée que tu déjeunes à St Martin avec Philippine qui t'aime et les autres, il y a du soleil dans mon 3 niveaux. Et pourtant c'est bien gris dehors et le courrier en attente m'agace. Mais je me dis que tu pourrais être avec des méchants, des sots, que je pourrais avoir un cancer du poumon, tomber en me prenant les pieds dans le fil du téléphone tendu entre l'escalier et une chaise, m'ouvrir le front sur l'angle de la rampe de fer, me casser une jambe en roulant vers le bas

et je trouve que finalement tout va bien.

Paris, rue du Louvre, 4 février 1986, 19 h, adressée à Courchevel.
lundi nuit

Franchement c'est pas possible, pas possible que je ne puisse plus venir écrire mon courrier. Un peu d'épuisement, peut-être. Alors ce soir je me force. Et à commencer par toi.

Épuisée par cette unique lettre dont je ne peux plus former les lettres, je te quitte et t'aime
S

Paris, gare de l'Est, 16 février 1986, 17 h 30, adressée à Courchevel

Je me disais, je me disais que c'est extraordinaire, quand même je me trouve brusquement, par toi, avec Val Thorens, la Coze ou les Praz. Par un fil rouge le long duquel court la neige ou le plein soleil.

Oui, Bidegain t'embrasse, mais, aussi... Suzanne Flon. « Comment va Pierre ?... » charmant, non ? Et te voilà à soudain surgir dans le grenier du Vieux-Colombier où tu ne mis jamais les pieds

Je t'aime
S

**Paris, gare de l'Est, 4 mars 1986, 17 h,
adressée à Courchevel.**

Puisses-tu, mon amour, recevoir cette lettre juste pour ton anniversaire. Car je t'y dis que cette année de ta vie, en plus, est pour moi merveille sans pareille. Et que chaque fois que revient le 6 mars, c'est pour moi le 14 juillet et le 15 août !

Je t'aime

**Paris, gare de l'Est, 16 mars 1986, 15 h,
adressée à Courchevel.**
vendredi 14

les ides de mars !

Écoute, mon cœur, il faut quand même se réjouir que toutes les bronches soient impeccables, sans ganglions, même. Et puis cela s'arrête à cette poche blanche dont nul ne sait ni ne peut savoir s'il y a mal bénin ou malin. L'enlever c'est la certitude à jamais. La garder, l'épée de Damoclès, le risque d'entendre dire un jour « c'est trop tard... »

Et bien sûr d'horribles souffrances.

Certes, si je n'avais pas été à Foch[1], ma toux guérie je serais repartie d'un bon pied. Alors ? est-ce une chance sans pareille ou un emmerdement inutile ?

(le docteur m'a parlé de l'azalée, de toi, et longtemps j'ai cru que ce qu'elle disait de l'azalée se rapportait à toi et j'ai répondu « c'est le reflet de sa vie intérieure »... elle médite encore sur la vie intérieure des azalées)

O bon je t'aime et peut-être quand même que ce serait pire si ce soir je te disais : « il faut m'opérer parce que des métastases se baladent sur mes bronches... »

---

1. Hôpital de Saint-Cloud, possédant un service de cancérologie.

Bien sûr il n'y aurait pas le terrible choix (pour nous pour qui le choix est un petit enfer !) – mais il n'y aurait pas non plus la gaieté.
Je t'aime
S

samedi

1er bain de soleil intégral sur notre terrasse !
Alleluia

Paris, rue du Louvre, 10 avril 1986, 19 h, adressée à Courchevel.

Cher cœur, voilà que je sors de chez Israël [1] (grand bonhomme tout rond – infiniment plus sympa que Totti –) mais il pense que la tumeur est maligne, et que je ne dois pas perdre 1 jour !
Bobigny [2], quel enfer. J'avais laissé ma voiture en bas (plus de rétroviseur, départ impossible (je fus poussée) puis rue barrée par un camion insolent. Quant au chemin vers la poste de la Villette, le long du canal – à fuir jusqu'au bout du monde. Partons pour l'Inde et toutes les Amériques. Israël me déconseille de traverser l'Atlantique, affirmant qu'on commencerait par m'opérer. Je dois le revoir plus tard pour voir s'il faut suivre un traitement. Le revoir sera un plaisir. Et ses 2 infirmières chef (des saintes, qui ont commencé leur vie au TNP !) Mais je préférerais, toutefois, ne pas retourner à Bobigny.
Je suis rentrée, pour t'écrire, d'abord. En l'attendant, là-bas, j'avais ouvert mon portefeuille et contemplé l'extraordinaire photo à 3 faces de la salle de bain de St Jean. Vrai, je t'ai beaucoup aimé. Je t'embrasse.
S
J'étais si malheureuse de ne pas t'avoir écrit ce matin !

---

1. Lucien Israël, cancérologue.
2. Ville de la banlieue parisienne où se trouvait l'hôpital dans lequel Silvia alla consulter le professeur Lucien Israël.

**Paris, rue du Louvre, 18 avril 1986, 19 h,
adressée à Courchevel.**

Cœur de mon cœur, à tout instant j'ai peur que tu sois sous une avalanche ou dans quelque autre disgrâce.

Voilà j'ai retenu ma chambre (seule) à St Cloud. J'entre le lundi 5 mai à 17 heures, et je suis opérée le 7 à 14 heures (c'est là qu'il est le meilleur...) du 29 nuit au 5 matin, va-t-on à Chamonix, à Dakar, sur la Côte... ? Réfléchis bien, car je t'aime
S

*Cap Ferrat, 16 juillet 1986, 16 h 30, de Pierre à Silvia,
à Chamonix, timbre à 2,20 F.*
mercredi 17 matin

Mon amour, oui le seul moment important de la journée c'est cette minute où tu me parles, où tu me racontes ta journée je pense que ta fatigue est normale... Tous disent qu'il faut compter trois bons mois... Depuis ton départ il a fait (à un jour près) assez mauvais... alors je suis heureux de te savoir TOI *au soleil... oui on va organiser des Bouche à bouche.*

Je ne t'aime pas, je t'adore... Chaque millimètre de ton corps et de ton esprit me plaît et me fascine !...

*O soigne-toi bien, ne serait-ce que pour ton
Pousson !*

*Cap Ferrat, 17 juillet 1986, 16 h 30,
de Pierre à Silvia, à Chamonix.*
le 17/7 matin

Mon amour.
Ouf ça y est j'ai reçu un gros paquet de lettres (3) de mon pousson montagne... la nappe (que j'aime ces lettres à vif à table) le petit mot très décevant de mon idole cobarrère... je m'attendais à plus d'originalité, à davantage de chaleur.. à un quelque chose « en plus »... O que nous détestons être déçus !..

Oui la cohabitation Mitterand-Chirac bat de l'aile – Une fois de + je trouve que Mitterand a été mieux que Chirac – le verdict populaire marche avec le président je crois qu'il a été plus « digne ». Je me suis endormi avec Decaux... et réveillé longtemps après et avant l'implosion – J'ai donné des cours aux enfants du Tyran de Haïti – Sa femme (qui dirige TOUT.) *est belle et intelligente. Lui c'est Louis XVI... gros et flasque et mou et insignifiant n'étant autre chose que le fils de son père (Papa Doc de sinistre réputation je crois). Oui ma journée s'égrène de leçon en leçon... continues mais jamais sous pression vers le Rendez-vous unique et merveilleux de 18 h 30... Il est normal que tu sois fatiguée – les Rayons crèvent, mais l'air de là-haut va te donner des ailes peu à peu. J'ai confiance. Content que tu aies pu rattraper la Coutance – Dire qu'elle est devenue ta copine et que nous l'ayons tant détesté après ce* Bajazet *qu'elle ne voulait pas et que ta volonté et ton talent + ton génie lui imposent... avec Bourges* [1]*. je t'aime*
P

Cap Ferrat, 18 juillet 1986, 16 h 30,
de Pierre à Silvia, à Chamonix.
vendredi matin

soleil dessiné
et ce soleil quand je ne l'ai pas je suis heureux pour toi et vice versa... et, en fait je me fous du soleil – Tous ils disent que les rayons « ça fatigue »... Alors ça doit être vrai – Dommage que papa Saunal[2] *n'en soit pas au même point que toi – Nous ne pouvons comparer le présent ! – Il devrait commencer à avoir mal au sophage ! –*

---

1. Probablement Hervé Bourges, journaliste, homme de radio et de télévision. Président de TF1 de 1983 à 1987.
2. Grand ami de Silvia et Pierre, également traité pour un cancer du poumon. Décédé.

Ne marches pas trop – Respires beaucoup et manges le + possible.
Je veux un gros pousson que j'aime de toutes les manières !
P.

**Paris, boulevard Lefebvre, 23 décembre 1986, 18 h,
adressée à Courchevel.**

Comme ça, brusquement, dans la solitude, tout à coup je crie « mignon ! mon mignon ! » mais tu ne sors pas de la cuisine ni ne monte l'escalier...

Dure entrée, mais si préoccupée et préoccupante que pour l'instant les gestes quotidiens sont à la seconde place – d'abord, que monter en janvier, et surtout que ne pas monter. Oui ce travail considérable de la *Tour*[1] serait pour moi inutile, je crois vraiment que j'y plafonne. Le public aussi.

Toutes choses que je vois, que j'entends volent vers toi.
Moi je t'aime
S

**Paris, gare de l'Est, 28 décembre 1986, 17 h,
adressée à Courchevel.**
dimanche

dernière de la *Tour de Nesle*
Non, mon cœur, sans trop de gros regrets, sauf que la routine de Marguerite m'évitait de mettre mon sang et ma peau à nouveau à contribution.

Prends grand soin de toi, dans les bennes et hors des bennes car je t'aime
S

---

1. *La Tour de Nesle* d'Alexandre Dumas père a été joué par Silvia (rôle de Marguerite de Bourgogne) dans une mise en scène de Claude Santelli.

1987

**Paris, rue des Archives, 23 janvier 1987, 18 h,
adressée à Courchevel.**
nuit de jeudi

Cher cœur, entre le débile Paul, l'impatiente Rachel [1], le trop complaisant Leuvrais [2], l'insupportable Agrippine (pour ne pas dire, par superstition, l'inapprenable) je vis et je pense à toi. Je viens de t'entendre. Je vais boire une dernière verveine et descendre apprendre au lit. Car je t'aime.
S

**Paris, rue du Louvre, 2 février 1987, 19 h,
adressée à Courchevel.**

Pousson aimé, c'est dimanche et il fait bien chaud à la maison. J'ai beaucoup dormi, lu un très beau classique danois, agréablement petit déjeuné,

---

1. Rachel Salik, comédienne et metteur en scène, monta au Carré *La diva du tennis*.
2. Jean Leuvrais, comédien et metteur en scène, monta *Britannicus* de Racine, au Carré, avec Silvia dans le rôle d'Agrippine. Il monta aussi *Bajazet*.

désengagé un acteur

réengagé un autre (Négroni[1]) qui fera mieux pendant à Gignoux[2],

entendu pousson 2 fois

et prévu en permanence d'apprendre mon texte.

Au moment de m'y mettre, et le jour tombe, j'ai jugé indispensable de venir t'écrire. Que pourrais-je trouver ensuite ? Hélas je devrai apprendre.

À moins qu'il me paraisse nécessaire de rêver à toi pendant quelque temps.

Je t'aime vraiment beaucoup

S

Paris, boulevard Lefebvre, 3 février 1987, adressée à Courchevel.

Amour mon amour le croiras-tu ? le centre pédagogique n'a pas encore eu le temps de regarder la cassette de *Bajazet*. Et l'on s'étonne que l'éducation nationale traîne ses bottes. Quant à la 7 (heureusement que je n'ai pas, là, perdu de cassette !) c'est une nouvelle poubelle pour les projets culturels.

On s'en fout.

Car je t'aime

S

Paris, 26 février 1987, 19 h, adressée à Courchevel.
mercredi soir

Il est tard et je n'ose t'appeler. Je fais bien, puisque tu ne m'appelles pas. Je lis, j'écris, je réponds. Demain je pars pour la radio enregistrer des textes grecs. Cela me changera les idées. Et

---

1. Jean Négroni interpréta le rôle de Narcisse
2. Hubert Gignoux interpréta le rôle de Burrhus.

puis cela me fera un peu d'argent pour dîner. Je suis bien payée, à la radio, et on apprécie ma voix. Je fais ce que je peux, tu vois. Toi aussi, qui pétris tant de corps. Un jour nous serons riches, et nous nous aimerons encore mieux. Ta Silvia

Paris, gare de l'Est, 8 mars 1987, 17 h, adressée à Courchevel.

Cœur de mon cœur, je commence seulement à te sentir parti. Jusqu'à présent tu circulais librement deci delà. Tu montais l'escalier, tu préparais la soupe, tu assistais à *Britannicus*. Ô imagination sensible ! Mais tout à coup, ce n'est plus de Paris que tu m'appelles, mais d'un téléphone de montagne, chaussures de ski aux pieds, les Perrichon [1] dans l'entourage, et le brouillard aux sommets. C'est bien triste. Car à nouveau je n'ai plus envie des restaurants, des rues, des heures du soir. Ça m'est tombé dessus. Le printemps viendra. Toi avec. Cher amour. Bel anniversaire alors de tous les jours
je t'aime
S

**Paris, rue du Louvre, 9 mars 1987, 19 h,
adressée à Courchevel.**

Cœur de mon cœur, c'est lundi et Paris est soumis à un soleil lumineux. F. Roche [2] m'a confirmé sa venue à 6 heures. Donc tout devrait aller. Mon bain coule. J'ai vu Mourousy et Chirac au salon de l'Agriculture. J'ai relu cette nuit *Iphigénie* et Marcabru dans *Télé 7 jours* se contente de mentionner une nouvelle rencontre entre Racine et S.M. Ce qui, pour les téléspectateurs est une très bonne chose. Colas [3] est content, et va

---

1. Personnage principal de la pièce de Labiche *Le Voyage de Monsieur Perrichon*.
2. France Roche, journaliste.
3. Daniel Colas, interprète du rôle de Néron dans *Britannicus*.

demain à Europe 1 pour enregistrer avec Fabienne Pascaud [1]. Il y a de l'armistice dans l'air et du public dans la terre. Alors ? Alors, quoi qu'il en soit, je t'aime
S

**Paris, rue du Louvre, 11 mars 1987, 19 h,
adressée à Courchevel.**
11 mars

Oui, mon cœur, ce fut le désastre. Comme la pluie, le vent [2]. Personne ne vous en veut, mais personne n'est touché. C'est ainsi. La chance n'était pas au rendez-vous, le soir où le critique qui pouvait nous sauver était présent. « Il fera la part des choses » a-t-il dit à Colas. Est-ce qu'en amour même on peut « faire la part des choses ». Mourlet, bien sûr, m'a trouvée sublime. Et Pascaud sans talent. Tout est dans l'ordre. Ordre où je t'aime
S

**Paris, rue du Louvre, 23 mars 1987, 17 h,
adressée à Courchevel.**
dimanche

Répondant au souhait des comédiens, la direction affiche donc une relâche exceptionnelle de 3 jours, soit les 20, 21 et 22 avril 1987.
S. Monfort

---

1. Fabienne Pascaud, journaliste.
2. Sur la toile d'un chapiteau, la pluie et le vent résonnent et le bruit est extrêmement gênant, aussi bien pour les comédiens que pour les spectateurs. Silvia avait déjà rencontré ce problème à Nanterre avec Pierre Debauche, et aux Tréteaux de France avec Jean Danet.

Voilà, mon cœur, la décision de cette nuit ! Je partirai donc dimanche soir de Pâques ! Si j'avais un avion ! Peut-être pour Genève... je vais voir dès demain et je serai avec pousson 3 jours + le jeudi de relâche ! et rentrerai comment ? le vendredi

lundi, mardi, mercredi, jeudi... cela chante dans ma tête et dans mon cœur

je t'aime
S

**Paris, rue du Louvre, 14 avril 1987, 19 h,
adressée à Courchevel.**
mardi

Mon amour chéri, je dors quand même mal la nuit. Eh oui, ça tourne dans la tête. O je sais que cela tourne davantage encore dans la tienne. Et bientôt j'aurai ton pied contre le mien, avec ses 5 petites marionnettes au bout.

je t'aime
S

*Cap Ferrat, 10 juillet 1987, 16 h 30,
de Pierre à Silvia, à Chamonix.*
vendredi matin – 7 h

L'air de Chamonix... pour tester s'il te convient cette fois-ci – le calme total de la terrasse les promenades au sommet... la réflexion qu'elles permettent... Bref je crois que, malgré une certaine déchirure née du fait que nous ne pougnons pas... que nous ne nous battons pas avec l'eau dans les lunettes... bref je pense que tu as fait le bon choix !
– Je ne sais pas s'il en va de même avec Iphigénie[1], *mais là encore « le meilleur est ce qui arrive » –*

---

1. *Iphigénie* de Jean Racine fut créé le 25 septembre 1987 dans une mise en scène de Silvia, qui jouait Clytemnestre. Danielle Netter était son assistante.

Mon amour tu recevras ce mot sans doute lundi, j'aurais voulu t'envoyer un télégramme à Chamonix... Saches qu'il est dans ma tête en permanence « je t'aime » 2 mots tout bêtes qui sonnent et vivent au fond de moi comme une tendresse dès que je pense un peu plus à toi... à la douceur extrême de ta peau que j'ai éprouvé plus cette fois-ci que jamais – vas savoir pourquoi – à ton humour permanent, à ta métaphysique de la vie.

au Mexique au Nicaragua, à Bali, que sais-je ?... dans les meilleurs hôtels... mais il est vrai

que la vie est étonnante, je n'y comprendrai jamais rien.

En fait je ne crois qu'en l'amour... et je ne crois qu'en toi. donc !.. Bon Chamonix mon ange... car tu es mon ange des MONTS !...

P.

Cap Ferrat, 13 juillet 1987, de Pierre à Silvia, à Chamonix.
samedi soir

O mon cœur je revis car je sais que tu vis que tu es bien arrivée là-haut... que tu respires, que tu manges, vas au marché apprends Iphigénie (car bien sûr ça se fera !) que tu te promènes que tu regardes le Mont Blanc ! – O mon cœur chéri que ce coup de fil de 18 h 30 est attendu et espéré... il conditionne totalement ma journée ! – Bon tout va maintenant Mon sang circule toi et ta petite Peugeot rouge – ô roules doucement – ô toi que j'aime en haut et en bas. fais bien attention à moi, donc à toi !

P

1988

Cap Ferrat, 8 août 1988, 16 h 30,
de Pierre à Silvia, à Chamonix.
dimanche matin

– *Mon amour.. journée chaude mais « ça va » et Caroline m'enlève la « pression »...*
– *Je l'ai prise pour tout le mois !...*
– *Hier soir sous la « pression » des Decugis ils m'ont amené au magnifique stade L.2.*[1] *à Monaco voir le match football Saint-Germain-Paris contre Monaco 25 000 personnes ... une ambiance formidable... c'est la première fois que je vais voir un match !... oui ambiance « populaire » mais c'est un immense théâtre qui me faisait penser aux gladiateurs romains... aux arènes... ça devait être pareil... cris, tambours, trompettes, cocas, bières sandwichs... efficacité ; professionnalisme de vedettes sur le terrain, arbitre sifflé, masseur courant, chutes, comédie, sueur, foule en attente, le délire 4 minutes avant la fin pour le* BUT *victorieux de Monaco sur Paris... imagine un peu 25 000 personnes acclamant debout...*
Ensuite dîner sympa (pâtes) dans un resto italien à Monaco mais l'horreur a été pour sortir du parking... une queue de voitures

---

1. Louis II.

immobiles... 1 h 1/2 d'attente... Enfin... on ne m'y reprendra plus... et pourtant.. pourtant, je ne regrette rien.. si je regrette que TU n'aies pas été là (pour le match seulement bien sûr !)
je t'aime là haut dans les montagnes !...
P.

**Beaulieu-sur-Mer [1], 11 août 1988, 17 h,
de Pierre à Silvia, à Chamonix.**
le 10.8./88

Mon amour
Je reçois la lettre <u>Piat</u> avec l'affiche.. et la lettre de ton admiration pour <u>Moravia</u>
Quelle joie pour moi de ne pas le connaître encore
Oui je le lirai pendant nos longues vacances lorsque je ferai bouillir pour toi les légumes...
Beaucoup de travail et de leçons... mais mes 2 collaborateurs m'aident
Il fait très très chaud.
Je suis inquiet d'apprendre que tu as failli te faire mal !..
Prends soin de toi.. Tu n'arrêtes pas de me le répéter !.. Alors ?!
je t'aime
P.

**Paris, rue du Louvre, 19 h, 26 décembre 1988,
adressée à Courchevel, enveloppe et carte Carré.**

Pousson chéri, c'est dimanche et dimanche de Noël. Tu cours sur les pistes, à Paris, il fait très gris. Mais le réveillon s'est passé au mieux, paix et harmonie, même avec les Gruss retrouvés au bout de plusieurs années de fossé, le merveilleux Père de Fatto [2]

---

1. Ville limitrophe de Saint-Jean-Cap-Ferrat et d'où partait le courrier.
2. Probablement le Père di Falco.

et une équipe marginale chaude et bonne. Et puis, on a fait 8 500 au lieu de 1 500 sans doute s'il n'y avait pas eu la messe.

Et à l'autre bout là-bas, le Pousson seul – mais il y avait eu le Paradis latin et

Rouzière[1] sur ton épaule. J.-L. Cochet[2] vient jeudi soir à *Théodore*[3], et je t'adore.

---

1. Jean-Michel Rouzière, comédien. Fut directeur du Théâtre du Palais-Royal.
2. Jean-Laurent Cochet, comédien, metteur en scène, professeur d'art dramatique.
3. *Théodore* de Corneille a été mis en scène et joué par Silvia.

1989

ego

**Paris, rue du Louvre, 17 janvier 1989, 19 h,
adressée à Courchevel.**

Si jamais j'inventai stupide série d'émissions, ce fut bien celle de la Révolution ! [1]

Que d'emm... !

Au moins pour Clavel, il y avait nécessité du cœur.

Je prends le sirop. Est-ce que cela a quelque effet ? j'en doute. Toute la figure est prise et je parle même du nez. Ça m'apprendra à toucher aux décapités.

Mais je te sais au soleil, et je t'aime d'être heureux et en bonne santé (prends garde à toi !). Oui, je t'aime

S

**Paris, rue du Louvre, 12 février 1989, 12 h,
adressée à Courchevel.**
mardi

Tu rentres du ski. Tu vas masser. Je pars me faire masser et je t'aime. Des spectateurs s'annoncent pour chaque soir (et mes

---

[1]. Silvia avait organisé avec France-Culture des lectures-spectacles consacrées à la Révolution Française, pour le bicentenaire.

soupers du jeudi marchent fort !) aucune vitesse de croisière, il faut toujours être sur le pont. Tu déjeunais au soleil, et moi à Paris je grelotte encore ! Vive le Brésil chaud. Irons-nous ?
Je t'aime
S

**Paris, boulevard Lefebvre, 20 février 1989,
adressée à Courchevel.**
dimanche

Cœur de mon cœur, je ne sais plus quand je t'ai écrit pour la dernière fois, ou si tu reçois mes lettres (sur lesquelles je colle de vieux timbres avec du papier collant !). Arrivent-elles ? et mon amour ? autant de questions à l'heure où je n'ose plus t'appeler, car tu dors. Mais je t'aime, et bientôt, bientôt, nous reprendrons tout à zéro – comme chaque fois – avec un si lourd acquis !
Je t'aime
S

Paris, gare de l'Est, 26 février 1989, 17 h 30, à Courchevel.

Cher amour, il faut me les renvoyer, bien sûr, mais vois comme mon Agamemnon [1] sait me consoler du tourment que me procurent d'autres comédiens [2]. Il est super-doué et écrit cela au fil de la plume. Oui, le spectacle plaît toujours mais ne décolle pas. Il faut dire que la presse est plus que silencieuse. Mais ce qu'on appelle le bouche-à-oreille ne paraît pas une réalité.

---

1. Claude d'Yd. Silvia fait allusion à de petits « poèmes » en alexandrins que ce comédien écrivait avec une grande facilité et beaucoup d'humour et lui remettait.
2. Il s'agit de *Iphigénie* de Racine, mise en scène de Silvia (assistante Danielle Netter). Silvia jouait Clytemnestre. Le rôle d'Agamemnon avait été créé par Claude Brosset, puis repris par Claude d'Yd.

Tempête et pluie jusqu'à 4 heures de l'après-midi, puis pâle soleil. Peut-être que ce soir il ne pleuvra pas trop sur la toile. Mais le mât grince de mieux en mieux
je t'aime
S

**Paris, rue des Archives, 28 février 1989, 18 h,
adressée à Courchevel.**
mardi

Que j'aime ce petit pot de miel mon cœur. Tous les matins, ce petit pot en grès avec du miel dur. Du miel pousson, le temps est gris, mais je sais que tu as un superbe tapis blanc, épais, qui tiendra bien jusqu'à mon arrivée. Et nous ferons la Vallée blanche avec les Nicholson. Et nous chanterons sur les sommets tandis que Claude Parent creusera le sol. Voilà la vie envisagée. Et je ne tousserai plus jamais (en plus, maintenant, Alain est malade). Et tu seras aussi prospère que sur la photo de la remontée mécanique. Voilà l'avenir proche, cœur de mon cœur aimé.

En attendant je vais rencontrer des vieilles veuves de musiciens qui ont connu Cocteau, chez la Cooper. Puis j'ai rendez-vous avec M. Thébaud[1], puis j'irai voir les *Amants Magnifiques*[2] à l'Athénée. À pied.
je t'aime
S

**Paris, rue du Louvre, 7 mars 1989, 19 h,
adressée à Courchevel.**

À mon tour, chéri, de t'envoyer les perles de notre époque. Il pleut doucement sur les carreaux de mon beau bureau. C'est

---

1. Marion Thébaud, journaliste spécialisée dans le théâtre.
2. *Les amants magnifiques*, comédie-ballet de Molière, mise en scène de Jean-Luc Paliès.

mardi et je me donne quelques heures à ma table pour réparer le désordre et le retard de tant de jours. Ce soir ce sera le *Cristal*[1] au Carré – dont je ne me préoccupe aucunement, et voici que remonte le cortège de tous les musiciens et autres pour lesquels je me suis battue bien plus que pour moi-même. Mais enfin, la Ville dit « après Mme Monfort, ce sera un théâtre de la Ville... » Mais jusque-là ce sera <u>mon</u> théâtre. Incroyable quand même. Je ne connais pas un seul vivant pour qui l'on ait construit son théâtre, à son nom et sur mesure. Vive la force du temps qui passe !

Mais qui m'use. Cette télévision d'*Iphigénie* (dont je n'ai même plus envie vraiment) cette absence de public et de triomphe proclamé à la fin de chaque représentation... Quel étonnant décalage des choses.

Mais qu'importe, puisque tu m'aimes
et que je t'aime
S

**Paris, rue du Louvre, 22 mars 1989, 12 h,
adressée à Courchevel.**
mardi

Oui, mon cœur, je viens de t'entendre 1' à midi, mais on a beaucoup parlé cette nuit. C'est étrange, je me sens comme « délivrée » de ce cycle sur la Révolution. Bien mené, à tous points de vue, et qui passe pour une des rares manifestations intéressantes sur ce sujet. Mais enfin la <u>Terreur</u> devait peser quand même de son poids historique. Je me sens légère. Et je t'aime. Je ne sais même pas ce que je ferai ce soir de ma relâche. J'en déciderai tout à l'heure – avec ma belle voiture aux pare-chocs noirs, prête à 17 h 30 ! Quelle autre histoire.

je t'aime
S

---

1. Création le 7 mars 1989 de *Cristal et Vitrail* de Michel Deneuve, musique de Erik Satie, Mozart, Bach, M. Deneuve. Textes de Paul Claudel et Armand Robin.

**Paris, rue du Louvre, 22 mars 1989, 19h,
adressée à Courchevel**

O chéri, le jour est gris, et j'essaie de répondre aux « Molière[1] » Quelle absurdité. Quelle honte. Je n'ai pas vu 3 spectacles sur l'ensemble ! et encore je sors.

Il faudrait exiger des acteurs qu'ils aient vu ! Sinon, c'est copain et hasard – Pourquoi pas ? mais cela devrait paraître au public comme tel.

Ainsi va le monde... et je t'aime
S

**Paris, Montparnasse, 26 mars 1989, 19 h,
adressée à Courchevel.**
samedi

Petit bonhomme tant aimé. Petit bonhomme tout raide sur ses pieds carrés de skieur. Petit bonhomme épanoui de soleil et d'apparente santé. Petit bonhomme qui rentre en courant à 5 heures, et qui téléphone avec bonheur à midi. Petit bonhomme toujours présent à Paris. Avec la belle robe anglaise (chaudement fourrée) avec les bouteilles d'eau (qui se sont achevées cette nuit !) – avec les bouteilles de vin terminées, et le truc noir nouveau qui roule, avec le beau siège noir replanté, avec le titre de Cocteau [2] (contesté) avec tous les téléphones et la télévision détraquée (mais les programmes parfois insufflés à la dernière seconde, de ton lit) avec le châle racheté pour que tu puisses me tenir en laisse d'un doigt, avec ce grand amour qui

---

1. Récompense décernée tous les ans par leurs pairs aux comédiens, auteurs, metteurs en scène et techniciens du théâtre, après un vote et remis au cours d'une soirée télévisée en direct.

2. *Les deux voies de Jean Cocteau*, conception, réalisation et interprétation de Silvia, pour le centenaire de la naissance du Poète. Ce fut son dernier spectacle.

ne me quitte pas et me réchauffe le cœur à tout moment. Petit bonhomme, va
S

Paris, rue du Louvre, 30 mars 1989, 19 h, adressée à Courchevel, enveloppe kraft du Carré, timbrée à 4,40 F, papiers photocopiés joints.

journée donc du 28 mars, ai atterri chez mon ami des vitres, à côté du garage, de retour d'Aubervilliers, à jeun depuis neuf du matin.

journée étrange. Après être passée chez Paco Rabanne [1] où je fus accueillie comme lorsque j'étais actrice « quel corps, quelle gentillesse... » et on m'a pris mes mesures, et je vais sans doute pouvoir habiller mon Cocteau avec des Sonia Delaunay [2] 1925 refaits par Paco Rabanne et payé par le ministère et ses copains...

Ensuite, le Carré, où Pierre Yves a rendu le budget demandé par les Aff. Culturelles de la Ville, et fait après longue visite chez Claude Parent qui, finalement, livre une maison vide. Diagnostic : 800 millions, + plus ce que la ville accorde pour le bâtiment en 1989 ! On verra...

Je téléphone à Aubervilliers pour retenir 1 place – pour te faire plaisir, en bonne télé-guidée reconnaissante – sachant que si je ne « retiens pas », je me laisserai avoir pour Paris.

Je pars direct pour Aubervilliers. Pour Toi.

Fort bien accueillie. Spectacle déconcertant. Pièce assez plate et démonstrative sur nous autres français, petite provocation de réalisme grossier, avec une mise en scène tout à fait poétique, qui, elle seule, donne l'émotion.

Voilà. Je mange. J'ai perdu en un jour mon théâtre et mon espoir de sponsoring. Mais je t'ai obéi. Et je t'aime.

Et on s'en fout.

FIN
S

---

1. Couturier.
2. Peintre (1885-1979). Épouse du peintre Robert Delaunay.

**Paris, rue des Archives, 4 avril 1989, 12 h,
adressée à Courchevel.**

Du haut, du bas, Pousson appelle dès qu'il voit une cabine téléphonique.

Il y a un petit soleil, et j'ai rendez-vous avec Mme Tasca[1] à 3 h 1/2. Ça pourrait aller quoi ! Sans la bronchite, l'angine, les collaborateurs, les préposées de la 5 en période de déprime, les entreprises qui font faux bond à Claude Parent, les musiques relatives à Cocteau qui restent introuvables, les spectateurs qui ont loué et qui ne viennent pas, les comédiens, etc. mais je t'aime
S
lettre retrouvée sous les flots de papiers urgents !

**Paris, rue du Louvre, 6 avril 1989, 19 h,
adressée à Courchevel.**

Un écrivain américain parle de Sartre, gentiment. « Il était fanatique... mais je ne sais pas trop de quoi ». Génial, non, et dit avec une grande simplicité. Je suis rentrée ce soir mercredi pour manger à la maison, et j'écoute *Ex libris*[2] au lieu de travailler à Cocteau.

**Paris, rue du Louvre, 12 avril 1989, 19 h,
adressée à Courchevel.**
mercredi

Petit bonhomme ! oui, dès le matin, je vois en m'éveillant petit bonhomme glisser doucement avec ses multiples élèves (qu'il ne

---

1. Catherine Tasca, future Ministre de la Culture, alors ministre délégué auprès du ministre de la culture et de la communication, chargé de la communication.
2. Émission littéraire de télévision de Patrick Poivre d'Arvor.

regarde jamais – mais qu'il « sait ». À 9 heures du matin j'appelais PH. Guilhaume (en réunion) et le sommais de m'appeler –

en revanche, le directeur de France-Culture m'annonça que les services commerciaux avaient décidé la parution de 3 de mes lectures en coffret. Ce n'est pas une bête idée. Je vais sortir en cassette tous azimuts. Le rêve !

en revanche aussi, cette après-midi un producteur video + vidéo-cassettes, vient me voir à 5 h au Carré. Tu vois pourquoi. Quelle joie j'aurais à m'en sortir sans la SFP.

En revanche, j'ai un train de Moûtiers à 18 h jeudi et je serai à Paris à 23 h et quelque... Si je viens ! Que souhaiter ? Je t'aime
   S

1990

**Paris, rue du Louvre, 20 février 1990, 19 h,
adressée à Courchevel.**
mardi

j'enrage. A Paris c'est l'été et je n'en ai rien à faire, grelottant près d'un radiateur électrique dans une maison pourrie, sans vie (je parle du Carré). Sur la terrasse peu de dégâts : quelques canisses, et les meubles sens dessus dessous. Mais je n'ai guère envie d'y être. Sauf, bien sûr, pour faire un peu de la gymnastique jurée. Rien ne bouge à Paris. Est-ce cette chaleur anormale, les vacances, l'à quoi bon ? les contraventions et les enlèvements sont revenus à la mode. Ça ne change pas pour autant les ennuis de circulation. J'aimerais aller à pied, mais le médecin de R. Gérôme le lui a vivement déconseillé à Paris ! sous menace de trachéite chronique... alors ?
   alors je t'aime
S

**Paris, rue du Louvre, 13 mars 1990, 17 h,
adressée à Courchevel.**
mardi

Mon cœur chéri, un peu de soleil a réapparu sur Paris. Et sans doute sur toi. Mon cœur. Je te veux tant de bien. Comme ce serait bon de pouvoir être avec toi et les amis sur les pentes. Avant, il y a ce foutu Cocteau – mal de gorge, mal de cœur,

mais ça ira. Stoytchev[1] complètement décontracté ; Boukov[2] aux Amériques, et moi tourmentée du matin au soir (son, lumière, texte…)

Mais nous sommes les mieux aimés

S

Paris, 29 mars 1990, 19 h, adressée à Courchevel.

Mon amour, je me languis de toi, je dors mal, et je me donne du mal, le jour, pour les « contacts ». Assez vains, il faut le dire. Perte d'énergie. Et l'idée me vient de m'attabler à la « Culture à l'abattoir[3] ». Mais pourquoi pour qui ? Oui, petite société peu exaltante. Heureusement que nous restons enfouis quoi qu'il arrive.

Car je t'aime

S

Paris, rue du Louvre, 2 avril 1990, 19 h, adressée à Courchevel.
lundi

eh non, ce n'est pas possible, on ne peut pas dépenser nos sous, même au Gaumont je suis invitée. Et pour voir le superbe film de Costa-Gavras[4]. Surtout ne le manque pas. Moins systématique que les films américains sur leur propre justice, plus professionnel que les français, et avec cette humanité qui sourd

---

1. Krassimir Stoytchev, pianiste dans *Les deux voies de Jean Cocteau*.
2. Georges Boukoff, comédien, pianiste, clarinettiste dans *Les deux voies de Jean Cocteau*.
3. Projet d'un livre sur l'histoire du Carré Silvia Monfort à Vaugirard, en référence aux anciens abattoirs situés à l'emplacement du théâtre.
4. « Music Box » de Costa-Gavras, tourné en 1989 aux Etats-Unis, avec Jessica Lange.

de tous les films justiciers de Costa-Gavras c'est une œuvre très émouvante (et passionnante).

Le soleil a pâli et le retour du froid est annoncé. On verra bien. J'ai toujours un manteau de fourrure sous la main – et toi tu t'en fous. Sois heureux. Je t'aime
S

Paris, rue du Louvre, 17 avril 1990, 12 h, adressée à Courchevel.
dimanche de Pâques

Oui, mon cœur, retrouver un dimanche de Pâques, dans la boîte, 3 lettres de Pousson, c'est miracle. Et elles sont gaies et bonnes. Et puis je t'ai entendu – avant le bal ! car après, il est bien sûr que je t'aurais réveillé dans ta 1re ivresse. J'ai été voir le *Mahbharata*[1] (3 heures) puis dîner au chinois. Il était très tard. Alors j'ai lu le livre qu'a également écrit Carrière (oh, ils l'auront bien exploitée, cette épopée indienne !) et j'ai compris mon malaise : Brook a fait une œuvre shakespearienne d'une légende de l'autre bout du monde.

Et je t'aime, dans ton identité immuable
S

Paris, gare St Lazare, 2 juillet 1990, 19 h, adressée au Cap Ferrat.
dimanche

Eh oui, me voici repartie sans Jean Cocteau[2]. Pour l'instant sans bonheur, n'ayant plus grand chose à y inventer. On verra sur scène.

---

1. *Mahabharata*, adaptation de Jean-Claude Carrière du gigantesque poème épique de l'Inde ancienne, joué au Festival d'Avignon en 1985 dans la mise en scène de Peter Brook, reprise aux Bouffes du Nord, puis filmée en 1990.
2. Vraisemblablement sans la brochure.

Je n'ose t'appeler à la maison ne sachant à quelle heure du matin tu t'es couché. J'ai peur que le soleil (ou le vent) d'aujourd'hui t'attaque méchamment après cette nuit de lune qui, heureusement, n'était pas pleine.

Le croiras-tu ? ce matin Krassimir est malade : bronchite, et c'est chez lui, à Pyrénées que je dois aller. Il y a un métro direct. Mais je préférais l'Hôtel de Ville. J'espère qu'il sera guéri après demain ! Peut-être ne faut-il pas toucher à Cocteau. J'ai quelques raisons de le penser.

Je m'ennuie de toi. Mon pamplemousse de la rue de Bretagne (j'allais écrire rue Labruyère, où Cocteau passa son enfance !) me paraît fade et sans amour et mon petit pain au raisin dérisoire. A bientôt mon amour.

Tu m'appelles !

J'appelle Boukoff. Il se rend à tes arguments et viendra chez moi à 1 heure. Après, il verra peut-être Krassimir... Fine équipe. Georges [1] est toutefois enrhumé, mais la bronchite est plus grave et je me tiendrai à distance. Je lui ai conseillé de ta part des antibiotiques s'il va chez Krassimir. O merveille, tu es le <u>père</u> respecté même par téléphone, de tous ces immatures, toi qui fus si longtemps un enfant à mère, à frère, à Datin – te voici maintenant père de toute ma famille. Et quel père.

Père sans beaucoup d'enfants au long de cette piscine d'un dimanche pas beau. Prends soin de toi, ô mon cœur.

je t'aime
S

Paris, ? juillet 1990, rue du Louvre, adressée au Cap Ferrat, carte de correspondance du Carré.

Pousson poussonet je suis à nouveau très lasse aujourd'hui, me traînant de chaise en canapé. Alors vite un mot de vérité

---

1. Boukoff.

pour l'homme que j'aime et qui est tout chaud tout chaud sur son bord de piscine. Mais il y a la mer
et moi qui t'aime
S

**Paris, rue du Louvre, 9 juillet 1990, 19 h,
adressée au Cap Ferrat, carte de correspondance du Carré.**
dimanche

Oui mon amour, j'abats une terrible besogne, car il faut bien me persuader que j'ai quelque énergie. Je bois Coca Cola, je m'étends, je me relève et sans cesse je t'entends. Dimanche sans toi, dimanche avec toi. Que sera lundi ? En classant, travaillant, répondant, je me dis que pour Cocteau les Américains divers nous ont bien laissé tomber.

Je t'aime
S

**Paris, rue du Louvre, 18 juillet 1990, 19 h,
adressée au Cap Ferrat.**

O chéri, 1 heure avec Saint-Antoine ![1] Personne ne savait plus pourquoi on me faisait entrer à 18 h 30 la veille. J'ai tout remis en place et tu ne viendras que si on fait la chimio. Tu le sauras avant le soir du 26 ! Un succès, non ? Mais tout cela je vais te le raconter au téléphone car tu vas m'appeler de ta chère piscine entre deux bébés ou deux vieillardes
et moi je n'ose te déranger par tout l'amour que je te porte. Il fait un peu moins chaud, et les jours s'écoulent avec des événements importants – oui, en tout cas très bonne utilisation de ces jours à Paris. Je n'aime pas quand la séparation, au moins, ne <u>sert</u> pas.

Mais je t'aime
S

---

1. Il s'agit de l'hôpital parisien, dans la rue du même nom, où Silvia est morte.

Chamonix, 13 août 1990, 15 h, adressée au Cap Ferrat.
dimanche

Cher amour, le trop gros rhume m'a empêché d'exécuter mes plans ; (et pourtant j'étais au tourisme chercher hier soir tous les horaires train et bus pour Argentière) oui je n'ai pu aller à la Foire à la Brocante, au profit des handicapés mentaux de Savoie.

Mais c'est sur la terrasse le matin que la chaleur est parfaite puis à l'intérieur (c'est toujours 1 000 m) et à ma hauteur sans pollution. Et maintenant je vais aller faire une petite marche jusqu'à 7 heures !

Hier, dans une grande et nouvelle librairie je suis tombée sur un vieux Poche qui publiait « Les Chevaliers des neiges » de Vian[1] où je jouais la reine Guenièvre avec Lancelot-Dacqmine[2] et Servais[3]-Artus, et dans les 45 petits rôles Piccoli[4], Mauclair, Serreau, etc.

Impossible de me souvenir d'une scène, d'un mot, d'une robe. Je sais que j'y avais triomphé contre tous (déjà hélas, car la rivalité n'était pas tendre) et qu'il a plu 7 jours sur 7. Mais quelle étonnante chose que de lire les préfaces et tout ce qui concerna « l'événement ».

Nous avons vraiment plusieurs vies.

Déjà j'ai du mal à re-sentir Geoffroy-Saint-Hilaire[5] et les méfaits du rhume dans la tête me dissimulent tout ce que j'éprouve depuis mai.

Mais je t'aime
S

---

1. Pièce de Boris Vian (1921-1969), écrivain et musicien, sur les Chevaliers de la Table Ronde, jouée à Caen en 1953 par Silvia.
2. Jacques Dacqmine, comédien.
3. Jean Servais, (1912-1976) comédien.
4. Michel Piccoli, comédien.
5. Clinique, dans la rue du même nom, spécialisée dans les traitements de cancers.

Chamonix, 14 août 1990, adressée au Cap Ferrat.

J'enrage de n'avoir pas beaucoup plus de force ici qu'ailleurs. Très souvent je dois brusquement m'asseoir (dehors) ou m'allonger, ici : je lis beaucoup, et réfléchis sur les mois à venir : théâtre, répertoire, collaborateurs, cela me paraît d'un autre monde. Et pourtant !
je t'aime
S

Devant mes fenêtres il y a une énorme grue, qui tourne, et m'empêche d'oublier mon chantier !

Chamonix, 14 août 1990, adressée au Cap Ferrat.
dimanche soir

En sortant de la cabine (ce qui est toujours un arrachement) je me suis trouvée devant un couple qui avait garé sa voiture en m'apercevant : « on voulait vous souhaiter de bonnes vacances, nous sommes lyonnais, nous avons dîné avec vous après *Théodore* »... je leur ai dit que mon théâtre risquait d'être sans restaurant – ils viendront quand même au théâtre.

Voilà les petits faits qui jalonnent ma route. Au laboratoire, la preneuse de sang m'a loupée tant elle était émue de me voir (j'ai une barre à la coudée). Et moi je t'ai entendu, une fois encore. Ensemble on va regarder les *Croix de bois* [1] (oui, tu auras dormi avant, donc il y a quelques chances). Mais soigne-toi mon cœur. Ne tousse pas, n'aie plus la tête grosse – je n'en dors pas.
je t'aime
S

---

1. Film de Raymond Bernard (1931). Adaptation du roman de Roland Dorgelès sur la vie des poilus dans les tranchées pendant la guerre de 1914-1918.

Chamonix, 16 août 1990, 10 h, adressée au Cap Ferrat.

Oui, mon cher cœur, je lis beaucoup. *Les Curiosités esthétiques* de Baudelaire. Inépuisables, du Queneau acheté chez le nouveau libraire, superbe, qui règne en bas et qui réhabilite la partie sud de Chamonix, et Buzzati, etc. je suis en vacances, m'as-tu dit. Alors je m'ennuie dès que j'essaie d'approcher *Le livre de ma mère* de Cohen. C'est comme si j'avais repassé la bébé à Saskia !

Je ne me sens pas « très bien » hélas. C'est toujours douleur par ci douleur par là.

Est-ce la bataille entre bien et mal, qui devrait s'achever après la 6ᵉ séance (10 septembre !) ou persistance du mal…

Et je pense à tout le bien que tu m'as fait, jour après jour depuis le mois de mai. La laborantine me disait que les hommes supportaient beaucoup moins bien que les femmes ce genre de traitement, le moral lâche – eh bien je pense que c'est parce qu'ils ont de mauvaises femmes auprès d'eux. Où en serais-je sans toi ?!

Mais ton rhume m'inquiète. Je voudrais qu'il s'achève tout à fait. Et dire que tu vas venir à St Antoine – couché au sol – non, je ne veux pas. Dire que ces rendez-vous funestes sont presque devenus heureux par ta grâce, ton obstination, ta persistance

Ô mon cher cœur.

je t'aime

S

Chamonix, 16 août 1990, 15 h, adressée au Cap Ferrat.
15 août !

mon cœur
je ne pense qu'à toi
qu'à nous
vive le quinze
où
nous fûmes

réunis,
puis unis
je t'aime
S

***Cap Ferrat, 17 août 1990, 16 h 30, de Pierre à Silvia,
adressée à Chamonix.***
vendredi 17

*— Ce matin, réunion
— Temps splendide... chaud mais moins que lorsque* TU *étais là...
— Visite des Datins... (les seuls au monde à être au courant de
notre mariage.)* [1]
*— Beaucoup de travail mais c'est normal entre le 15 et fin août !
Je pense presque sans arrêt à toi... mais surtout quand je nage
vers mon phare... À bientôt.*
P.

Il fait si beau, et j'ai mal. Je me suis fait un long auto massage, et je regarde les bennes se croiser à mi-distance de l'Aiguille. Comme j'aimerais monter en flanc de forêt – comme je faisais. Comme nous ferons.

Comme c'est étrange d'écrire dans l'avenir, de t'imaginer lisant cette lettre au retour de Paris, où je t'aurai aimé
je t'aime
S

Chamonix, 20 août 1990, 15 h, adressée au Cap Ferrat.
samedi

Cher cœur, à partir de maintenant, je sais que les lettres ne t'arriveront qu'après ton retour de Paris. Une fois encore tu

---

1. Pierre et Silvia s'étaient mariés le 24 mai.

seras venu me tenir la main, une fois encore nous nous séparerons. Mon mal m'inquiète. Est-ce la lutte du bien contre le mal, ou le mal qui s'est installé – malgré opération, chimio et Cie... ?

Mais nous parlerons ensemble.
    je t'aime
S

**Paris, rue Cler, 21 septembre 1990, 18 h,
adressée au Cap Ferrat, carte de correspondance Carré.**

Oui, mon cœur, je perds les lettres que je t'écris d'un peu partout. J'oublie les choses-à-te-dire quand je t'entends baigné d'amour

Mais je sais que je t'aime à la folie
S

1991

**Paris, rue du Louvre, 18 février 1991, 12 h,
adressée à Courchevel, timbrée à 4,60 F,
papier et enveloppe Carré.**

Dans le train, mon amour. Sans toi. Ta place est vide à côté. Oui, j'ai 2 places. J'ai oublié de percer mes billets au départ. Un vieux contrôleur passe. Il remarque seulement que je n'avais pas droit à la réduction sur ce train. « Tant pis, c'est la faute à ceux qui vous ont vendu le billet. » Une fois encore, on ne peut pas payer ! Le train tangue. J'approche de Paris. J'ai lu tout le *Monde*. Et le supplément télévision. Multiples découvertes (que je t'envoie). En plus, un long exposé sur la rencontre Franco-Pétain. Franco n'était pas en guerre et demandait à Pétain de s'unir à lui pour interdire l'Afrique du Nord aux allemands. La seule initiative en fin de compte de Vichy qui ne fut pas collaborationniste ?

Le train tangue. Je ne suis pas pressée d'arriver. Ce qui m'attend est sans toi. Mais je vais mettre mes pas dans nos pas.

Où es-tu ?

Tout va bien, sûr.

car je t'aime

S

BIOGRAPHIE

6 juin 1923	Naissance à Paris, dans le Marais, de Silvia Favre-Bertin. Père sculpteur. Perd sa mère très jeune.
1943	*Les Anges du péché*, film de R. Bresson *La Grande Maguet*, film avec Madeleine Robinson
1944	Participe avec Maurice Clavel à la libération de Chartres et de l'Eure-et-Loir. Décorée de la croix de guerre par le général de Gaulle et de la Brown Star Medal par le général Patton
9 janvier 1945	Première apparition sur scène sous le nom de Silvia SINCLAIR (pseudonyme de Maurice Clavel dans la Résistance) : *Jeanne d'Arc* de Charles Péguy, (rôle de Jeanne), à Dreux
1945	*La Maison de Bernarda* de F. Garcia Lorca, au Studio des Champs-Elysées
1946	Publie son 1er roman, ***Il ne m'arrivera rien***[1] (Éditions Fontaine)

---

1. Les titres de romans sont précédés d'un astérique *.

L'Aigle à deux têtes de Jean Cocteau, au Théâtre Hébertot, avec Jean Marais et Edwige Feuillère

Tournage du film ***L'Aigle à deux têtes***

1947 ***L'Histoire de Tobie et Sara*** de P. Claudel, m. sc. J. Vilar, 1er Festival d'Avignon

1948 ***Shéhérazade*** de J. Supervielle, au Festival d'Avignon

1949 ***Pas d'amour*** de Ugo Betti, adapt. M. Clavel, au Théâtre des Noctambules, avec Michel Vitold

Le Secret de Mayerling, film de Jean Delannoy, avec Jean Marais et Dominique Blanchar

1950 ***Andromaque*** de J. Racine

1951 ***Maguelone*** de M. Clavel au Théâtre Marigny

Électre de Sophocle, adaptation de M. Clavel et A. Tubeuf, m. sc. Pierre Valde, aux Mardis de l'Œuvre puis aux Noctambules

***Aimer qui vous aima** (roman) Éditions Julliard

1952 ***Les radis creux*** de J. Meckert au Théâtre de Poche

Donã Rosita de F. Garcia Lorca, aux Mardis de l'Œuvre puis aux Noctambules

1953 ***L'Ile des chèvres***, adapt. M. Clavel, m. sc. P. Valde, au Théâtre des Noctambules, avec Rosy Varte et Alain Cuny

Le chevalier des neiges de Boris Vian, à Caen, avec M. Piccoli, J-M. Serreau, J. Dacqmine

Le marchand de Venise de Shakespeare aux Noctambules

Été et fumées de T. Williams au Théâtre de l'Œuvre, m. sc. Jean Le Poulain, décors Leonor Fini, musique J. Kosma

1954	*Le Cid* de P. Corneille, au TNP, m. sc. J. Vilar, avec Gérard Philipe
	Cinna de P. Corneille, au TNP, mise en scène de J. Vilar
	***Le droit chemin** (roman) Éditions Julliard
20 juillet 1955	*Penthésilée* de Kleist, m. sc. Claude Régy, avec M. Piccoli, Théâtre Hébertot
	Les Évadés, film de J-P. Le Chanois, avec P. Fresnay et F. Périer
1955	*La Pointe Courte*, premier film d'Agnès Varda, avec Philippe Noiret
1956	*Marie Stuart* de Schiller, m. sc. Raymond Hermantier, au Vieux-Colombier
	Le mariage de Figaro de Beaumarchais, au TNP
1957	*Pitié pour les héros* de M-A. Baudy, à la Comédie de Paris, avec L. Terzieff
	Le cas du Docteur Laurent de J-P. Le Chanois, avec J. Gabin et N. Courcel
1958	*Les Misérables* de J-P. Le Chanois, avec J. Gabin, B. Blier, D. Delorme, Bourvil, G. Espo- sito, M. Bouquet, S. Reggiani
	Du rififi chez les femmes, film d'Alex Joffé, avec R. Hanin
	Bajazet de Racine à la télévision
1959	*La seconde surprise de l'amour* de Marivaux, à Villeurbanne
	Bérénice de J. Racine, festival de Dijon et TV (J. Kerchbron) avec D. Ivernel
	La machine infernale de Jean Cocteau, Festival de Vaison-la-Romaine, avec Bernard Noël et Germaine Montero
	Lady Godiva de J. Canolle, m. sc. Michel de Ré, festivals puis Théâtre Moderne et Edouard VII, avec C. Alers et R. Murzeau

Les mains pleines de doigts (roman) Éditions Julliard, ré-édité sous le titre *La Raïa*

1960 *Edouard II* de Marlowe, m. sc. R. Planchon, à Villeurbanne

La seconde surprise de l'amour de Marivaux, m. sc. R. Planchon

La Française et l'amour, film avec un sketch de J-P. Le Chanois, avec R. Lamoureux et Martine Carol

Bajazet de J. Racine, m. sc. Jean Kerchbron pour la télévision.

Si la foule nous voit ensemble de Claude Bal, m. sc. Jean Mercure, Théâtre de Paris, avec Georges Aminel

Arden de Faversham, m. sc. François Maistre, avec Charles Denner, Festivals de Dijon et Vaison-la-Romaine

Phèdre de J. Racine, m. sc. J-P. Le Chanois, au Vieux-Colombier, tournée en France, Belgique, Luxembourg, Espagne, tournage pour la télévision belge

1961 *Dommage qu'elle soit une putain* de John Ford, m. sc. L. Visconti, Théâtre de Paris, avec A. Delon, R. Schneider, D. Sorano

Par-dessus le mur, film de J-P. Le Chanois, avec François Guérin

1962 *L'Orestie* d'Eschyle, adaptat. P. Claudel, m. sc. J-L. Barrault

La nuit de feu de M. Maurette, à Port-Royal et TV.

ACCIDENT DE VOITURE : GENOUX ABÎMÉS

Hélène d'Euripide, adapt. J. Canolle, à Narbonne et télévision, avec B. Lavalette et Sady Rebbot

	La machine infernale de J. Cocteau, TV, avec C. Giraud
	Horace de P. Corneille, à la Scala de Milan.
1963	*Le mal court* de J. Audiberti, m. sc. G. Vitaly, au La Bruyère
	La gouvernante de Brancati, au Théâtre en Rond

RENCONTRE AVEC PIERRE GRUNEBERG

	Marie Stuart de Schiller, m. sc. G. Vitaly, aux Nuits de Bourgogne
	Mandrin, film de J-P. Le Chanois, avec G. Rivière et G. Wilson
	La machine infernale de J. Cocteau à la télévision, m. sc. C. Loursais, rôle du Sphinx
1964	*La vie est un songe* de Calderon, au Festival d'Annecy
	Jules César de Shakespeare, m. sc. R. Hermantier, au Théâtre Sarah Bernhardt et à Lyon
	Catharsis de Michel Parent, m. sc. de G. Vitaly, à Dijon
1965	*Soudain l'été dernier* de T. Williams, m. sc. J. Danet, Tréteaux de France et Mathurins
	La putain respectueuse de J-P. Sartre, m. sc. J. Danet, Tréteaux de France et Mathurins
	L'Histoire de Tobie et Sara de P. Claudel, m. sc. G. Vitaly, Nuits de Bourgogne, avec D. Manuel, A. Sapritch, J. Martinelli
	Électre de Sophocle, adapt. M. Clavel et A. Tubeuf, m. sc. Henri Doublier, Festival d'Annecy, avec Eve Francis
	Électre de Sophocle, adapt. M. Clavel et A. Tubeuf, m. sc. Silvia Monfort, Tréteaux

de France, avec successivement Claude Génia, Claude Nollier, Hélène Duc, Odile Mallet, Andrée Tainsy, Hélène Vallier, Dominique Leverd
Les ennemis de Gorki, m. sc. P. Debauche, au Théâtre des Amandiers, à Nanterre.
La surprise de l'amour de Marivaux, m. sc. P. Debauche, à Nanterre Théâtre des Amandiers, et en festival

1966   *Électre* de Sophocle, adapt. M. Clavel et A. Tubeuf, aux Mathurins
Le mal court de J. Audiberti, m. sc. G. Vitaly, Tréteaux de France
Soudain l'été dernier de T. Williams, m. sc. J. Danet, Tréteaux de France et Mathurins
La putain respectueuse de J-P. Sartre, m. sc. J. Danet, aux Tréteaux de France et Mathurins
***Les ânes rouges** (roman) Éditions Julliard

1967   *Phèdre* de Racine, m. sc. Jean-Pierre Dougnac, Tréteaux de France
Le mal court de J. Audiberti, m. sc. G. Vitaly, Tréteaux de France
La guerre de Troie n'aura pas lieu, pour la télévision, réal. M. Cravenne

1968   *Les Rosenberg ne doivent pas mourir* d'Alain Decaux, aux Tréteaux de France, m. sc. J-M. Serreau
La putain respectueuse de J-P. Sartre, m. sc. J. Danet, Tréteaux de France

1969   *Les Rosenberg ne doivent pas mourir* de A. Decaux, m. sc. J-M. Serreau, à la Porte-Saint-Martin
La putain respectueuse de J-P. Sartre, enregistrement en lecture à une voix, 33 tours

1970   *La putain respectueuse* de J-P. Sartre, m. sc. J. Danet, aux Halles

	Électre de Sophocle, adapt. M. Clavel et A. Tubeuf, m. sc. S. Monfort, aux Halles
	*****L'Amble** roman (Éditions Julliard)
	Jacques ou la soumission de E. Ionesco, m. sc. M. Guillaud, château de Boucard, avec D. Gence
	Pucelle de J. Audiberti, mise en scène de G. Monnet, à Nice
1971	***Pucelle*** de J. Audiberti, m. sc. Gabriel Monnet, Festival du Marais
	Le bunker d'Alain Decaux, mise en scène TV de L. Iglesis
	*****L'Amble** (roman) Éditions Julliard, réédité sous le titre *Une allure pour l'amour* (Livre de Poche)
12 octobre 1972	OUVERTURE DU CARRÉ THORIGNY
1973	***Le bal des cuisinières*** de Bernard da Costa, au Festival d'Avignon
6 mars	***Phèdre*** de J. Racine, m. sc. Denis Llorca, Carré Thorigny, avec J-C. Drouot
28 mai	***Cantique des cantiques***, oratorio de Roger Frima, Carré Thorigny
7 septembre	***Conversation dans le Loir-et-Cher*** de P. Claudel, adapt. S. Monfort, m. sc. G. Lauzin, Carré Thorigny
	CHEVALIER DE LA LEGION D'HONNEUR
	Installation du Cirque Gruss dans la cour de l'Hôtel Salé (actuel Musée Picasso)
19 novembre	***Jean Cocteau et les anges***, soirée poétique
11 décembre	***Louise Labé***, soirée poétique
5 septembre 1974	***Pourquoi la robe d'Anna ne veut pas redescendre*** de Tom Eyen, adapt. Bernard da Costa, m. sc. L. Thierry, avec B. Giraudeau, Carré Thorigny

octobre-novembre	OUVERTURE DU NOUVEAU CARRÉ
15 octobre 1974	ouverture de L'ÉCOLE AU CARRÉ
juillet 1975	*Lucrèce Borgia* de Victor Hugo, m. sc. Fabio Pacchioni, Festival d'Avignon
4 novembre 1975	*Lucrèce Borgia* au Nouveau Carré
	Edgar Poe, ballet-théâtre Joseph Russillo, musique Patrice Sciortino
février 1976	*Chansons de Bilitis*, m. sc. Régis Santon, Nouveau Carré
octobre 1976	*Irène ou la résurrection* d'Ibsen, adaptation de M. Clavel, m. sc. J-C. Grinevald
24 janvier 1977	*La Dame de la mer* de H. Ibsen, adapt. G. Sigaux, m. sc. J-L. Thamin, avec Michel Auclair, Nouveau Carré
21 mars 1977	*Présence de René-Guy Cadou*, soirée poétique, Nouveau Carré
6 juin 1977	*Poésie au Carré* au profit de Donneurs cœurs d'enfants, animation Luc Bérimont
21 octobre 1977	*Nuova Colonia* de L. Pirandello, m. sc. Anne Delbée
1978/1979	Saison sous chapiteau au JARDIN D'ACCLIMATATION OFFICIER DES ARTS ET LETTRES
	La Maréchale d'Ancre, réalisation de J. Kerchbron, à la télévision
7 septembre 1979	*La cantate à trois voix* de P. Claudel, m. sc. S. Monfort, Abbatiale de Rouen (année des abbayes normandes)
27 septembre 1977	OUVERTURE DU CARRÉ SILVIA MONFORT
	L'enterrement du patron de Dario Fo, m. sc. M. Ulusoy, Mulhouse
1er novembre 1979	*La fourmi dans le corps* de J. Audiberti, m. sc. Guy Lauzin, au Carré Silvia Monfort (rue Brancion)

8 février 1980	*La terrasse de midi* de M. Clavel, m. sc. C. Benedetti, Carré Silvia Monfort *Edgar Poe*, ballet-théâtre Joseph Russillo, musique Patrice Sciortino, pour la télévision
7 novembre 1980	MORT DE MAURICE CLAVEL
	Conversation dans le Loir-et-Cher de P. Claudel, adapt. Silvia Monfort *Phèdre* de Racine, pour la télévision, réal. J. Kerchbron *Électre* de Sophocle, adapt. M. Clavel et A. Tubeuf, télévision, réal. P. Bureau
janvier-février 1981	*Ariane à Naxos* de Brenda, m. sc. Françoise Grund, à Rennes et au Théâtre des Champs-Elysées de Paris
17 février 1981	*Petit déjeuner chez Desdémone* de Janus Krasinski, m. sc. Jaroslav Vizner, Carré Silvia Monfort
14 novembre 1981	*La Duchesse d'Amalfi* de J. Webster, m. sc. Adrian Noble, avec Raf Vallone, Carré Silvia Monfort
15 avril 1982	*Phèdre* de Racine, m. sc. Jean Rougerie, avec P. Santini et Maria Meriko, Carré Silvia Monfort *Le Rêve d'Icare*, téléfilm de J. Kerchbron
13 février 1983	*Chaud et Froid* de F. Crommelynck, m. sc. Pierre Santini, au Carré Silvia Monfort
	COMMANDEUR DES ARTS ET LETTRES
13 février 1984	*Les Perses* d'Eschyle, m. sc. S. Monfort et Michel de Maulne, Carré Silvia Monfort
4 septembre 1984	*La Panne* de Dürrenmatt, m. sc. O. Fessler, avec Darry Cowl, Carré Silvia Monfort
24 janvier 1985	*La Milliardaire* de G-B. Shaw, m. sc. J. Rougerie, Carré Silvia Monfort

27 septembre 1985	***Bajazet*** de Racine, m. sc. Dominique Delouche, avec Jean Leuvrais et Georges Boukoff, Carré Silvia Monfort
	MORT DE JEAN-PAUL LE CHANOIS
	Préface pour **Phèdre** de Jean Racine (Livre de Poche)
1986	Opération du poumon
7 août 1986	***Bajazet*** de Racine, m. sc. Jean Leuvrais, avec Nita Klein, J-F. Garreaud, J. Leuvrais, au Festival des Iles du Frioul et TV
1er octobre 1986	***La Tour de Nesle*** de A. Dumas père, m. sc. C. Santelli, avec J-P. Kalfon, Y. Brainville, Carré Silvia Monfort et TV
12 avril 1987	***Britannicus*** de Racine, m. sc. J. Leuvrais, avec D. Colas, J. Negroni, C. Zahonero, J-P. Bordes, Carré Silvia Monfort
25 septembre 1987	***Iphigénie*** de Racine, m. sc. S. Monfort, avec C. Brosset puis C. d'Yd, H. Lambert, L. Frossard, Carré Silvia Monfort
	*Préface pour **Cinna** de Pierre Corneille (Livre de Poche)
	***L'Amble** ré-édité sous le titre **Une allure pour l'amour** (Poche)
27 septembre 1988	***Théodore*** de P. Corneille, m. sc. S. Monfort, avec J. Dacqmine, Carré Silvia Monfort
juin-novembre 1989	***Les deux voies de Jean Cocteau***, de et m. sc. S. Monfort, Maison de la Poésie, Centre G. Pompidou, tournée
24 mai 1990	MARIAGE AVEC PIERRE GRUNEBERG
30 mars 1991	MORT DE SILVIA MONFORT (cancer du poumon)

Cet ouvrage a été imprimé par la
SOCIÉTÉ NOUVELLE FIRMIN-DIDOT
Mesnil-sur-l'Estrée
pour le compte des Éditions du Rocher
en mai 2003

Éditions du Rocher
28, rue Comte-Félix-Gastaldi
Monaco

Imprimé en France
Dépôt légal : mai 2003
CNE Section commerce et industrie Monaco : 19023
N° d'impression : 63837